Hanna Zack Miley

Meine Krone in der Asche

Der Holocaust, die Kraft der Vergebung
und der lange Weg
zur persönlichen Heilung

BRUNNEN BASEL

Bibliografische Information der Deutschen Nationalbibliothek
Die Deutsche Nationalbibliothek verzeichnet diese Publikation in der Deutschen
Nationalbibliografie; detaillierte bibliografische Daten sind im Internet über
www.dnb.de abrufbar.

Titel der englischen Originalausgabe:
A Garland for Ashes: World War II, the Holocaust, and One Jewish Survivor's Long
Journey to Forgiveness.
Copyright 2013 by Hanna & George Miley, Phoenix, Arizona, USA: Outskirts Press

Übersetzung aus dem Englischen: Christian Rendel, Witzenhausen

Copyright der deutschen Ausgabe:
© 2014 by `fontis – Brunnen Basel

Umschlag: spoon design, Olaf Johannson, Langgöns
Fotos Umschlag: Naci Yavuz, Jag_cz/Shutterstock.com
Weitere Umschlagfotos: © by Hanna Zack Miley
Alle Fotos im Bildteil: © by Hanna Zack Miley
Satz: Innoset AG, Justin Messmer, Basel
Druck: Finidr
Gedruckt in Tschechien

ISBN 978-3-03848-010-5

Inhalt

Geleitwort

 m Dezember 2012, wenige Wochen, bevor die englische Originalausgabe von *Meine Krone in der Asche* in Druck ging, erhielt Hanna den folgenden Brief von einem Vertreter ihrer Heimatstadt Gemünd in Deutschland:

Liebe Hanna,

ich versuche, auf Englisch zu schreiben, so gut ich kann: Ich habe Ihnen etwas ganz Wunderbares mitzuteilen!

Wie Sie wissen, feiert Gemünd 2013 seinen 800. Geburtstag. Dazu gibt es etliche Veranstaltungen mit vielen Beteiligten. Es wird ein sehr wichtiges Jahr in der Stadtgeschichte. Für die Organisatoren ist das Gedenken an die jüdische Bevölkerung ein sehr wichtiger Bestandteil davon. Wir möchten den Juden von Gemünd Ehre erweisen.

Ich habe Manfred [dem Leiter des Organisationskomitees] von Ihrer Lebensgeschichte und Ihrem Entschluss erzählt, Gemünd jedes Jahr zu besuchen. Die Organisatoren möchten sich bei Ihnen für Ihre Bemühungen um Versöhnung bedanken. Wir sind dankbar, dass Sie nach Gemünd zurückgekehrt sind und uns die Hand der Vergebung gereicht haben – in diesem Land und dieser Stadt, wo Ihre Eltern und Angehörigen ermordet wurden. Wir möchten die jüdischen Bürger von Gemünd ehren, und wir möchten Sie als jüdische Bürgerin von Gemünd und als eine Frau ehren, die nach Frieden und Segen strebt.

Ich habe die wunderbare Aufgabe, Sie zu fragen, ob Sie die Schirmherrschaft über die Feierlichkeiten in Gemünd im nächsten Jahr übernehmen würden. Der Dienst der Schirmherrschaft erfordert nicht, dass Sie irgendwelche öffentlichen Aufgaben oder Verpflichtungen übernehmen, aber Sie können das tun, wenn Sie es wünschen. Sie können nach Gemünd kommen, wann immer Sie möchten, und in die USA zurückkehren, wann immer Sie möchten. Meine Aufgabe ist es, Sie zu fragen, ob Sie diese Schirmherrschaft übernehmen würden. Wir hoffen auf Ihre Zusage, und es wird uns eine Freude und Ehre sein, wenn Sie das tun.

Mit herzlichen Grüßen,
Georg Toporowsky

Wenige Tage später antwortete Hanna und teilte Georg mit, sie fühle sich durch die Bitte geehrt und nehme seine Einladung gern an. Daraufhin schrieb er zurück, die Organisatoren hätten gern ein Grußwort für die offiziellen Publikationen im Zusammenhang mit den Jubiläumsfeierlichkeiten. Zur Antwort schickte ihm Hanna das folgende Grußwort:

Liebe Freunde,

Grüße aus dem Tal der Sonne, Phoenix, Arizona.

Dieses Jahr 2013 ist ein bedeutender Meilenstein in der Geschichte unseres Heimatortes. Wir haben den 800. Jahrestag der Gründung Gemünds erreicht.

Als die jüdischen Bürger Gemünd nach der Kristallnacht verließen, war ich die jüngste unter ihnen. Und nun, 74 Jahre später, haben Sie mich eingeladen, Schirmherrin Ihrer Feierlichkeiten zu sein.

Warum gerade ich? Ich glaube, dass Sie mir diese Ehre gegeben haben, damit ich die jüdische Gemeinde repräsentieren soll. Ich erinnere mich an einige von ihnen – ihre Namen und Gesichter sind mir noch sehr lebendig vor Augen: Kurt Meyer, mein Freund aus Kindertagen; Gisela Teller, die mir ihren Schlitten gegeben hatte; Ruth Meyer, die mit mir von meinem Zuhause in der Dreiborner Straße zum Kino ging. Wir wollten uns «Schneewittchen und die sieben Zwerge» ansehen. Vor allem denke ich an meine Eltern, Amalie und Markus Zack.

Es vergingen viele Jahre, bevor ich begann, Gemünd wieder zu besuchen. Zuerst war die Berührung mit der Vergangenheit eine traurige Erfahrung. Erstaunlicherweise lebten noch einige Gemünder Bürger, die sich noch an das kleine Kind Hannelore Zack erinnerten. Ich bin sehr dankbar für Ihre Freundlichkeit. Ich hatte ja so wenige Erinnerungen an meine Kindheit, und die Geschichten, die Willi Kruff, Lisbet Ernst und Frau Schmitz mir erzählten, halfen mir, Frieden mit der Vergangenheit zu schließen. Ich glaube, dass die Liebe dieser Menschen zu einer früheren jüdischen Nachbarin ihre Fortsetzung findet in Ihrer Entscheidung, während der 800-Jahr-Feier an die jüdische Gemeinde zu erinnern.

Es ist eine wunderbare Sache, dass Sie sich der Wahrheit über die Dunkelheit der Dreißigerjahre stellen, indem Sie jetzt Stolpersteine verlegen. Sicherlich wird großer Segen einer solchen unmittelbaren Ehrlichkeit folgen. Sie streben das Gute dieser Gemeinde an.

Schon in den letzten Jahren gab es deutlich sichtbare Zeichen der Erneuerung und ökonomischen Wiederbelebung. Viele Besucher kommen, um die Schönheit der Eifel zu genießen. Junge Leute hier aus der Region drücken in der Begegnung mit der Geschichte Gemünds ihre Kreativität aus.

Jedes Mal, wenn mein Mann George und ich wieder hierhin zurückkommen, erfahren wir viel Freude unter unseren Gemünder Freunden.

Danke, dass Sie mir diese Ehre gegeben haben.

Möge Gott uns und Sie alle segnen. Schalom.

Hanna Zack Miley

Vorwort

 ch weiß noch genau die Stelle. Gerda und ich waren an einem kalten, grauen Tag gegen Ende März 2008 auf dem Rückweg vom jüdischen Friedhof. Unsere Freundschaft hatte schon vor vielen Jahren begonnen, aber es war 25 Jahre her, dass wir Zeit zusammen verbracht hatten. Wir wollten zur Dreiborner Straße in der Ortsmitte von Gemünd und freuten uns darauf, bei einem gemütlichen gemeinsamen Mittagessen unsere Neuigkeiten auszutauschen. Als wir am Zusammenfluss der beiden Flüsse Urft und Olef die Brücke überquerten, wo die Alte Bahnhofstraße eine Biegung macht und in die Straße Am Plan übergeht, wandte sich Gerda zu mir und fragte: «Warum schreibst du deine Geschichte nicht einmal auf, Hanna?» So nahm alles seinen Anfang.

Gegen diesen Gedanken hatte ich mich immer gesträubt. Woher kam dieses Widerstreben? Ich fühlte mich überfordert. Es gab nur wenige Informationen über meine Familie und meine ersten Lebensjahre. Die schiere Mühe, die mit so einem Projekt verbunden ist, schreckte mich ab. Aber vor allem fürchtete ich mich davor, dass es wehtun würde, in den Tiefen der Vergangenheit zu graben.

Wenn ich auf all das zurückblicke, was sich aus Gerdas Frage ergab, muss ich an meine Schulzeit in England denken – ich muss wohl etwa vierzehn Jahre alt gewesen sein. Unsere Klasse versuchte sich in hässlichen grünen Turnanzügen zum ersten Mal im Hürdenlauf. Alle anderen schienen über die Hindernisse nur so hinwegzufliegen. Ich konnte es nicht. Schon vor der ersten Hürde erstarrte ich, egal, wie oft ich es versuchte. Schließlich nahmen mich zwei Freundinnen rechts und links bei der Hand, rannten mit mir los und zogen mich jedes Mal hinauf und hinüber, bis wir das Ziel erreicht hatten.

Meine Krone in der Asche begann mit der Idee, «meine Geschichte» zu erzählen. Während ich Ideen sammelte, Worte wählte und Sätze bilde-te, begannen sich in mir schlummernde Erinnerungen an meine El-tern allmählich wieder zu regen. Ich bekam neu entdeckte Dokumente in die Hand, die mich zu den Orten führten, wo sie geboren und ge-storben waren. Es kommt mir so vor, als hätte sich mein Buch in ein Journal verwandelt, in dem ich festhalte, wie ich meine Familie wieder in die Arme schließe und wie ich ihrer Spur folge, bis zu dem Grauen und der Schande ihrer Vergasung im polnischen Chelmno am 3. Mai 1942 und darüber hinaus bis zu der «Liebe, die nie vergeht».[1]

Viele haben mir auf diesem Weg eine helfende Hand gereicht, genau wie meine Schulkameradinnen, die mir damals über die Hürden hin-weghalfen: Hans-Dieter Arntz, Lisbet Ernst, Gisela Forbar, Ruth Hol-den, Annemarie und Willi Kruff, Günther Lukas, Gerda und Manfred Schaller (die mich überdies mit ihrer Freundin, der Lektorin Ute May-er, bekannt machten, die mir in dieser beängstigenden Anfangsphase des Schreibens meiner Geschichte eine große Ermutigung war), Maria und Dieter Schmitz-Schumacher, Walter Volmer, Claudia und Hans Wiedenmann und Detlef und Esther Wurst.

Die Namen einiger Personen, die mir Informationen gaben oder auf andere Weise an meiner Geschichte Anteil hatten, wurden geändert, um ihre Privatsphäre zu schützen; diese wurden im Buch jeweils mit einem Sternchen (*) gekennzeichnet.

Wenn ich ein neues Buch zur Hand nehme, macht es mir Freude, auf die kleinen Details zu achten, die auf den Hintergrund und die Einstel-lung des Autors schließen lassen. Deshalb lese ich alles, sogar die Wid-mung. Überschwängliche Lobgesänge auf einen Lektor oder eine Lek-torin habe ich da oftmals mit einer Prise Skepsis aufgenommen. Heute bin ich klüger. Meine eigene Lektorin Kathleen Fairman geleitete mich mit viel Freundlichkeit und Takt wie eine Hebamme mit ihren heraus-ragenden Fähigkeiten durch die Geburtswehen dieses Buches. Carol Blumentritt, meine begabte Korrekturleserin, sagte mir, es habe ihr tatsächlich Spaß gemacht, an den Korrekturen zu arbeiten. Dasselbe gilt für Cheri Beckenhauer, die mit ihrer ganzen verwaltungstechnischen Kompetenz die Feinheiten der Fußnoten, der Bibliografie, der Indexerstellung und des Einscannens der Fotos bewältigte.

Über diese kurze Namensliste hinaus hat ein Heer von Freunden für mich gebetet und mich mit ihrer Freundlichkeit angespornt – Amerikaner, Österreicher, Briten, Holländer, Deutsche, Polen und Singapurer. Ich bin dankbar für jeden von ihnen.

TEIL I

LIEBE UND HASS IM DRITTEN REICH

Zwei Statuen.

Ich stehe vor der Skulptur *Mutter mit totem Sohn*, und in der Stille erschauert meine Seele.

> Ihre schweigenden Linien dringen ins Mark wie ein Schmerzensschrei. …
>
> *Gerhart Hauptmann, Literaturnobelpreisträger,*
> *über Käthe Kollwitz* [2]

1993 wurde diese Statue in der Mitte der *Neuen Wache* in Berlin platziert. Die Bildhauerin Käthe Kollwitz (8. Juli 1867 – 22. April 1945) gehörte zu den Künstlern, die 1937 in München von den Nazis in der Ausstellung *Entartete Kunst* verhöhnt wurden. [3]

Weit weg von Berlin, inmitten der grünen Hügel der Eifel, gebeutelt von Wind und Regen, lege ich meinen Kopf in den Nacken, um eine andere Statue zu betrachten: den fünf Meter hohen *Fackelträger* auf dem Gelände der von Hitler erbauten Ordensburg Vogelsang. Bis heute steht diese Skulptur sieben Kilometer von meinem Heimatort Gemünd entfernt auf einem Hügel. Der Bildhauer war Willy Meller.

Die Originalinschrift wurde entfernt, aber der Text ist neben der Steinstatue auf einer Informationstafel vollständig wiedergegeben:

Ihr seid die Fackelträger der Nation.
Ihr tragt das Licht des Geistes voran im Kampfe für Adolf Hitler.[4]

Auf der Burg Vogelsang wurden junge deutsche Männer in der Rassenlehre der Nazis unterwiesen. Viele gingen von dort aus, um die Gräueltaten im Osten anzuführen.[5]

Wir haben das Mitleid auszurotten durch die Kraft der Selbstbehauptung.

*Hans Dietel, Burgkommandant von Vogelsang,
in einem aufgezeichneten Vortrag 1937*[6]

Was hier gelehrt wurde, führte zu der Rampe in Auschwitz.

*Klaus Ring, Historiker,
über die Bedeutung der Burg Vogelsang*[7]

✳

1.
Von Köln nach London

achdem wir uns stockend durch die Sicherheitskontrollen am Flughafen manövriert haben, mache ich es mir dankbar auf meinem Platz neben George in der Lufthansa-Maschine bequem. Ich genieße die Atmosphäre, die die ebenso effizienten wie freundlichen deutschen Flugbegleiterinnen verbreiten. Schon seit Wochen habe ich mich auf diese kurze Reise von Köln nach London gefreut. Heute ist der 19. November 2008.

Plötzlich richte ich mich kerzengerade auf. Mir dämmert, dass ich diese Strecke vor fast siebzig Jahren schon einmal zurückgelegt habe, wenn auch unter völlig anderen Umständen. Damals war ich ein kleines Mädchen, das sich in den hintersten Winkel eines Eisenbahnwaggons drückte und verzweifelt versuchte, seine Panik zu zügeln. Szenen aus der Vergangenheit beginnen vor meinen Augen zu flackern wie die Bilder einer altmodischen Filmspule.

Der Abschied

Am Montagabend, dem 24. Juli 1939, brachten mich meine Eltern an den Kölner Hauptbahnhof, wo ich eine Reise antreten sollte. Da sie mich nicht begleiten konnten, bereiteten sie mich darauf vor und sagten, ich würde einen schönen Ausflug machen. Ich war ein verwöhntes Einzelkind; sie gaben sich alle Mühe, mir die Medizin zu versüßen. Ich weiß noch, wie ich auf dem Bahnsteig stand und zu der riesigen, hohen Decke aus Glas und Stahl emporschaute. Das gewaltige 4711-Schild, mit dem das berühmte «Kölnisch Wasser» beworben wurde, sprang mir in die Augen, als mein Blick wieder zu dem Gewühl um mich her zurückkehrte. Die Decke und das Schild sind immer noch da.

Meine Mutter und mein Vater halfen mir, die steilen Stufen des Waggons zu erklimmen. Als ich mich umdrehte, um ihnen zum Abschied zuzuwinken, sah ich, dass sie weinten. Plötzlich überkam mich eine schreckliche Vorahnung. Der Zug war voll besetzt mit Kindern jeden Alters. Die wenigen Erwachsenen waren Rotkreuz-Mitarbeiter. Viele der anderen Kinder ließen ihren Gefühlen freien Lauf, indem sie ausgelassen die Gänge auf und ab rannten und sich gegenseitig anfeuerten. Ich dagegen fühlte mich mutterseelenallein; ich kannte niemanden. Ich erinnere mich noch lebhaft, wie ein Erwachsener die Kinder ermahnte, sich zu beruhigen, und auf mich als Vorbild wies. In Wirklichkeit war ich nur damit beschäftigt, mich in mir selbst zu vergraben und dem Trauma zu begegnen, indem ich meine Gefühle unterdrückte. So entstand ein Muster, das mich in den kommenden Jahren prägen würde.

Und jetzt, so viele Jahre später, lege ich dieselbe Strecke zurück, um am Wiedersehenstreffen anlässlich des siebzigsten Jahrestages des Kindertransports in London teilzunehmen. Während jener ersten Reise hatte ich keine Ahnung gehabt, dass ich an einem gewaltigen Unternehmen Anteil hatte – der Rettung von zehntausend jüdischen Kindern aus Deutschland, Österreich, der Tschechoslowakei und Polen zwischen dem 2. Dezember 1938 und dem 1. September 1939. Großbritannien hatte Einreisevisa für Kinder im Alter von drei Monaten bis siebzehn Jahren zur Verfügung gestellt.[8]

Der Zug, der mich aus Deutschland herausbrachte, verließ den Kölner Hauptbahnhof fünf kurze Wochen, bevor Hitler in Polen einmarschierte und der Zweite Weltkrieg mit all seinen Schrecken losbrach. Ich hatte natürlich keine Ahnung von dem Ausmaß des Traumas und des Verlustes, der mir bevorstand. Meine Eltern würde ich nie wiedersehen. Ich würde mein Zuhause verlieren – meine Muttersprache, meine Kultur, meine Familie, meine Religion, mein Erbe und meine Staatsbürgerschaft. Meine Familie kannte niemanden in England. Sie hatten keine Ahnung, wo oder bei wem ich landen würde. Die Situation für Juden in Nazideutschland war lebensbedrohlich geworden, und das hatte sie zu der qualvollen Entscheidung gebracht, mich in diesen Zug zu setzen. Das schien das geringere Risiko zu sein. Ich war sieben Jahre alt.

Siebzig Jahre später breitet sich Dankbarkeit wie die hereinkommende Flut über die Erinnerungen, und ich lehne mich zurück. Heute bin ich nicht mehr allein. George, mein Mann und engster Freund, sitzt neben mir, und Gott ist spürbar gegenwärtig. Eigentlich war er auch am 24. Juli 1939 da. Damals jedoch war meine Wahrnehmung, dass ich verlassen worden war – hinausgestoßen ins Unbekannte.

Kein Opfer mehr

Das Wort «verlassen» erinnert mich an einen Tag im Februar 2008, als 35 von uns im Hotel Raitelberg versammelt waren, umringt von Wäldern hoch auf einem Hügel mit Blick hinab auf die kleine Stadt Wüstenrot im Südwesten Deutschlands. Wir waren eine ungewöhnliche Mischung – israelische Araber, israelische Juden, Deutsche, ein Amerikaner und ich, eine jüdisch-deutsche Engländerin, die in Amerika lebt. Was uns zusammengeführt hatte, war unser gemeinsamer Wunsch, Gott zu fragen, wie unsere Nationen geheilt werden können. Wir beteten und erzählten uns gegenseitig unsere Geschichten, und uns wurde bewusst, dass wir alle etwas gemeinsam hatten. Als Reaktion auf die historischen Gräueltaten, die gegen uns verübt worden waren, hatten unsere Völker eine Opferidentität angenommen.

Meine Gedanken wanderten zurück zu damals, als ich als Kind in der Ecke des Eisenbahnwaggons kauerte und sich das Geflecht meines Lebens auflöste, während ich dem beängstigenden Unbekannten entgegeneilte.

Ohne mich auf meinem Stuhl zu rühren, kehrte ich zurück in die Gegenwart und zu meinen Gefährten in dem behaglichen, ruhigen Hotel-

zimmer, wo wir uns von der Identität eines hilflosen Opfers ver-
abschiedeten. Innerlich streckte ich mich und richtete mich kerzengerade auf. Ich «sah» meinen himmlischen Vater. Er war in jenem Zug
bei mir gewesen, und jetzt, viele Jahre später, spürte ich seine trösten-
den Arme um mich.

Ich will die Tiefen des Bösen, das mir, meiner Familie und meinem
Volk angetan wurde, weder verleugnen noch herunterspielen. Warum
Gott das zugelassen hat, begreife ich nicht völlig. Doch mir sind die
Lichtstrahlen bewusst, die geheimnisvoll durch die alles einhüllende
Wolke der Dunkelheit drangen, die das jüdische Volk umgaben und
für die Zukunft Gerechtigkeit verhießen. Und obwohl ich mit sieben
Jahren Waise wurde, weiß ich im Innersten, dass ich einen liebevollen
Vater habe, der immer bei mir war – in jedem Augenblick.

Zurück am Bahnhof Liverpool Street

Das siebzigste Jubiläum des Kindertransports beginnt am Samstag-
abend, dem 22. November 2008, in London. Unter einem düsteren
Winterhimmel steigen George und ich die Stufen vom Bahnsteig des
Bahnhofs Liverpool Street hinauf zum Hope Square, wie er heute
heißt. Die Zeremonie wird gleich beginnen. Meine Augen passen sich
an die hellen Lichter an, und ich sehe die anderen «Kinder» mit ihren
Familien bereits versammelt. Alle haben sich in ihre wärmste Kleidung
gepackt und sitzen dicht beisammen auf Metallklappstühlen der
Skulptur gegenüber, die auf dem Hope Square zum Gedenken an unsere Ankunft in England errichtet wurde. Der Bildhauer Frank Meisler
wurde selbst als Kind mit dem Kindertransport aus Deutschland gerettet.

Eingehend betrachte ich nacheinander die ausdrucksvollen Gesichter
der fünf bronzenen Kinderfiguren. Ich sehe Verwirrung, Angst und gespannte Erwartung. Als mein Blick auf ihre Koffer fällt, erinnere ich
mich an meinen. Die Koffer stehen für alles, was von der greifbaren

Liebe unserer Eltern noch übrig ist. Es berührt mich, wie abrupt die stählernen Eisenbahnschienen auf dem Sockel der Skulptur enden. Für mich ist es ein Bild des Werkzeugs unserer plötzlichen Trennung von allem, was uns vertraut war und woran unser Herz hing. Wie viele verschiedene Empfindungen werden in diesen wenigen flüchtigen Momenten in mir ausgelöst. Ich spüre die bittere Kälte und nehme dankbar den Sitzplatz an, den mir ein Herr zuvorkommend anbietet. Seine Frau flüstert mir zu: «Er zeigt gerne, dass er körperlich noch fit ist.» Ja, wir sind alle älter geworden.

Die Gedenkfeier beginnt. Wir sitzen als geschlossene Gruppe dicht beisammen, jeder mit seiner eigenen Geschichte beschäftigt. Wir erinnern uns an unsere Eltern, an die Ängste und Schmerzen, die sie erlitten haben müssen, als sie uns fortschickten. Wir trauern um die anderthalb Millionen jüdischen Kinder, die nicht bei uns sein können, weil ihr Leben ausgelöscht wurde. Und wir sehen unser eigenes Leid und unseren Verlust vor uns, wenn wir hier am Bahnhof Liverpool Street zusammenkommen, dem Ort, der uns in unserer gemeinsamen Geschichte verbindet.

Die Zeremonie verbindet einen Gottesdienst mit einem eindringlichen Aufruf, sich zu erinnern – so etwas darf nie wieder geschehen! Wir drücken unsere Dankbarkeit gegenüber Großbritannien aus, das uns herzlich aufnahm, als die meisten Türen sich für jüdische Flüchtlinge schlossen. Die Symbole und Worte geben der Versammlung, mit der wir diesen Jahrestag begehen, Sinn und Ziel. Vielleicht ist es das letzte Mal, dass wir alle zusammenkommen.

Auf der Insel der Stille mitten auf dem Hope Square erklingen die hebräischen Worte des 121. Psalms. Der Lärm des um uns her brausenden Stadtlebens ist vergessen, als wir die alten, lebendigen Worte hören: «Der Herr wird dich behüten vor allem Unheil, er wird dein Leben behüten. Der Herr wird deinen Ausgang und deinen Eingang behüten von nun an bis in Ewigkeit.» Dies ist gewiss die Wirklichkeit hinter den Ereignissen des Kindertransports.

Doch ganz am Rande meines Bewusstseins flackern andere Gedanken auf. Was ist mit den sechs Millionen, die nicht überlebt haben? Was ist mit meinen Eltern ... meinen Tanten in Koblenz ... meinem Freund Kurt ...?

Zum Gedenken an die Opfer des Holocausts beten wir ein Kaddisch, und zum Abschluss wird der Schofar geblasen. Sein durchdringender, wehmütiger Klang erfüllt die Nachtluft und verbindet uns mit unserer jüdischen Geschichte.

Meine Identität

Als wir am nächsten Morgen früh aufwachen, werden wir von sanft fallenden Schneeflocken überrascht. In meine Erwartung mischt sich auch eine leise Besorgnis. Wie wird sich dieser Tag entwickeln? Wie werde ich reagieren? In einem langen Autokorso nähern wir uns dem riesigen Gebäudekomplex und Gelände unseres Veranstaltungsortes, einer jüdischen Schule. Die Sicherheit wird scharf überwacht, und ich habe unsere Teilnehmerpässe vergessen. Ein freundlicher Polizist hakt unsere Namen auf seiner Liste ab und winkt uns durchs Tor. Mit unseren Ehepartnern, Kindern und zum Teil auch Enkelkindern sind wir 560 Menschen, die sich hier versammeln.

Als wir sitzen und der Klezmermusik lauschen, fühle ich mich zutiefst mit meinen Wurzeln verbunden. Kunstvoll bringen die Musiker die Melancholie, die Traurigkeit, den Humor und die Entschlossenheit der jüdischen Seele zum Ausdruck. Die Geschichten, die wir an den mit koscheren Köstlichkeiten beladenen Tischen kurz ausgetauscht haben, die lebendigen und wohldurchdachten Ansprachen und die Musik verschmelzen miteinander und trösten uns. Wir alle teilen eine gemeinsame Geschichte, und es überrascht mich selbst, wie stark ich empfinde, dass ich zu dieser Familie von Überlebenden dazugehöre. Lange Zeit meines Lebens war ich von meinen Wurzeln getrennt. Jetzt schließe ich meine Arme um mein jüdisches Erbe und genieße meine Identität.

Nach dem Jubiläumstreffen des Kindertransports besteigen George und ich eine Lufthansa-Maschine und kehren nach Köln zurück. Von dort fahren wir in die Eifel, die Landschaft, in der meine Wurzeln liegen.

2.
Ein deutsch-jüdisches Kind im Schatten des Nationalsozialismus

ährend ich am nächsten Morgen in unserem Apartment in der Eifel an meiner Tasse Kaffee nippe, streiche ich die zerknitterte, verblichene Kopie meiner Geburtsurkunde glatt und frage mich, warum meine Mutter und mein Vater für meine Geburt von ihrem Heimatort in die Stadt Bonn gefahren sind. Dort in der Universitätsklinik kam ich an einem Sabbat zur Welt – am Samstag, dem 18. Februar 1932, vier Tage vor dem 41. Geburtstag meiner Mutter. Damals wurden noch die meisten Babys unter der Aufsicht einer Hebamme zu Hause geboren. Vielleicht wollte mein Vater die bestmögliche medizinische Versorgung haben.

Wer war Markus Zack, mein Vater? Seine Freunde und Nachbarn müssen ihn als einen frommen Juden gekannt haben, einen Leiter in der örtlichen Synagoge und erfolgreichen Geschäftsmann. Mit den Fingerspitzen ergreife ich vorsichtig ein altes Foto, auf dem ich drei Juden – Albert Wolff, Wilhelm Teller und Markus Zack – hoch aufgerichtet in einer Reihe von elf uniformierten Männern stehen sehe, die Gewehre mit den Kolben vor sich auf dem Boden aufgestützt. Sie alle gehören zum Gemünder Schützenverein. Mein Vater steht ganz rechts am Ende der Reihe.[9]

Wer Mitglied im Schützenverein war, genoss Ansehen in der Gesellschaft. Ich betrachte das Foto mit einer Lupe und studiere die von seinem Hut überschatteten Züge und die Miene meines Vaters. Er genießt sichtlich die Ehre, bei diesen Männern zu stehen. Der Moment, den die Kamera festhielt, muss vor den ersten Monaten des Jahres 1933 gelegen haben, in denen die drei Juden aus dem Schützenverein ausgeschlossen wurden.[10] Es ist die einzige Fotografie meines Vaters, die ich besitze.

Gemünd war ein beliebter Kurort, auf der westlichen Rheinseite am Zusammenfluss der Urft und der Olef gelegen. Die gesunde Luft und die Schönheit des sanft hügeligen Weidelandes und der dichten Wälder der nördlichen Eifel lockten viele Besucher an.

Meine glücklichen Eltern brachten mich zurück in ihr schönes Haus an der Dreiborner Straße, die durch die Ortsmitte verläuft. Dort wurde ich in der großen, komfortablen Wohnung über dem Geschäft meines Vaters herzlich aufgenommen. Seine Antiquitätenhandlung befand sich in einem Anbau hinter dem Hauptgebäude. Die Kunden schauten sich die Waren in den beiden großen Schaufenstern an, stiegen dann die Stufen zwischen den Fenstern hinauf, öffneten die Tür und traten beim Klang der Türglocke ein.

Adolf Hitler tritt auf den Plan

Anfang 1930 muss sich jeder, der in der Lage war, die weltwirtschaftliche Lage aus objektiver Distanz zu betrachten, voller Sorge abgewandt haben. Unsere Heimat Deutschland war besonders belastet. Der Vertrag von Versailles – das Friedensabkommen, das nach der deutschen Kapitulation am Ende des Ersten Weltkrieges am 28. Juni 1919 unterzeichnet wurde – erlegte dem Land ruinöse, rachgierige Reparationszahlungen auf, die viele verbitterten und mit Scham und Groll erfüllten. Das deutsche Volk hatte mit Arbeitslosigkeit und einer galoppierenden Inflation zu kämpfen. Mitte der 1920er war die Regierung der Weimarer Republik schwach und ohnmächtig geworden. Das Land befand sich in Auflösung, und das Chaos regierte. Das war ein fruchtbarer Boden für das Evangelium des Nationalsozialismus. Adolf Hitler trat auf den Plan und predigte die Erlösung von dieser unzumutbaren Bürde. Er versprach Arbeit, Ordnung und die Rückkehr zur einstigen Größe. «Germania» würde wieder aufsteigen. Die Leute hingen an seinen Lippen und schluckten den Nationalsozialismus mit Stumpf und Stiel.

Am 30. Januar 1933, als ich elf Monate alt war, ergriffen Hitler und die Nationalsozialisten die Macht im Lande. Für meine Eltern und die Hoffnungen und Träume, die sie für ihre kleine Familie hegten, bedeutete das ein plötzliches Aufwallen von Ungewissheit und Sorge.

Neue Puzzlesteine kommen ans Licht

Mein Vater wurde am 24. September 1878 in Strasburg in Westpreußen geboren, dem heutigen Brodnica in Polen, südlich von Danzig, dem heutigen Gdansk. Ich weiß, dass er aus einer großen Familie stammte, denn 1972 erhielt ich einen Brief aus Skokie, Illinois, von meinem Cousin Helmut Zack, dem ich nie begegnet war. Er erzählte mir die Einzelheiten, die er von der Familie Zack wusste. «Dein Vater wurde Max genannt», schrieb er mir, «und er hatte sieben Geschwister: Minna, Sara, Aaron, Tobias, Georg, Doris und Saul. Onkel Saul zufolge war dein Vater sehr wohlhabend.»

Ich habe die Geburtsurkunde meines Vaters gesehen, die mein Großvater väterlicherseits mit einem «X» statt seines Namens unterzeichnet hatte. Warum verließ mein Vater schon als junger Mann seine Heimat und ging weit nach Westen bis nach Gemünd? Damals gehörten beide Orte noch zu Preußen.

Meine Mutter Amalie Schneider wurde am 22. Februar 1891 in Heddesheim/Kreuznach (heute Guldental) geboren, einem Dorf südlich von Bingen im Weinbaugebiet an der Nahe.

Die meisten Puzzlesteine und die kläglich wenigen Familienfotos, die ich inzwischen besitze, sind erst in den letzten Jahren ans Licht gekommen, in denen ich einen inneren Heilungsprozess durchlebt habe und den Mut gewann, mich endlich der Realität des Grauens meiner Vergangenheit zu stellen. Durch ungeplante Begegnungen mit Augenzeugen, jüdischen Mitüberlebenden, ehemaligen deutschen Nachbarn, neuen deutschen Freunden und Reisen zu den

Herkunftsorten meiner Eltern habe ich erhebliche Einsichten gewinnen können.

Viele Jahre lang war die Verletzung, die ich tief in meinem Innern verbarg, so schwer, dass ich von meiner Vergangenheit gar nichts wissen wollte. Wie wird ein Kind oder selbst ein Erwachsener mit überwältigendem emotionalem Schmerz fertig? Ganze Bereiche in meinem Inneren waren zum Schutz einfach abgeschottet.

Ich habe eine Parallele zwischen meinen Erfahrungen und denen vieler Deutscher festgestellt. Nach langen Jahren der Unwissenheit oder Verleugnung haben etliche Deutsche in letzter Zeit die Offenheit und den Mut entwickelt, sich der Vergangenheit aufrichtig zu stellen. Diese Veränderung hat eine Flut von Informationen freigesetzt.

Denken Sie an einen Ausdruck voller Konnotationen wie «Juden unter dem Nationalsozialismus». Geben Sie den Ausdruck bei Google ein. Klicken Sie auf den Pfeil, und es erscheinen seitenweise Details. Folgen Sie der Spur, bis es unerträglich wird. Dann die Bücher – welch eine Flut von Büchern. Hans-Dieter Arntz' sorgfältige Nachforschungen und wissenschaftliche Aufarbeitung der Fakten in seinem Buch *Judenverfolgung und Fluchthilfe im deutsch-belgischen Grenzgebiet* waren ein Meilenstein auf der Reise in meine Vergangenheit. Auf Seite 352 schreibt er:

> Aufbruchstimmung herrschte auch im Hause des jüdischen Kaufmannes Markus Zack (1878 – Holocaust) auf der Dreiborner Straße 174. Der in Straßburg [sic] /i. Westpreußen geborene Inhaber eines Möbelgeschäftes und Kaufhauses hatte durch günstige Abzahlungsbedingungen den Ratenkauf in Gemünd eingeführt und sich somit eine große Stammkundschaft erworben. Die Unterlagen ergeben, dass er im Jahre 1937 noch Inhaber von 23 Grundstücken, Wiesen und Äckern war. Er gehörte zu den wohlhabenden Bürgern der Stadt, war mit seinen jüdischen Freunden Albert Wolff und Wilhelm Teller Mitglied des Gemünder Schützen-

vereins und gehörte zeitweise zu den Repräsentanten der Synago-
gengemeinde. Verhältnismäßig spät hatte er den Schritt in die Ehe
gewagt. Seine Frau, Amalia Zack geb. Schneider (1891–Holocaust),
war wie er nicht gebürtig aus der Eifel, sondern stammte aus Heddesheim im Kreise Kreuznach. In dem großen und verhältnismäßig vornehm ausgestatteten Hause auf der Dreiborner Straße
hatte es die kleine Hannelore Zack (geb. Johanna Flora am
18.2.1932) sehr gut. Von den Eltern und der Kundschaft wurde die
Kleine verwöhnt. Doch Markus Zack sorgte sich um sein Kind
sehr, zumal eine Rettung ins Ausland aus Geldgründen offenbar
nicht zu scheitern brauchte.[11]

Martha Wolff, die erste Frau meines Vaters, starb 1928. Der Grab-
stein, den er für sie aufstellen ließ, ist heute noch auf dem jüdischen Friedhof in Gemünd zu finden. Dieser Stein ist der einzige
Gegenstand, den ich anfassen und über den ich eine physische
Verbindung zu ihm, seiner Kreativität und seiner Lebenserfahrung
herstellen kann. Markus und Martha hatten keine Kinder, und nach
ihrem Tod suchte er mithilfe eines jüdischen Heiratsvermittlers
nach einer Frau! (Diese Geschichte erzählte mir Gisela, ebenfalls
eine jüdische Überlebende aus Gemünd, die einige Jahre älter ist
als ich.) So kam Amalie aus dem Nahegebiet am Rhein nach Gemünd zu Markus.

Wie Amalie war auch Markus ein Außenseiter gewesen. Einige Jahre
zuvor hatte er seine Familie im Osten verlassen, um sich in dieser
Kleinstadt nahe der Westgrenze des preußischen Territoriums niederzulassen. Sie brachte Licht und Liebe in sein leeres Zuhause über dem
Geschäft in der Dreiborner Straße 174.

Das Hausmädchen

Lisbet Ernst trat im Sommer 1992 wieder in mein Leben. George und
ich waren in Gemünd, um an einem Treffen jüdischer Überlebender

aus der Gegend teilzunehmen. Wir waren zu acht. Ich war die Jüngste. George und ich waren bei Frau Huber* zu Gast, einer Witwe, die viel jünger war als ihr verstorbener Mann. Sie erinnerte sich daran, wie er von meinem Vater gesprochen hatte. Unser Zimmer im Obergeschoss lag zur Dreiborner Straße hin. Wenn wir das Fenster öffneten und hinausschauten, sahen wir auf der anderen Straßenseite das Geschäft und die Wohnungen, die auf dem niedergebombten Fundament des früheren Geschäfts und Zuhauses der Familie Zack erbaut worden waren.

Eines Morgens beim Frühstück, als ich gerade den Löffel hob, um mein gekochtes Ei zu essen, fragte Frau Huber beiläufig: «Hanna, erinnern Sie sich noch, dass Ihre Familie ein Hausmädchen hatte?»

«Nein, an so jemanden erinnere ich mich nicht», erwiderte ich.

«Diese Frau lebt immer noch in Gemünd. Würden Sie sie gerne treffen?»

Ganz im Hintergrund meines Bewusstseins dämmerte ein Gedanke auf: «Das wird eine große Sache – viel mehr, als ich von dieser Reise erwartet habe.» Genau um drei Uhr klingelte es an der Tür, und Frau Huber ging hin, um sie zu öffnen.

Wenn ich heute daran zurückdenke, sehe ich einen üppigen Strauß Sommerblumen in den kräftigen Händen einer 76-jährigen weißhaarigen Frau, deren Augen vor froher Erwartung leuchteten. Es ist Lisbet, unser früheres Hausmädchen. Frau Huber lädt uns ein, ihr hinters Haus zu folgen. Sie geht uns mit anmutigen Schritten voran durch die Schiebetür und die breiten Steinstufen hinunter und führt uns durch den klassisch angelegten Garten zu einem runden, verglasten Pavillon. Auf dem mit einer Spitzendecke gedeckten Tisch sind bereits Kaffee und Kuchen mit Porzellangeschirr und Silber angerichtet. In dieser eleganten Umgebung stößt Lisbet die Tür auf, ergreift meine Hand und führt mich zurück in die Vergangenheit. Gleich wird sie meine

Sehnsucht stillen, etwas über die Lebensweise meiner Eltern, ihre Eigenheiten, ihre Persönlichkeiten zu erfahren. Ich höre ihr gebannt zu und bin mir bewusst, dass die Geschichten, die ich höre, durch Lisbets Wahrnehmungen aus ihrer Jugendzeit gefärbt sind. Ihre Worte sind lebhaft und ungeschminkt, ihre Stimme voller Leidenschaft. Ich vertraue ihrem Gedächtnis.

Passah

In der geräumigen Wohnung über dem Geschäft in der Dreiborner Straße 174 führten wir einen koscheren Haushalt. Mein Vater war sehr religiös, so dass wir während der sieben Tage des Passahfestes nichts kauften oder verzehrten, was Hefe enthielt. Ebenso wie andere jüdische Familien bereiteten wir uns auf das Fest mit einem gründlichen Hausputz vor, bei dem kein Krümel übrig bleiben durfte, auch nicht im verstecktesten Winkel.

Doch es gab Ausnahmen von diesen Regeln. Auch während des Passahfestes durfte Lisbet, die ja keine Jüdin war, in einem eigens für sie reservierten Schrankfach in unserer Küche einen Laib herzhaften Roggenbrots hinter der verschlossenen Schranktür aufbewahren.

Lisbet beugt sich näher zu mir und fährt in vertraulichem Ton fort: «Gelegentlich war während der Passahtage dein Vater mit seinem Pferdekarren in den umliegenden Dörfern unterwegs und lieferte Möbel aus, die die Bauern sich im Kaufhaus M. Zack bestellt hatten. Deine Mutter sagte dann zu mir: ‹Komm, Lisbet, jetzt gönnen wir uns etwas Schönes!› Dann machte ich meinen Schrank auf, legte den Laib auf ein Holzbrett und schnitt uns zwei Scheiben Roggenbrot ab. Wir zogen uns jede einen Stuhl an den Küchentisch, bestrichen die Brote mit Butter und ließen sie uns schmecken.» Dieser Einblick, den mir Lisbet in die Persönlichkeit meiner Mutter und ihre echte Freundschaft mit unserem Hausmädchen gewährte, ist mir sehr kostbar.

Lisbet hat noch andere Geschichten zu erzählen, auch traurige, in denen sich die Bedrohung widerspiegelt, die sich langsam in unserem Alltag ausbreitete. Sie berichtet von der Zeit, als Nichtjuden nicht mehr für Juden arbeiten durften. Ihnen war sogar jeder gesellschaftliche Umgang miteinander verboten. Sie erzählt von den jungen SS-Offizieren, die den Eingang unseres Ladens bewachten, damit ja kein Deutscher es wagte, das Gesetz zu brechen und ein jüdisches Geschäft zu betreten. Lisbet liebte meine Mutter und war entschlossen, sie dennoch zu besuchen. Den Hintereingang zu unserer Wohnung kannte sie ja. Sie erzählt mir von ihrer letzten bewegenden Begegnung: Meine Mutter hielt mich als kleines Kind in ihren Armen, ging auf Lisbet zu und sagte immer wieder: «Sie ist kein jüdisches Kind ... sie ist kein jüdisches Kind ... sie ist kein jüdisches Kind.»

Lisbet wiederholt die Worte meiner Mutter und sagt dann immer wieder: «Warum sagte sie das? Warum sagte sie das? Ich konnte dich doch nicht nehmen.» Es kommt mir vor, als hätte sie seit damals unentwegt an der Bürde getragen, die die Worte meiner Mutter ihr auferlegten.

Als unser früheres Hausmädchen von diesem riskanten Besuch zurückkehrte, beschwor sie ihr Vater, nie wieder die Familie in Gefahr zu bringen, indem sie ein jüdisches Haus betrat. Sie waren ohnehin schon gebrandmarkt, und er fürchtete, ein weiterer verbotener Besuch würde für die ganze Familie eine schwere Strafe nach sich ziehen. Sie sah meine Mutter nie wieder.

Ich glaube, dass wir beide uns so viele Jahre später wiedertrafen, tröstete sie und nahm ihr eine Last von Schuldgefühlen ab. Und ich hatte einen Teil von meiner Mutter zurückbekommen. Sie hatte wirklich gelebt, und ich konnte nun ihre Freuden und ihren herzzerreißenden Schmerz nachfühlen.

Beeren

Die Familie Schmitz wohnte schon seit mehreren Generationen in ihrem Haus in der Dreiborner Straße, Tür an Tür mit uns.

1992 lud Frau Schmitz George und mich zum Abendessen ein. Ihr Mann war schon recht alt und nicht mehr ganz bei Kräften. Frau Schmitz nahm uns mit Freundlichkeit und Würde auf, so dass wir uns wie zu Hause fühlten. Wir saßen zu sechst am Tisch der Familie: Herr und Frau Schmitz, ihre Tochter Maria, deren Mann Dieter, George und ich. Die beiden alten Leute hatten die Bombardements und Entbehrungen der 1940er erduldet und überlebt.

Beim Essen berichtete Frau Schmitz von einem Tag, als sie aus dem Garten hinter dem Hause Zack lautes Weinen hörte. Es kam von der kleinen Hannelore, die so viele saftige, reife Beeren von den Büschen gepflückt hatte, dass ihr nun der Bauch wehtat. Wie Frau Schmitz sich erinnerte, kam dann mein Vater, tröstete mich, sammelte noch ein paar Beeren ein, steckte sie mir in die Tasche und sagte: «Die darfst du dann morgen essen.»

Als wir aufbrechen wollten, fragte Frau Schmitz: «Möchten Sie etwas aus Ihrer Kindheit sehen?» Sie führte uns in den Garten an der Seite des Hauses und deutete auf einen großen Apfelbaum, dessen Äste über den Zaun auf das Gelände hinüberragten, wo sich früher der Garten der Familie Zack befand. «Dieser Apfelbaum ist alles, was nach dem Bombardement noch stehen blieb.» Ich pflückte mir zwei Äpfel.

Hilde

Mit ihren fast neunzig Jahren immer noch fröhlich, tatkräftig und künstlerisch aktiv, steht Hilde Reiniger* im Jahr 2003 auf den Stufen des Kurparkhotels und hebelt den Deckel auf, der die Vergangenheit bedeckt, um Erinnerungen hervorzuholen, die selten das Tageslicht gesehen haben. Sie erzählt davon, wie ihr jüngerer Bruder wieder der Familie übergeben wurde, nachdem er sich in SS-Gewahrsam befunden hatte. Er war nicht wiederzuerkennen. Sie spricht von ihrem eigenen Zusammenbruch, nachdem sie ausgewählt worden war, für Hitler ein Kind zur Welt zu bringen.[12] Trotz ihres Alters können George und ich noch die Spuren der arischen Schönheit ihrer Jugend erkennen. Durch ihren emotionalen Kollaps sei sie von den furchtbaren Konsequenzen der Rassenauswahl verschont geblieben, berichtet sie.

Ganz nebenbei fügt sie hinzu: «Wissen Sie, ich bin Ihrem Vater nie begegnet. Ich war noch jung, und wir wohnten hier in der Nähe in Kall. Aber den Namen Markus Zack habe ich gehört, und ich weiß noch, was man auf der Straße über ihn sagte: ‹Er ist ein aufrichtiger Geschäftsmann.›»

Willi erinnert sich

George und ich sitzen mit Willi und Annemarie Kruff um den Kaffeetisch in ihrem behaglichen, ruhigen Haus. Es ist der Sommer 2001. Drei Wände voller Geweihe – kleine, mittlere und große, säuberlich in symmetrischer Anordnung – zeugen von Willis ruhiger Hand als Mitglied des Schützenvereins. Auf den Fensterbänken sprießt eine üppige Vielfalt farbenfroher Pflanzen. Nach außen hin genießen wir nur unseren Kaffee und Kuchen, reichen Teller weiter, schenken Sahne aus. Doch innerlich sind Willi und ich überwältigt von der Bedeutung dieses Zusammentreffens.

Willi erinnert sich noch daran, wie er mit seiner Mutter über die Dreiborner Straße ging, «das neugeborene Kindchen besichtigen». Der elfjährige Willi langweilte sich ein wenig. Viele Jahre später schrieb er in ein Journal, das er als Geschenk für seine erwachsenen Kinder vorbereitete: «Sie lag laut heulend im Kinderwagen.»

Willi schwelgt gerne in Erinnerungen. Sein Verstand ist völlig klar, und er hat eine ganze Schatztruhe von Geschichten parat. Ich frage ihn: «Willi, können Sie auch etwas von meinem Vater erzählen?» Und so führt uns Willi zurück ins Gemünd der 1920er.[13]

Bei meiner ersten unvergesslichen Begegnung mit Herrn Zack war ich viereinhalb Jahre alt. Damals, 1925, wohnten wir noch im großen Hause Huber*. (Später, 1927, zogen wir in das aus einem Pferdestall umgebaute Verwalterhaus nebenan.)

Unsere Küche mit Fenster zur Straße war gleichzeitig auch Wohnzimmer. Aus dem mit langen alten Baumwollstores behangenen Fenster sah man auf das Hoftor zwischen Stall und Wohnhaus von Zack. Auf dem Zugschieber des Herdabzugsrohres lagen die Fieten (Holzspäne zum Anzünden der Pfeife)[14]. Mein Vater war starker Pfeifenraucher. Meine Mutter war im Garten mit der Wäsche beschäftigt.

Der knapp fünfjährige Sohn Willi hatte nichts Besseres zu tun, als auf den Stuhl zu steigen, sich eine der langen dünnen Fieten zu holen und durch das Loch in den Herdringen zu stecken, um ein kleines Feuerwerk zu machen. – Und das gelang zu gut! Am Ende des Holzspans war nur ein glimmender Funke, und wenn ich den Span hin und her schwenkte, entstanden herrliche Funkenstriche in der Luft. Als ich aber mit dem Span Kreise schlug, war das Feuerwerk vollständig.

Da fällt mein Blick auf Zack, der gegenüber unserem Fenster im Tor steht. Dem musste ich meine Kunst zeigen: Den Span noch mal kurz in das Loch an den Herdringen gesteckt, ans Fenster geeilt und Zack die glühenden Kränze in der Luft gezeigt. Die alten langen Stores fingen Feuer, und schon ist die Gardine bis zur Decke in Flammen. Zack sieht die Kalamität, rennt über die Straße und reißt fast den Zug der Klingel herunter. Meine Mutter stürzt förmlich die lange Gartentreppe hinauf ins Haus, denn der Qualm kommt ihr schon entgegen. Ich weiß nur noch, dass meine Mutter für einige Eimer Wasser aus der im Hinterhaus liegenden Küche des Hauses Huber sorgte und Zack einige Eimer Wasser nach oben auf das brennende Gardinenbrett und den angebrannten Küchenschrank juchte. Die Gefahr war vorbei, der Schreck noch lange nicht und die elterlichen Predigten ebenfalls nicht.

Nach unserem Besuch schrieb uns Willi: «Nach 61 Jahren meine kleine blonde Nachbarin als eine Amerikanerin und als Frau Miley wieder in Gemünd begrüßen zu können, das war die bewegendste Begrüßung meines Lebens, außer der Begrüßung meiner Eltern 1946, als ich aus der russischen Gefangenschaft zurückkam.»

Lisbet, Frau Schmitz, Hilde, Willi – sie alle sind gestorben, seit ich anfing, dieses Buch zu schreiben. Für kurze Momente waren wir Gefährten auf dieser Heilungsreise. Sie waren Augenzeugen, und die Geschenke aus der Vergangenheit, die sie mir brachten, sind mir kostbar.

Meine eigene nebelhafte Erinnerungslandschaft[15]

Durch diese Begegnungen, Geschenke aus der Vergangenheit, sind ein paar meiner eigenen Erinnerungen nebelhaft ans Licht gekommen.

Die frühesten Eindrücke, die mir bewusst sind, sind durchdrungen von der Zärtlichkeit meiner Mutter. War ich zwei Jahre alt? Ich lag in meinem Kinderbettchen, das im Schlafzimmer meiner Eltern an der Wand stand. Es war Zeit für mein Mittagsschläfchen. Ich bemerkte das Licht, das durch die Vorhänge hereindrang und mit dem Weiß und den Pastellfarben meiner Umgebung spielte. Ich erinnere mich deutlich daran, wie ich schrill und laut schrie. Ich hatte keine Lust zu schlafen. Dann erschien das Gesicht meiner Mutter über dem Geländer des Kinderbettchens. Die Herzlichkeit und Freundlichkeit, die aus ihrem Gesicht auf ihr brüllendes Kind leuchtete, hat sich mir tief eingeprägt.

Eine andere Szene, die ich vor mir sehe: Meine Mutter sitzt über ihre Rundstricknadeln gebeugt, und ihre Hände bewegen sich mühelos in einem gleichmäßigen Rhythmus. Der gestreifte Rock des Dirndlkleides, das sie mir macht, liegt über ihren Schoß gebreitet. Das Oberteil ist rot, tomatenrot. Ich erinnere mich genau an die winzigen Maschen, säuberlich, wie genoppt und vollkommen regelmäßig. Perlmuster wird es genannt, glaube ich. Auf dem Saum des Oberteils kehren die Farben des gestreiften Rocks wieder. Unten ist es geschnürt, und zwei Puscheln zieren die Enden der Schnur. Wenn ich die Augen schließe, sehe ich ihre Silhouette vor mir, umstrahlt von einer Aura aus Licht. Schmücke ich die Erinnerung aus, oder saß sie wirklich an einem sonnigen Tag am Fenster?

Ein anderes Mal stehen Mutti und ich dicht beisammen an demselben Fenster, schauen schweigend zu, wie Blitze über den verdüsterten Himmel zucken, und lauschen den Furcht einflößenden Donnerschlägen. «Gott ist zornig», flüstert sie leise.

Es muss während der sieben Tage des Passahfestes gewesen sein. Mein Vater und ich, nur wir beide, sitzen zusammen am Küchentisch – vielleicht auf denselben Stühlen, die sich meine Mutter und Lisbet herangezogen hatten, um sich bei ihrer Verschwörung das Brot schmecken zu lassen. Ich weiß, dass Passahzeit war, denn mein Vater brach die knusprigen Matzen in kleine Stücke, ließ sie in seine große, dampfende Kaffeetasse fallen und rundete die Köstlichkeit mit einem Löffel Zucker ab. Ich bekomme eine kleine Tasse mit viel Sahne und einem kleinen Schuss Kaffee vorgesetzt. Ich versuche es meinem Vater gleichzutun. Er hilft mir, die Matzen in gleich große Stücke zu brechen – keine Krümel, aber klein genug für meine Tasse. Ich spüre immer noch den süßen Geschmack auf der Zunge, die exotischen Texturen und Aromen, die Matzenstücke, knusprig und durchweicht zugleich. Doch mehr noch als die Geschmacksvielfalt auf meiner Zunge und den Duft des Erwachsenenkaffees unter meiner Nase genieße ich es, so dicht bei Vati zu sitzen, mit ihm zusammen zu sein und unser Passahritual miteinander zu teilen.

Winzige, alltägliche Streiflichter aus unserem Familienleben – wie vieles mag ich vergessen haben? Erst kürzlich ist mir die Kraft der Liebe meiner Eltern während jener ersten sieben Jahre bewusst geworden.

Auch in ihren geheimsten, verschwiegensten und ängstlichsten Gedanken hätten meine Mutter und mein Vater sich nie vorstellen können, was nun kommen würde.

3.
Die Saat der Finsternis geht auf

erge, Büsche und Gräser umgeben mich mit ihren ge-
deckten Farben und der Vielfalt ihrer Formen und
Oberflächen, als ich einen staubigen Pfad in der trockenen Hochwüste von Südarizona entlangwandere.
Über mir blauer Himmel und eine friedliche Winter-
sonne, ringsum Einsamkeit und Schweigen, weit weg von den üblichen Geräuschen und Ablenkungen, höre ich in der Stille einen Appell
an meine Aufmerksamkeit: «Erinnere dich an die Vergangenheit.»

Lange Zeit habe ich mir die Vergangenheit auf Armeslänge vom Leib
gehalten. Die unfassbare Katastrophe, die meine Kindheit umgibt, als
sich die Moral einer Nation mit ihrer ganzen Lebensweise auflöste,
war eine zu große Last, als dass ich sie hätte tragen können.

Würde meine kleine Rolle in dem deutschen Drama der 1930er auf einer Bühne aufgeführt, so würde ich sie vor einem Publikum spielen,
das im Dunkeln sitzt, und die Szenerie, die Kulisse oder die Handlung
um mich her überhaupt nicht wahrnehmen. Ich glaube, meine Eltern
taten ihr Bestes, um mich vor der Schmach des Antisemitismus zu
schützen. Und dennoch drangen die Einschüchterung und Furcht, die
meine Mutter und mein Vater erlebten, wie durch Osmose in meine
Seele ein.

Hitler kommt nach Gemünd

Ich erinnere mich noch an die Atmosphäre in unserem Zimmer im
Obergeschoss, das zur Straße hin lag. Ich war fünf Jahre alt und ein
neugieriges, frühreifes Kind. Ich drückte mir an der großen Fenster-
scheibe die Nase platt. Was machten meine Mutter und mein Vati

denn da? Alle beide kauerten auf dem Sofa an der Wand am anderen
Ende des Zimmers. Ich beobachtete die hübschen jungen Mädchen
mit langen blonden Zöpfen, die dort draußen in ihren bunten Dirndl-
kleidern tanzten und Blumen streuten. Eine offene Limousine kroch
langsam die Dreiborner Straße entlang. Darin stand Hitler, steif und
aufrecht, den Arm zum Heil-Hitler-Gruß erhoben. Unsere vertraute
Straße war voller Menschen, die ihrem Führer zujubelten.

Die überschwängliche Begrüßung muss ihn sehr befriedigt haben,
doch sein Besuch verfolgte einen höheren Zweck, als sich von den Bürgern eines kleinen Provinzstädtchens feiern zu lassen.

Hitlers Zug traf am Donnerstag, dem 29. April 1937, auf dem Bahnhof
von Gemünd ein. Die Waggontür öffnete sich, und er stieg hinab auf
den einzigen Bahnsteig. Wahrscheinlich wurde er dort von einer Schar
örtlicher Nazigrößen empfangen. Die offene Limousine, in der er den
kurzen Weg durch Gemünd und dann weiter die sieben Kilometer
bergauf zur Burg Vogelsang[16] zurücklegen würde, wartete bereits.

Vogelsang wurde dafür gebaut, die Zeiten zu überdauern. Die meisten
Gebäude stehen heute noch. George und ich besuchten die Ordensburg 2002, als das Gelände noch als NATO-Truppenübungsplatz unter
belgischer Hoheit stand. Als wir das ursprüngliche Burgkino verließen,
nachdem wir uns einen Film über die düstere Geschichte der Nazizeit
angeschaut hatten, fiel mein Blick auf einen Stapel gehefteter Blätter
auf einem abgenutzten alten Tisch. Ich bat den belgischen Offizier,
der uns herumführte, mir eines davon nehmen zu dürfen. Es war eine
auf Englisch verfasste Geschichte der Burg Vogelsang. Das undatierte
Informationsblatt beginnt mit der Schilderung der Anweisungen Hitlers an den Reichsorganisationsleiter der NSDAP, Dr. Robert Ley, für
den Bau der Burg. Ley wird dort folgendermaßen zitiert:

Bevor die Burgen erschienen, war dort nichts als Wildnis. Ich
wollte nicht in irgendeiner bestehenden Burg beginnen, denn es
ist meine Überzeugung, dass das neue, mächtige Ideal Adolf Hit-

lers nicht in alten, muffigen und staubigen Burgen gepredigt und gelehrt werden kann. Die Orte, wo diese weltverändernden Gedanken der Menschheit verkündet werden, müssen so neu sein wie die Ideen selbst.[17]

Als eine der drei von Hitler geplanten Ordensburgen spross Vogelsang aus den grünen Weiden sieben Kilometer oberhalb von Gemünd empor. «Die Hauptgebäude, die für die Schulung erforderlich waren, wurden in Rekordzeit errichtet … innerhalb von zwei Jahren.»[18]

Wer waren die Studenten, und was lernten sie in diesen massigen, Furcht einflößenden, düsteren, grauen Bauten? Die Kadetten, die sogenannten Junker, wurden nach sieben Kriterien ausgewählt:[19]

1. Vorzügliche Gesundheit
2. Mitglied der NSDAP, der Hitlerjugend, der Sturmabteilung (SA, einer frühen nationalsozialistischen paramilitärischen Organisation) oder der Schutzstaffel (SS)
3. Keine erblichen Mängel
4. Reines arisches Blut
5. Nachgewiesene rassische Herkunft
6. Mindestens 1,60 m groß
7. Alter zwischen 23 und 26

Ihr Lernstoff? Rigorose Ertüchtigung für den Körper und Rassenphilosophie für den Kopf. «Rassismus war das Kernstück der Nazi-Ideologie. Vernichtung und rassische Verbesserung waren die beiden untrennbaren Komponenten.»[20] Nach dem Abschluss ihrer Ausbildung standen diese tatkräftigen jungen Männer für eine Position als Gauleiter zur Verfügung. Sie wurden gebraucht, um die eroberten Territorien im Osten für Hitler und die Partei zu verwalten.[21] Wenn sie in ihrer knappen Freizeit den Hügel hinab nach Gemünd gingen, um sich zu entspannen, klingelten ihnen noch die Ohren von der vergifteten Philosophie, mit der sie oben in der Burg Tag für Tag gefüttert wurden.

Das Schwimmbad

Es muss etwa um die Zeit der Olympischen Spiele 1936 gewesen sein. Ich ging mit meinen Eltern einen Hügelpfad entlang, von dem man auf den Kurpark von Gemünd hinabblicken konnte. Sie hatten mich in die Mitte genommen und hielten jedes eine meiner Hände. Ich trug winzige orthopädische Stiefel, weil ich dazu neigte, zu «onkeln» (mit nach innen gerichteten Zehen zu gehen). Mit wachsender Aufregung schaute ich immer wieder zu der großen Wasserfläche hin, die unter uns im Sonnenlicht glitzerte. Dort sah ich Kinder und ganze Familien und beobachtete, wie sie schwammen und planschten und um das neue öffentliche Schwimmbad herumrannten. Überall in Deutschland entstanden zur Feier der Olympischen Spiele in Berlin neue Schwimmbäder.

Ich hörte mich sagen: «Da will ich auch hin und im Wasser spielen.» Es folgte ein langes Schweigen, und dann kamen die seltsam traurigen Worte meines Vaters: «Juden dürfen da nicht hinein.»

Das Kino

Ein anderer Spaziergang, diesmal in der Nähe unseres Hauses. Ruth Holden, eine Freundin unserer Familie, wollte mit mir ins Kino in den Film *Schneewittchen und die sieben Zwerge*. Disneys Zeichentrickversion des alten Märchens, ein Meilenstein der Kinogeschichte, war gerade herausgekommen.

Ich war ganz aufgeregt vor diesem magischen Ereignis. Der Fußweg dorthin schien mir gar kein Ende zu nehmen. In dem winzigen Kino in einer Nebengasse der Dreiborner Straße werden noch heute Filme gezeigt. Es ist in Wirklichkeit nur hundert Meter von unserem früheren Haus entfernt. Ruth und ich bogen in die Gasse ein, und ich bemerkte, wie sich ihre Miene plötzlich veränderte. Erschrocken fragte ich sie: «Was ist denn los?» Sie war elf Jahre älter als ich und las mir die großen, schwarzen Buchstaben auf dem auffälligen neuen Hinweisschild vor: «Kein Zutritt für Juden.»

Frühe Schultage

Wir jüdischen Kinder gingen alle auf die evangelische Schule in der Bahnhofstraße in Gemünd, gleich gegenüber der evangelischen Kirche.

Ich erinnere mich noch an den Geruch des neuen Leders, als ich mit den Fingern das eingeprägte Muster auf meinem Schulranzen befühlte, und an das tolle Gefühl der Wichtigkeit, mit dem ich ihn auf dem Rücken trug. Ich sehe die Schiefertafel mit den Kästchen zum Rechnen auf einer Seite vor mir. Ich höre noch das laute Quietschen, das ich mit meinem Griffel in einer hübschen Papierumhüllung auf der Tafel erzeugen konnte. Und ich spüre noch, wie sich das kleine Baumwolltuch anfühlte, das an einer langen gehäkelten Schnur an einem Loch im Holzrahmen der Tafel befestigt war und mit dem ich meine ersten Zahlen und Buchstaben wieder auswischte.

Mein Vater engagierte einen Hebräischlehrer, vor dem ich ein wenig Angst hatte. Sobald er ins Haus kam, versteckte ich mich unter dem Tisch, weil ich auf diesen zusätzlichen Unterricht keine Lust hatte.

In der normalen Schule fiel mir derweil auf, dass unsere Schulbücher sich veränderten. Die Seiten waren immer noch voller Bilder, aber jetzt addierten und subtrahierten wir Bilder von bunten Panzern, Helmen, Gewehren und Soldaten.

Die Krise kam eines Tages in der Pause. Plötzlich merkte ich, dass unsere kleine Gruppe jüdischer Kinder inmitten eines Kreises stand, umringt von all den anderen Kindern, die um uns herumtanzten, sich an den Händen hielten und antisemitische Lieder sangen. Warum verabscheuten sie uns so? Es waren doch Kinder. Wo hatten sie gelernt, uns mit solcher Verachtung anzusehen? Ich erinnere mich nicht mehr an die Worte, die sie sangen, aber ich sehe immer noch ihre hasserfüllten Gesichter vor mir und spüre, wie die Reime uns auf die Köpfe niederprasselten wie saurer Regen. An diesem Tag gingen wir zum letzten Mal auf die evangelische Schule. Ich war sechs Jahre alt.

Am Dienstag, dem 15. November 1938, verfügte der Reichserziehungsminister einen Erlass, nach dem alle jüdischen Kinder vom Besuch deutscher Schulen ausgeschlossen wurden.[22] Unsere neue Schule befand sich im nahe gelegenen Kall. Wir fuhren mit dem Zug dorthin. Gemeinsam mit anderen jüdischen Kindern waren wir in einem Schulhaus mit nur einem Klassenraum untergebracht. Dort bot uns unser Lehrer Moses Lauterbach* eine Zuflucht.

Der Mann im Erdgeschoss

Am 1. April 1933, zwei Monate, nachdem die Nazis in Deutschland die Zügel der Macht ergriffen hatten, hatte im ganzen Land ein Boykott jüdischer Geschäfte stattgefunden. Die Aktion dauerte nur einen Tag, aber damit war ein Damm gebrochen, und von da an schlugen hasserfüllte und diskriminierende Gedanken und Worte immer mehr in böswillige Taten um. Jüdische Geschäfte wurden nun immer häufiger «arisiert», indem sie zu von den Nazis festgelegten Schleuderpreisen an nicht jüdische Deutsche verhökert wurden.[23]

Ich weiß nicht mehr genau, wann es geschah, aber einmal musste ich in einem plötzlichen Moment eine Beschimpfung mit anhören, die in meinem Leben tiefe Spuren hinterlassen hat. Damals führte mein Vater sein Geschäft schon nicht mehr. In dem geräumigen Laden im Erdgeschoss mit seinem großen Doppelfenster residierte nun ein Nichtjude. Wie er hieß oder was für Geschäfte er trieb, weiß ich nicht mehr.

Mein Vater stand mit dem Rücken zu unserer Wohnungstür oben auf dem Treppenabsatz. Ich hielt mich dicht an seiner Seite und verfolgte wie gebannt die dramatische Situation, die sich plötzlich entwickelte. Wir beide schauten hinab zum Fuß der Treppe, wo der Mann stand und zu uns heraufstarrte. Er beugte sich drohend nach vorn, und sein Gesicht war vor Feindseligkeit und Wut verzerrt. Wie Jauche aus einem offenen Rohr ergoss sich ein Strom von Flüchen und Beschimpfungen aus seinem Mund über meinen Vater.

Ich spürte das Schweigen meines Vaters, als wäre ich mit seiner Seite verschmolzen. Er ließ alles über sich ergehen, ohne auch nur ein Wort darauf zu antworten. Innerlich hatte ich das Gefühl, ich müsste meinen Vater beschützen – als ob ein kleines Kind dazu imstande gewesen wäre.

Jahrelang begleitete mich ein Eindruck von meinem Vater als schwachem, ohnmächtigem Mann ohne jede Tatkraft. Als ich jedoch Hans-Dieter Arntz' dokumentierte Schilderung las, nach der er ein erfolgreicher Geschäftsmann und Leiter in der Synagoge war,[24] und Willis Geschichten lauschte und Hilde sagen hörte: «Ich bin Ihrem Vater nie begegnet, aber selbst in Kall wussten wir, dass Markus Zack ein aufrichtiger Geschäftsmann war», fing ich endlich an, mir ein zutreffendes Bild von meinem lieben Vati zu formen.

Als ich Jahre später endlich den Faden meiner Geschichte aufnahm, wurde mir klar, dass er sich und seine Familie in Gefahr gebracht hätte, wenn er sich verteidigt oder der antisemitischen Tirade widersprochen hätte. Heute erkenne ich, wie klug seine Zurückhaltung war.

Im Schatten des Hakenkreuzes

Ein dunkler Schatten in Form eines Hakenkreuzes legte sich über Deutschland und erreichte auch die Eifel. Sicherlich bemerkte auch ich das einschüchternde, schwarze, scharfkantige Symbol in einem weißen Kreis, umgeben von einem blutroten Rahmen. Hoch oben flatterten die Fahnen mit diesem Symbol. Oder es kam mir beängstigend nahe, wenn es quer über die schmale Straße als Binde am Arm einer wichtigen Person auf mich zukam. Nachbarn, die auf der Straße unterwegs waren, hoben den rechten Arm zu einem steifen, schnurgeraden Gruß und sagten zackig «Heil Hitler» statt wie sonst «Guten Morgen», während sie in der Linken einen Gehstock, einen Einkaufskorb oder eine Hundeleine hielten. Eines Tages, als ich noch auf die deutsche Schule ging, sah ich ein Bild Hitlers mitten an der Stirnwand unseres Klassenzimmers hängen, wo bisher ein Kreuz gehangen hatte.[25]

Wie wirkte das neue, allgegenwärtige Emblem auf mich? Wenn ich versuche, mich an meine Gefühle zu erinnern, ziehe ich eine Niete.

Trotz aller Bemühungen meiner Eltern, mich zu behüten, machten mir der gesetzlich vorgeschriebene Hass und die in die Gesellschaft, in der wir Tag für Tag lebten, eingewobene Ausgrenzung zutiefst zu schaffen.

Kalender der Ereignisse und Erlasse: 1932–1938[26]

18. Februar 1932. Johanna Flora (Hannelore) Zack wird in Bonn geboren. Die Familie Zack wohnt in der Dreiborner Straße 174 in Gemünd.

30. Januar 1933. Reichspräsident von Hindenburg ernennt Hitler zum Reichskanzler.

27. Februar 1933. Der Berliner Reichstag wird in Brand gesteckt, was den Nazis Gelegenheit gibt, umfassende Befugnisse zu verlangen und die Grundlagen für einen Polizeistaat zu legen.

1. April 1933. Während eines eintägigen Boykotts jüdischer Läden und Geschäfte beschmieren Hitlers Braunhemden jüdische Schaufenster mit Parolen und gelben Davidssternen. Der Prozess der Arisierung (der Übergang jüdischer Firmen an nicht jüdische Deutsche zu amtlich festgesetzten Preisen weit unter Marktwert) beginnt.

22. September 1934. Unter großen Feierlichkeiten wird der Grundstein für die Ordensburg Vogelsang gelegt.

16. September 1935. Die Nürnberger Gesetze werden verkündet, mit denen die in der Nazi-Ideologie bereits vorherrschenden Rassentheorien institutionalisiert werden. Hier ist eine Auswahl der Bestimmungen:

- Juden sind von der Reichsbürgerschaft ausgeschlossen.
- Als Jude gilt jeder, der drei oder vier jüdische Großeltern hat.
- Juden dürfen in ihren Haushalten keine deutschen Frauen unter 45 Jahren mehr beschäftigen. Das Gesetz tritt am 1. Januar 1936 in Kraft. Leb wohl, Lisbet.

9. bis 10. November 1938. Die Kristallnacht, in der koordiniert Synagogen zerstört und jüdische Geschäfte attackiert werden, tobt durch Deutschland und Österreich.

15. November 1938. Alle jüdischen Kinder werden von den öffentlichen Schulen ausgeschlossen. Juden haben keinen Zutritt mehr zu Kinos und Sporteinrichtungen.

Wie werde ich frei von den Fesseln des Hasses und der Rachsucht?

Ich habe lange gebraucht, um den Weg zur Vergebung und zur Befreiung vom Trauma der Vergangenheit zu gehen. Etliche Male geriet die Reise ins Stocken. Meine bevorzugte Methode, mit den Wunden fertigzuwerden, die mein Wesen so tief durchdrangen, war, sie zu unterdrücken – die Erinnerungen auszusperren. Es dauerte Jahre, bis ich mich der Vergangenheit stellen und sagen konnte: «Ja, diese Dinge sind mir wirklich passiert.»

Mein Heilungsweg hat mich auf zwei verschiedene Schienen geführt. Auf der einen habe ich gelernt, denen zu vergeben, die Böses getan haben. Manche waren ideologisch aufgehetzte Täter; andere schwiegen furchtsam und unternahmen nichts. Die Bosheit war real und konkret, ob sie sich nur in einer Haltung ausdrückte oder in der Tat. Mein Volk, meine Familie und ich erlebten die mörderischen Misshandlungen an Leib und Seele.

Auf der zweiten Schiene habe ich Gott um Vergebung für meine eigenen falschen, destruktiven Reaktionen auf das Böse gebetet, das uns angetan wurde – für meine Bitterkeit, meinen Hass, meine Verachtung und mein Selbstmitleid.

Inzwischen erlebe ich Freiheit von der Gefangenschaft der Flüche und Beschimpfungen, die uns übergeworfen wurden wie ein vergiftetes Kleid. Das Gift war mir in die Seele gesickert, aber während der folgenden Jahre wurde mein Wesen gewaschen und erneuert.

Ich erinnere mich, wie ich vor dreißig Jahren einmal an einen natürlichen Badesee in einer Bergregion auf den Philippinen eingeladen wurde. Die Sonne, die oben im leuchtenden Blau schwebte, wärmte uns die Haut. Der Teich wurde ständig durch Quellen auf ihrem Weg von den Felsen hinab ins Tal gespeist und entleert. Es war ein unbeschreibliches Erlebnis, in dieses kalte, kristallklare fließende Wasser zu springen. Wie ein neuer Mensch stieg ich wieder heraus, erfrischt, rein – am ganzen Leib zitternd vor Lebendigkeit. Wer vergibt und Vergebung empfängt, kennt ähnliche Empfindungen in Herz, Verstand und Seele.

Gestärkt durch meinen Rückblick auf jenen Badesee unter freiem Himmel kehre ich nun zu der Geschichte meiner zerbrechlichen Kindheit in Gemünd zurück.

4.
Reichskristallnacht:
Die Nacht, die mir das Leben rettete

anche der Juden, die im Jahr 70 n. Chr. vor der Verfolgung durch die Römer aus dem Heiligen Land flohen, ließen sich am Rhein in Städten wie Köln und später in kleineren Dörfern weiter westlich nieder, wo sie in der idyllischen Hügellandschaft der Eifel Wurzeln schlugen.

Während ihrer langen Geschichte in dem Land, das erst 1871 zu einem vereinten Deutschland wurde, gab es immer wieder Zeiten, in denen sie Anschuldigungen, Verfolgungen, Pogrome und Tod erleiden mussten. Im frühen neunzehnten Jahrhundert begannen die jüdischen Bürger sich sicherer zu fühlen.[27]

Zu Beginn des zwanzigsten Jahrhunderts genossen die Mitglieder der jüdischen Gemeinschaft in Gemünd ihren aktiven Anteil am Leben in ihrer Kleinstadt. Mein Vater und zwei andere jüdische Geschäftsleute waren begeisterte Mitglieder im Schützenverein. Willi Kruffs Mutter überquerte manchmal die Straße, um uns zu besuchen. Am 27. Juni 2003 schrieb Willi mir einen Brief:

> Frau Zack war u. a. eine hervorragende Näherin. Meine Mutter hatte zwar eine ausgezeichnete Ausbildung im Haushalt, besonders in Küche und Kochen, bekam aber von Frau Zack «Nachhilfe» im Nähen von Schürzen, Kinderhemden und Kinderhosen, was in der armen Zeit der zwanziger Jahre das Haushaltsgeld wesentlich unterstützte. Mein Bruder und ich haben manche Hose in den Jahren durchgerutscht. Strapazierfähigen Stoff hatte Zack ja im Geschäft.

Unsere Synagoge in Gemünd wurde am 27. Februar 1874 eingeweiht. Das kleine, solide Steingebäude mit neunzig Sitzplätzen unten im Saal und weiteren dreißig auf der Empore leistete den 75 jüdischen Familien, die dort ihre Gottesdienste feierten, gute Dienste.

Ich weiß noch, wie ich an der Hand meines Vaters am Sabbatmorgen die Mühlengasse entlangging und hinunter auf das Kopfsteinpflaster unter unseren Füßen schaute. Im Innern der Synagoge sehe ich meine Beine von unserem Platz in der ersten Reihe unten im Saal herabbaumeln, obwohl der Platz für die Frauen eigentlich oben war. Ich erinnere mich an ein vages Gefühl der Ehrfurcht, wenn ich aufblickte und die hebräischen Worte hörte, die aus der Thora vorgelesen wurden, und beobachtete, wie das Licht auf dem glänzenden Zeigestab glitzerte, wenn er von rechts nach links die Zeilen entlangwanderte. Noch heute spüre ich die freudige Atmosphäre in der Synagoge, wenn wir Purim feierten, das Fest zum Gedenken an Esther. Wir Kinder sammelten dann eifrig die Süßigkeiten ein, die händeweise von der Empore herabgeworfen wurden und klingend, knisternd und knallend um uns her auf dem Boden landeten.

Gedanken zeugen Taten

Von 1933 bis 1938 hatten die Pläne gegen unser Volk im Kessel der giftigen Gedanken gebrodelt und waren in Form von sporadischen, vereinzelten Gewaltakten übergekocht. Fünf Jahre lang war die arische Bevölkerung einer ständigen antisemitischen Propaganda ausgesetzt gewesen. Die Glut des Hasses war bewusst durch hetzerische Gesetze, Reden, Bücher und Zeitungsartikel geschürt worden. Nun, in der Nacht vom 9. zum 10. November 1938, wurde in ganz Deutschland und Österreich – überall da, wo Juden lebten – ein lange gehegter Plan in die Tat umgesetzt.

Als Auslöser für diese koordinierte Aktion diente ein Vorfall am 7. November in Paris. Herschel Grynszpan, ein siebzehnjähriger Hannoveraner, schoss auf Ernst vom Rath, den deutschen Botschaftssekretär in Paris. Grynszpans Verbrechen war die Reaktion auf eine grausame Deportation. Am 28. Oktober waren Tausende polnischer Juden, die in Deutschland lebten, zusammengetrieben, nach Polen abgeschoben und gleich hinter der Grenze ohne Nahrung und Obdach sitzen gelassen worden. Unter den Deportierten waren auch Grynszpans Eltern.

Vom Rath starb am 9. November 1938. Noch am selben Abend wurde eine sorgfältig geplante und vorbereitete Operation, die wir heute als «Reichskristallnacht» kennen, gestartet. Der Kopf dahinter war Joseph Goebbels.[28]

Hatte ich Angst?

Ich war in Gemünd dabei, aber ich habe keine persönliche Erinnerung an die dramatischen Ereignisse, die sich in dieser Novembernacht entwickelten. In meiner Fantasie sehe ich ein sechsjähriges Kind wohlbehalten und warm in der sicheren Wohnung über dem Familiengeschäft der Zacks schlafen. Wurde ich von meinen verängstigten Eltern beschützt? Hielten sie mich in ihren Armen? Oder habe ich die Schrecken jener Nacht einfach nur verdrängt? Ich weiß es nicht.

Ich höre auf zu schreiben, lege meinen Bleistift nieder, schließe fest die Augen und versuche, die Vergangenheit wieder in die Gegenwart zurückzuholen. Kann ich auch nur den leisesten Hauch von Rauch riechen? Ich gehe zwischen meinen Eltern, die mich schützend an den Händen halten, und lausche, wie sie über meinen Kopf hinweg miteinander reden. Gingen wir immer so dicht beieinander? Oder war das eine Reaktion auf das allgemeine Klima der Gefahr? Mit gesenkten Stimmen sprechen sie über den Stein, der durch das Vorderfenster unseres Nachbarhauses geflogen ist. Der dicke Brocken landete auf einem Regalbrett über dem Bett, das meinen Freund Kurt und seine Großmutter, die sich unter den Decken verkrochen hatten, auf wundersame Weise rettete.

Was passierte wirklich in Gemünd?

Die meiste Zeit meines Lebens habe ich mich der Illusion hingegeben, auf unserem Grundstück sei in jener Nacht gar nichts passiert. Ich ging davon aus, dass bei uns keine Fenster eingeschlagen wurden, weil mein Vater ja sein Geschäft bereits an einen nicht jüdischen Bürger vermietet hatte. Doch als ich das Buch *Reichskristallnacht* von Hans-Dieter Arntz las, in dem akribisch die Aussagen von Leuten gesammelt sind, die dabei waren und Augenzeugen des Geschehens wurden, erfuhr ich die Wahrheit.[29]

Gruppen von Männern versammelten sich im Schutz der Dunkelheit in der schmalen Mühlengasse. Heimlich und in großer Eile drangen sie in die Synagoge ein, sammelten ihre heiligen Gegenstände ein und steckten sie in einen Sack. Dann wurden Strohballen aus den Scheunen der umliegenden Häuser herangeschafft und in das steinerne Gebäude gestopft. Benzin war schon zur Stelle … das Stroh wurde damit getränkt … das Feuer entzündet. Während die Flammen emporschlugen, stand der Feuerwehrwagen daneben. Die Feuerwehrleute sahen zu, ohne einzugreifen – solange die Nachbarhäuser nicht in Gefahr gerieten, durften sie kein Wasser gegen die Flammen richten.[30]

Berauscht vom ersten Geschmack der Gewalt, zogen die Männer sodann im Pulk durch die Hauptstraße – die Dreiborner Straße, in der wir wohnten. Unterwegs schlugen sie die Fensterscheiben der Juden ein. Sie stürmten in unseren Hof, brachen die Schuppentür auf und stahlen die Antiquitäten meines Vaters.[31]

Warum sind diese dramatischen Stunden aus meinem Gedächtnis ausgelöscht? Wahrscheinlich schlief ich zwischen meinen Eltern in ihrem Bett. Gewiss muss mich der Aufruhr unter unserem Schlafzimmerfenster aus dem Schlaf gerissen haben. Es war gegen drei Uhr morgens.

Spürte ich die Angst meiner Mutter und meines Vaters? Hörten wir die lauten, rauen Stimmen, das Einschlagen der Schuppentür und den sich entfernenden Lärm, als die Angreifer ihren Zug die Straße entlang fortsetzten?

Das Tageslicht brachte die Ruinen ausgebrannter Synagogen, die Asche entweihter heiliger Bücher und die auf dem Pflaster verstreuten Glasscherben vor den jüdischen Geschäften und Häusern überall in Deutschland und Österreich ans Licht. In einer einzigen Nacht waren 1574 Synagogen beschädigt worden; 267 davon völlig zerstört. 2500 Geschäfte waren verwüstet, 91 jüdische Männer getötet und 30.000 Juden verhaftet. Der jüdischen Gemeinschaft wurde ein Bußgeld von einer Milliarde Reichsmark (nach dem Kurs von 1938 etwa 400 Millionen US-Dollar) auferlegt, das ans Reich zu zahlen war, um für die Schäden aufzukommen.[32]

Am 11. November 1938 wurden alle jüdischen Männer ab achtzehn Jahren in Gemünd zusammengetrieben und für den Transport nach Aachen vorbereitet, etwa sechzig Kilometer nordwestlich von unserem Heimatort.[33] Der Bericht über ihre Festnahme hat mir den Hintergrund für eine bruchstückhafte Erinnerung geliefert, die mich durch all die Jahre begleitet hat. Ich sitze beim Essen am Tisch in der Küche der Familie meines Freundes Kurt. Jemand ruft mich: «Hannelore, geh schnell heim. Dein Vater ist zurückgekommen.» Ich habe keine Erinnerung daran, wie er fortging. Wie weit war er unterwegs gewesen? Bis nach Aachen? Oder hatte man ihn schon am Bahnhof in Gemünd entlassen? Ich weiß es nicht. Der Schilderung in *Reichskristallnacht* zufolge war er ernsthaft erkrankt.

Was mag mein Vater gedacht und empfunden haben, als er nach Hause kam und langsam die Treppen zu unserer Wohnung hinaufstieg? Blickte er voller Verzweiflung auf die letzten fünf Jahre zurück, in denen die Schikanen immer mehr zugenommen hatten: die systematische Demontage von allem, was er sich materiell aufgebaut hatte; der Verlust seiner Rolle als einer der Honoratioren der Stadt; der Raub seiner Waren ohne Entschädigung und Gerechtigkeit, die Abfackelung des Gotteshauses seiner Gemeinschaft? Machte er sich Vorwürfe dafür, die Vorzeichen ignoriert zu haben? Oder war er elektrisiert und tatendurstig?

Eine weitere Erinnerung aus Gemünd steigt auf. Es ist später Abend, und ich wache von Stimmengemurmel auf. Ich schleiche mich aus dem Bett und trete leise ins leere Wohnzimmer. In unserem Eingang reden Leute miteinander. Die Tür ist halb geschlossen. Ich bin allein im Zimmer. Ich betrachte die hübschen roten Linienmuster, die in den Weingläsern zurückgeblieben sind, und die Krümel auf den Tellern. Ich strecke die Hand aus, nehme ein Weinglas von dem niedrigen Tisch, führe es an meine Lippen und trinke den sauren Bodensatz. Ich habe vergessen, was passierte, als meine Eltern zurückkamen und mich dort fanden. Ob sie mit den Leuten, die gerade gegangen waren, über einen Umzug nach Köln gesprochen hatten?

Abschied von Gemünd

Ich weiß nicht genau, ob wir zu dem Umzug von Gemünd nach Köln gezwungen wurden oder freiwillig gingen, um in der Anonymität einer Großstadt unterzutauchen. Ich glaube, nachdem mein Vater von der Zusammentreibung der jüdischen Männer zurückgekehrt war, zögerten wir nicht mehr, unsere verdorrten Wurzeln unverzüglich auszureißen. Ich erinnere mich nicht mehr an unsere Abreise von Gemünd oder an den Weg zu unserem neuen Zuhause in Köln. Verabschiedete mein Vater sich von seinen Freunden? Hatte er überhaupt noch Freunde? Wussten unsere Nachbarn, dass wir fortgingen? Oder machten wir uns in jenem Winter 1938 heimlich aus dem Staub? Zitterten wir vor Kälte, Kummer und Furcht, als wir am Gemünder Bahnhof, gleich neben dem jüdischen Friedhof, auf dem Bahnsteig standen? Brachen noch andere jüdische Familien mit uns auf? Was ging meinen Eltern durch den Kopf, als der Zug aus dem Hügelland der Eifel hinaus auf die Ebene in Richtung Köln ratterte? Bereute mein Vater seine Entscheidung, in Deutschland zu bleiben, als unsere Freunde, die Tellers, uns drei Jahre zuvor gebeten hatten, mit ihnen nach Palästina zu fliehen? Trauerte meine Mutter über den Verlust ihrer deutschen Freunde? Oder machte sie sich Sorgen um ihre drei Schwestern in Koblenz und Berlin?

Das Drama der Kristallnacht ist im Lauf der Jahre verblasst. Ist es überhaupt möglich, herauszufinden, wer was getan hat und wann? Ich bin dankbar für die mutigen Ermittler – die Wahrheitssucher –, die die Bruchstücke der Vergangenheit herausgesiebt und zum Vorschein gebracht haben. Sie haben mir eine Verbindung zur Wirklichkeit verschafft.

Historische Aufzeichnungen, Kopien von Befehlen und Bildern, Augenzeugenberichte, die vielleicht von Selbstschutz gefärbt sind, und meine eigenen subjektiven, bruchstückhaften Erinnerungen verbinden sich wie einzelne Pinselstriche zu einem lebhaften impressionistischen Gemälde. Wenn ich über die Vergangenheit nachdenke, ist mir die unerträgliche Bürde des Urteilens, Anklagens und Rächens von den Schultern genommen. Ich übergebe alles – die Fakten, die Vermutungen, den Schmerz – an den einzig gerechten Richter.

Inzwischen in London

Aufgerüttelt durch die Ereignisse der Kristallnacht, traten führende Leute der jüdischen Gemeinschaft in England ans britische Parlament heran. Sie erwirkten die Erlaubnis, jüdische Kinder in England in Sicherheit zu bringen. Zehntausend Kinder wurden so gerettet. Ich war Nr. 8814.

Diese unendlich schwere Entscheidung, mich fortzuschicken … ob dieser Gedanke meinen Eltern erstmals in der Gewaltnacht des 9. November kam?

5.
Horst-Wessel-Platz 14

ch verließ Köln mit einem runden Ausweisschild aus Pappe, das mir um den Hals hing. Heute steht es auf meinem Bücherregal, eingefasst in zwei kleine Glasscheiben. Auf der Rückseite ist mit Bleistift das Wort «Horst» durchgestrichen und durch «Köln» ersetzt worden. Familienfotos hatte ich keine bei mir, aber ich habe immer noch die beiden Postkarten, die meine Eltern und meine Tante mir in den Koffer steckten. Sie wollten Gewissheit haben. War ich sicher angekommen? War ich «von Fremden mit offenen Armen empfangen»[34] worden? Die Postkarten waren bereits vorgestempelt und brauchten nur noch abgeschickt zu werden. Auf der einen Karte war säuberlich die Adresse meiner Tante aufgetippt, auf der anderen die meiner Eltern: Horst-Wessel-Platz 14 II. Ich habe sie nie abgeschickt.

Als ich anfing, nachzuforschen, was aus meinen Eltern nach unserer Trennung geworden war, fragte ich manchmal Freunde aus Deutschland: «Wo kann ich den Horst-Wessel-Platz 14 finden? Dort haben wir in Köln gewohnt, nachdem wir Gemünd verlassen hatten.» Sie antworteten dann peinlich berührt: «Oh, diese Straße gibt es nicht mehr.» Dann machte sich ein gewisses Unbehagen in der Atmosphäre breit, und mir wurde mein eigenes Schwanken zwischen Neugier und dem Widerwillen, mich damit zu befassen, bewusst.

Ich hatte nur sieben oder acht kurze Monate mit meinen Eltern in Köln gelebt. Doch im Lauf der Jahre bekam der Name «Köln» einen kalten und ungastlichen Klang in meinen Ohren, und unsere Adresse hörte sich bedrohlich an. Wer war Horst Wessel? Warum hatte man eine Straße nach ihm benannt?

Horst Ludwig Wessel trat 1926 mit neunzehn Jahren in die NSDAP ein und wurde nach seinem gewaltsamen Tod 1930 posthum zum Helden der Bewegung. Bekannt wurde er als Verfasser des Liedtextes zu *Die Fahne hoch*, meist als Horst-Wessel-Lied bekannt.[35] Eine Zeile daraus lautet zum Beispiel: «Es schaun aufs Hakenkreuz voll Hoffnung schon Millionen.» Von 1933 bis 1945 wurde sein Lied neben *Deutschland, Deutschland über alles* de facto zur zweiten Nationalhymne Deutschlands. Wer in jener Zeit an einem typischen Sonntagsgottesdienst in einer evangelischen Kirche teilnahm, in der die treu zum Nazistaat stehenden «Deutschen Christen» das Sagen hatten, der schlug dort höchstwahrscheinlich das neue Gesangbuch auf und sang mit der Gemeinde das Horst-Wessel-Lied.[36]

In der Nazi-Zeitschrift *Der Brunnen für deutsche Lebensart* konnte man am 2. Januar 1934 diese Lobrede lesen: «Wie hoch ragt Horst Wessel über jenem Jesus von Nazareth auf – jenem Jesus, der darum flehte, der bittere Kelch möge von ihm genommen werden. Wie unerreichbar hoch stehen alle Horst Wessels über Jesus!»[37]

Rathenauplatz 14

Wie kann ich mich mit der Stadt meiner Vergangenheit aussöhnen? Ein guter Anfang wäre vielleicht, die Straße zu besuchen, in der wir damals wohnten.

George und ich brechen früh auf und fahren in der ersten Aprilwoche 2009 nach Köln, wenige Tage, nachdem wir herausgefunden haben, wie die alte Straße heute heißt, in der meine Familie wohnte. Langsam bahnen wir uns den Weg durch den morgendlichen Stadtverkehr, suchen uns einen Parkplatz, gehen mit ernsten Gesichtern zu Fuß ein paar Schritte um die nächste Straßenecke, bleiben auf dem Bürgersteig stehen und blicken auf zum Rathenauplatz (ehemals Horst-Wessel-Platz) 14. Ich bin in der Straße, in der wir wohnten! Schmerz und gespannte Erwartung durchzucken mich gleichzeitig. In diesem Mo-

ment hält neben uns ein Auto. Die Fahrertür geht auf, und eine hochgewachsene junge Frau steigt aus. Sie bemerkt uns, wie wir dort stehen, und erkundigt sich: «Suchen Sie etwas? Kann ich Ihnen helfen?»

Wir unterhalten uns. Ich erzähle ihr, was mich und meine Kindheit mit
dieser Adresse verbindet. Sie wohnt im Rathenauplatz 14 in der Erdgeschosswohnung und heißt Anke. Sie führt uns durch die Doppeltür
in den Hof und bestätigt uns, dass dieses grüne, geradlinige, zweck-
mäßig konstruierte Wohnhaus nach dem Zweiten Weltkrieg auf dem
Fundament des Gebäudes errichtet wurde, in dem wir gewohnt hatten. Das Haus nebenan dagegen mit seiner eleganten Fassade hat das
Bombardement überstanden. Ich starre empor zu den kunstvollen
Steinmetzarbeiten und spüre, wie sich in meiner Erinnerung etwas
regt. Anke führt uns zum Eigentümer des Hauses, Herrn Wolfgang
Knips*, der im ersten Stock wohnt. Wir beginnen unser Gespräch
schon, als George und ich kaum durch die Haustür hindurch sind und
Herr Knips sich oben über das Geländer des Treppenabsatzes lehnt.
Schon nach wenigen Augenblicken lädt er uns in seine Wohnung ein.

Herr Knips ist nur ein paar Jahre jünger als ich und hat das Gebäude
von seinen Eltern geerbt. Wir folgen ihm in sein bezauberndes Wohnzimmer, und ich trete an die großen Fenster. Draußen sehe ich über
einen kleinen Park hinweg die wiederhergestellte, imposante Synagoge in der Roonstraße aufragen. In diesem Moment verwandle ich
mich plötzlich wieder in ein siebenjähriges Kind, das durch die Vorderfenster unserer Wohnung im ersten Stock hinausschaut und dieselbe Szenerie vor sich sieht. Vor Überraschung und auch aus einer
gewissen Scheu heraus frage ich ihn nicht nach seinen Eltern und danach, was sie ihm vielleicht über die Nachbarn erzählt haben. Wie war
die Stimmung bei uns zu Hause damals, im Frühjahr 1939? Gab es da
Unterströmungen der Furcht, Vorahnungen des Unheils?

Es muss eine elegante Umgebung gewesen sein, in der wir dort im ersten Stock lebten. Ich weiß noch, wie aufregend ich es fand, mit einem
Fahrstuhl zwischen unserer Wohnung und den großen Eingangstüren

auf- und abzufahren. Die Größe des Waschbeckens im Badezimmer hat mich sicherlich tief beeindruckt. Ich habe eine ganz schwache Erinnerung daran, wie ich auf den Sockel kletterte, mich in das große Becken legte, das Wasser aufdrehte und versuchte, darin zu baden.

Eine neue Schule

An den Namen meiner neuen Schule erinnere ich mich nicht. Die Dokumente, in denen Daten genannt werden, wann die jüdischen Schulen in Köln geschlossen und zu einer einzigen Schule, der Jawne, zusammengefasst wurden, sind widersprüchlich. Gern hätte ich verlässliche Bestätigungen für meine unzusammenhängenden, aber lebhaften Erinnerungsfetzen gefunden. Meine Schulerlebnisse in Köln scheinen frei im Raum zu schweben, ohne irgendwo andocken zu können. Objektive Fakten könnten mir helfen, meine Vergangenheit wieder in Besitz zu nehmen. Nach und nach habe ich meine eifrigen, aber erfolglosen Bemühungen aufgegeben, genau herauszufinden, wie die Schule hieß, die ich in Köln besuchte. Seltsamerweise empfinde ich, dass sich meine Seele durch diese Unvollständigkeit und Unvollkommenheit geweitet hat. Die Streiflichter, die ich niederschreibe, sind in meinem Gedächtnis ohne konkrete Namen und Adressen gespeichert.

Der Gegensatz zwischen der schlichten jüdischen Schule in Kall mit ihrem einen Klassenzimmer, die ich so abrupt verlassen hatte, und meiner neuen jüdischen Schule mit ihrer imposanten Architektur und ihrem großen Pausenhof hätte nicht größer sein können. Als Neuankömmling geriet ich in einen Strom, der schon seit einiger Zeit dahinfloss. Alles war fremd: die anderen Kinder, die Lehrer, die Räumlichkeiten und die Gepflogenheiten. Wie wurde ich mit all diesen plötzlichen Veränderungen fertig?

Es ist der erste Tag in meiner neuen Schule. Ich sitze auf meinem Platz und beobachte zwei Lehrer, die vor dem Klassenzimmer stehen. Sie sind in ein ernstes Gespräch vertieft und machen dabei Notizen auf der Tafel. Der eine hat rote Haare, der andere schwarze. Nach meiner Erinnerung übergibt der eine dem anderen die Klasse, da er im Begriff ist, nach Palästina aufzubrechen. Was wohl aus den beiden geworden ist? Der eine ging, der andere blieb zurück?

An einem anderen Tag gehe ich inmitten einer Gruppe anderer Schüler von der Schule zurück nach Hause. Sie rennen davon und lassen mich zurück. Ich komme mir unendlich klein vor unter den riesigen Wohnhäusern, die zu beiden Seiten der schmalen Straße über mir aufragen. Ich finde mich nicht mehr zurecht, fühle mich allein und fange laut zu heulen an. Eine freundliche Frau hört mich weinen, lädt mich in ihre Wohnung ein und benachrichtigt meinen Vater. Ob sie eine Jüdin ist? Er kommt. Noch jetzt, während ich diese schmerzliche kleine Geschichte erzähle, spüre ich, wie seine Arme mich in die Geborgenheit seiner Gegenwart einhüllen. Doch die vorausgegangenen Momente der Panik, das Bewusstsein, dass ich vollkommen allein bin und dass die Welt ein gefährlicher Ort ist, werden zu Vorzeichen dessen, was kommen würde.

Aus dem Blickwinkel des Alters frage ich mich, was ich denn gesagt oder getan haben mag, was jene Kinder dazu brachte, davonzulaufen und mich alleinzulassen?

Unser letztes gemeinsames Passahfest

Die Einzelheiten unseres Sederabends 1939 liegen im Nebel, doch Überreste des Ereignisses liegen in meinem Gedächtnis wie Stücke von zerbrochenen Matzen, die am Ende des Mahls auf dem Teller liegen bleiben.[38]

Eine große Runde sitzt um den großen, festlich geschmückten Tisch in unserer Wohnung. Ich sehe ein lichtdurchflutetes Zimmer vor mir. Ist es das Strahlen der vielen Kerzen, an das ich mich erinnere, oder die

Atmosphäre in der Gruppe, die sich hier versammelt hat? Wir sind an-
geregt und familiär, aber auch feierlich und formell, als die Zeremonie
beginnt. Als siebenjähriges Kind erfasse ich nicht einmal ansatzweise
die Bedeutung unseres uralten Brauches, den die Juden durch die
Jahrhunderte gepflegt haben, um sich an Gottes Eingreifen und die Befreiung aus Ägypten zu erinnern. Als jüngstes Kind bin ich an dem Fra-
ge-Antwort-Spiel beteiligt, das den Kern der Feier ausmacht. Die
Schlüsselfrage des Rituals – «Weshalb ist dieser Abend anders als alle
anderen?» – schwingt noch heute in mir nach.

Was denken wohl die Erwachsenen bei diesem Sederabend 1939, den
wir hinter den verschlossenen Türen unserer Wohnung im ersten
Stock am Horst-Wessel-Platz 14 feiern, wenn sie die vertrauten Worte
hören? Wenn Psalm 137,4 zitiert wird – «Wie könnten wir des Herrn
Lied singen in fremdem Lande?» –, bringen sie da die grausame Gefangenschaft unseres Volkes in vergangenen Generationen mit der gegen-
wärtigen Wirklichkeit unseres Lebens in Nazideutschland in Verbindung? Hat irgendjemand eine Vorahnung, dass dies das letzte Mal ist,
dass wir den Sederabend zusammen feiern?

Das Israelitische Krankenhaus

In einer Sommernacht um den 18. Juli 1939 reiße ich meine Eltern
aus dem Schlaf, indem ich vor Schmerz und Scham darüber, ins Bett
gemacht zu haben, laut schreie. Wie im Film füllt die nächste Szene
die Leinwand. Jetzt liege ich in einem anderen Bett, einem Kranken-
hausbett in Zimmer 154. Eine Frau sitzt bei mir, eine weiche, ku-
schelige Erscheinung. Freundlich sagt sie mir: «Du musst ganz still
liegen und darfst dich nicht bewegen.» Es ist Nacht. Ich weiß nicht,
ob es dieselbe Nacht ist, in der ich schreiend aufgewacht bin, oder
die folgende. Als ich sie um Wasser bitte, erklärt sie mir, dass ich
noch abwarten müsse, bevor ich wieder trinke und esse. Auf ihren
Vorschlag hin vertreiben wir uns die Wartezeit damit, dass ich ihr
aufzähle, was ich alles gerne essen und trinken möchte, während sie

die Liste aufschreibt, damit ich in den kommenden Tagen all meine Lieblingsspeisen genießen kann. Mir macht es Spaß, ihr Nüsse, Beeren, Gurken, Sabbat-Kartoffelkuchen aufzuzählen … und mir vorzustellen, wie sie alle schmecken. Ich bin Patientin im Israelitischen Krankenhaus in der Ottostraße 85 in Köln-Ehrenfeld. Ein geschickter jüdischer Chirurg hat mir den Blinddarm herausgenommen, und ich glaube, mein Vater hat eine Privatschwester engagiert, die die Nacht bei mir verbringt.

Das Zimmer ist voller Menschen. Meine Eltern sind zusammen mit ein paar anderen gekommen, um mich zu besuchen. Ich liege im Bett und lese ein paar Zeilen aus einer Auswahl aus *Grimms Märchen* vor, einem kleinen Buch, das sie mir als Geschenk mitgebracht haben. Noch immer sehe ich die schön gemalten Bilder und die spitzen Buchstaben vor mir. Ich höre, wie sie mich für meine Lesekünste loben und sich darüber freuen. Wahrscheinlich sind sie vor allem erleichtert über meine Genesung.

In der Schule lernte ich die Sütterlinschrift lesen und schreiben, die den meisten deutschen Kindern jener Zeit vertraut war, aber 1941 von der nationalsozialistischen Regierung verboten wurde.[39] Die kantigen, spitzen Buchstaben und verschlungenen Schleifen faszinieren mich noch heute, nach all den Jahren. Während ich dieses Kapitel schreibe, suche ich nach einem Beispiel für die Schrift, die ich in meinem Krankenbett las. Ich finde eine alte Alphabetvorlage für Schreibübungen, nehme den Stift fest in die Hand, setze ihn aufs Papier … und fühle mich zurückversetzt in das Klassenzimmer in Gemünd. Noch einmal schließe ich Daumen und Finger um einen dünnen Griffel und versuche, mit angespannten Muskeln und konzentriertem Blick das Sütterlin-Alphabet abzuschreiben. Wieder spüre ich die alte Anspannung – die Aufgabe ist so schwierig, und ich muss es unbedingt richtig hinkriegen …

Eine andere Szene aus dem Krankenhaus: Ich gehe über verschlungene Pfade an einer grünen Grasfläche entlang und bin stolz darauf, mit wichtigen Erwachsenen hier entlangzugehen. Meine Begleiter sind eine Gruppe von Ärzten. Vielleicht bin ich ins Krankenhaus zurückgekehrt, um mir die Fäden ziehen zu lassen.

Im Jahr 2009 stieß ich in dem Buch *Das jüdische Krankenhaus in Köln*[40] auf zwei Fotos von 1908 und 1912. Das Israelitische Krankenhaus war sehr groß. Mehrere zweistöckige Gebäude verteilten sich auf einem ausgedehnten Gelände. Die sorgsam gepflegten Pflanzen und Bäume und die sattgrünen Rasenflächen mit all jenen gewundenen Pfaden hatte es wirklich gegeben. Sie waren nicht nur Ausgeburten meiner Fantasie. Das Israelitische Krankenhaus wurde am 12. Januar 1869 eröffnet und nahm von Anfang an Patienten aller Konfessionen auf. Der gute Ruf des Krankenhauses lockte Patienten aus Köln und dem ganzen Rheinland und Westfalen an.

Wie war es möglich, dass die viel beschäftigten Ärzte und Chirurgen in ihren weißen Kitteln Zeit dafür hatten, mit einer kleinen Patientin im Garten spazieren zu gehen? Im Juli 1939, als ich dort behandelt wurde, stand das Krankenhaus bereits enorm unter Druck. Die Umsetzung der antisemitischen Rassengesetze, die 1933 und 1935 erlassen worden waren, kam immer mehr in Schwung – Zahlungen an jüdische Ärzte aus den gesetzlichen Krankenversicherungen wurden beschränkt; Juden wurden aus dem öffentlichen Dienst entlassen; und in manchen Teilen Deutschlands durften jüdische Ärzte und Krankenhäuser arische Patienten nicht mehr behandeln.[41] Manche dieser jüdischen Chirurgen und Ärzte verstärkten vielleicht die Reihen der Mediziner im Israelitischen Krankenhaus. Auf jeden Fall wurden dort jetzt weniger Patienten behandelt.

Eine medizinische Behandlung für Juden in einer arischen Einrichtung war nicht mehr möglich.[42] Ob meine Eltern wohl ein Krankenhaus in der Nähe gefunden hätten, das bereit gewesen wäre, eine Jüdin für eine Notfallbehandlung aufzunehmen, wenn wir im Juli 1939 noch in Gemünd gewohnt hätten?

Mein Leben hängt am seidenen Faden

Wenn ich zurückblicke und versuche, meine Erinnerungen an unsere letzte gemeinsame Woche als Familie zu protokollieren, fällt mir der Moment ein, in dem mein Leben an einem hauchdünnen Faden hing, wenn ich auch damals nichts davon ahnte.

Ich bin wieder aus dem Krankenhaus zurück, liege in meinem eigenen Bett und höre aus dem Nebenzimmer ein Gespräch mit an. Meine Mutter spricht laut. Ich höre sie sagen: «Sie hat sich noch nicht genug von der Operation erholt, um zu fahren.» Der kritische Zeitpunkt meiner Operation und Genesung ist durch eine Postkarte dokumentiert. Noch heute habe ich die Karte, die meine Tante Elisabeth mir am 18. Juli 1939 aus Berlin schickte. Ich kann meinen Namen und die Adresse darauf lesen: Zimmer 154, Israelitisches Krankenhaus, Köln. Offenbar wurde ich nur wenige Tage vor der Abfahrt des Kindertransportzuges vom Kölner Hauptbahnhof nach Hause entlassen.

Mein Vater beharrt: «Sie muss fahren.» In diesem entscheidenden Moment setzt er sich durch. Innerlich weine ich über Muttis Qualen, doch gleichzeitig bin ich voller Dankbarkeit. Der hauchdünne Faden ist nicht zerrissen, und ich habe das Leben geschenkt bekommen.

Maud, eine überlebende Augenzeugin

Im Jahr 2002 bekam ich einen Brief aus Südafrika. Er stammte von Maud, der Stieftochter von Georg Zack, dem Bruder meines Vaters. Ihr eigener Vater, ein Nichtjude, hatte sich 1937 unter dem Druck der Nationalsozialisten von ihrer jüdischen Mutter scheiden lassen. Daraufhin heiratete ihre Mutter Emilie Georg Zack. Beide kamen über das Getto Theresienstadt nach Auschwitz und fanden dort den Tod. Maud und ihr halbjüdischer Ehemann, so schreibt sie, wurden dadurch gerettet, dass die Deportation von «Mischlingen ersten Grades»[43] sich hinauszögerte. «Unser Glück war, dass der Krieg gerade zu diesem Zeitpunkt endete, denn man fing gerade an, auch Halbjuden zu deportieren.» Im selben Brief schildert sie meinen letzten Abend in Deutschland:

> Ich fange mit dem letzten Mal an, dass ich Dich und Deine liebe Mutter sah. … Am Abend vor Deiner Abreise mit dem Kinder- transport kamen meine Mutter und ich, um uns von Dir zu ver- abschieden. Wenn ich mich richtig erinnerte, hattest Du gerade Deine Blinddarmoperation hinter Dir. Deine Mutter hatte Dir die Haare gewaschen, und Du lagst mit einem Handtuch um den Kopf im Doppelbett. Deine Mutter war so tapfer. Ich erinnere mich nicht, Deinen Vater damals gesehen zu haben. Wir tröste- ten Deine Mutter. Ich muss 17 Jahre alt gewesen sein. Wir sagten: «Was für ein Segen für Dich, dass Du die Chance hast, zu ent- kommen!» Von Gemünd her erinnere ich mich gut an Euch alle. Du mochtest einen kleinen Jungen gern, Kurt Meier, und nann- test ihn Deinen Freund.

Leb wohl, Kurt

Kurt Meier war unser Nachbar in Gemünd gewesen und mit seinen Eltern ebenfalls nach Köln gezogen. Wir beide waren die einzigen Kin- der unserer Eltern. Er war drei Jahre älter als ich. Wir waren zwei von einer Handvoll jüdischer Kinder, die in Gemünd lebten. Ab 1933 nahm die Isolierung der jüdischen Bevölkerung immer mehr zu, bis schließ- lich alle sozialen Kontakte zwischen Deutschen und Juden verboten waren.

Kurt und ich waren wie Bruder und Schwester. Wir spielten oft zusam- men auf den Feldern in der Nähe unserer Elternhäuser in der Dreibor- ner Straße. Einmal brachten wir seltsame Neuigkeiten von dort mit zu- rück. Wir erzählten unseren Eltern: «Wir haben Gruppen von Männern gesehen, die ‹Sachen› im Boden vergraben haben.» Was mögen das für Sachen gewesen sein? Kriegsausrüstung?

Ich weiß noch, wie Kurt in unsere Kölner Wohnung kam, um sich zu verabschieden. Auch das zerknitterte kleine Bild, das er mir gab, habe ich noch. Es sieht aus wie ein Passfoto. Ich betrachte sein Gesicht – seine offene, unschuldige Miene und seine traurigen Augen. Ich drehe das Bild um. Auf die Rückseite hat er selbst in Sütterlin seinen Namen und seine Adresse geschrieben. In meiner Fantasie stecken wir die Köpfe eng zusammen und drücken immer nur mit einem Finger auf die Tasten der Schreibmaschine meines Vaters. Unter Kurts spitzwinkeliger Handschrift lese ich die maschinengeschriebenen Worte «Kurt Meier, Lochnerstra. 11, 1 Etage». Die Lochnerstraße lag gleich um die Ecke vom Horst-Wessel-Platz 14.

Maud, Kurt und ich – wir drei wohnten alle dicht beieinander in Köln. In ihrem Brief schrieb Maud über ihre Familie: «Nachdem wir Gemünd verlassen mussten, wohnten wir in der Rubensstraße … nicht sehr weit von Eurer neuen Wohnung entfernt.» Wohnten wir in einem jüdischen Getto? Ich erinnere mich nur an unsere angenehme Umgebung.

Ich sehe mich an unserer offenen Wohnungstür stehen und zusehen, wie sich die Fahrstuhltür schließt und Kurt verschwindet.

Ruth, eine weitere jüdische Überlebende aus Gemünd – dieselbe Ruth, die mit mir den gescheiterten Ausflug ins Kino unternommen hatte –, erzählte mir später, dass Kurts Eltern eine Gelegenheit, ihn mit dem Kindertransport fortzuschicken, ausgeschlagen hatten. Sie brachten es nicht fertig, ihren Sohn ins Unbekannte zu schicken. Heute ist sein Name im Gedenkstein der Familie auf dem jüdischen Friedhof in Gemünd eingraviert: Kurt Meier, deportiert 1942.

Im April 2009 besuchten George und ich den Erich-Klibansky-Platz in Köln. Mitten auf diesem kleinen Platz steht der Löwenbrunnen, ein großer Gedenkbrunnen. Über uns auf der hohen Säule in der Mitte des Brunnens ragte ein steinerner Löwe auf. Wir ließen uns auf dem Kopfsteinpflaster auf die Knie nieder, um systematisch die 1100 Namen zu durchsuchen, die dort auf acht am Sockel des Brunnens angebrachten Bronzetafeln eingraviert sind. Es sind die Namen der 1100 Kinder, die aus Köln deportiert wurden. Als ich dort den Namen «Kurt Meier» öffentlich und unauslöschlich in der Metallplatte eingraviert fand, schreckte es mich aus der selbsterhaltenden Distanz, mit der ich Holocaust-Statistiken zu betrachten pflegte. Wir blieben eine Weile am Löwenbrunnen. Jedes dieser Kinder war eine lebendige Seele gewesen, die liebte und geliebt wurde. Jedes war von Gott geschaffen, um sein Bild widerzuspiegeln.

Mein Name war nicht dabei.

Drei Jahre, nachdem mein Zug sich am 24. Juli 1939 auf dem Hauptbahnhof langsam in Bewegung gesetzt und mich nach Westen getragen hatte, verließ am 27. Juli 1942 ein anderer Zug Köln und brachte Kurt und seine Familie nach Osten. Mit dreizehn Jahren war Kurt alt genug, um sich des bevorstehenden Unheils bewusst zu sein, als der Zug in Auschwitz hielt. Er stieg aus dem Viehwaggon und wurde von den Naziwachen als Teil der Gruppe, die direkt zu den Gaskammern schlurfte, nach rechts eingeteilt. Für die Reihe zur Linken, die bei sehr geringer Überlebenschance zur Zwangsarbeit eingeteilt wurde, war er noch nicht alt genug.

Kürzlich fiel mir eine Kopie von Kurts offiziellen Papieren in die Hände.

Kurt Meier
Geb. in Euskirchen 16.06.1929
Deportiert am 27.07.1942 nach Theresienstadt
Gestorben in Auschwitz

Wie hat mein Vater es geschafft?

Ich habe keine Ahnung, wie mein Vater für mich die unbezahlbare Erlaubnis erlangte, mit dem Kindertransport nach England zu reisen. Musste er dazu beängstigende, erniedrigende Begegnungen mit Nazi-

Beamten über sich ergehen lassen? Oder waren es die heroischen Rettungsbemühungen Erich Klibanskys, des Leiters der Jawne-Schule, die mir meinen Platz in dem Zug sicherten? Zwischen Januar und Juli 1939 konnten ungefähr 130 Kinder, die mit der Jawne-Schule verbunden waren, mit dem Zug nach England entkommen.

Um die Rettung seiner Schüler im Teenageralter zu finanzieren, lud der Schulleiter Eltern von Kindern, die noch zu jung für die Jawne waren, ein, ihre Kinder mit dem Kindertransport nach England zu schicken. Die Kinder mussten mindestens sechs Jahre alt sein, und für den Platz mussten die Eltern bezahlen. «Denn für jeden bezahlten Platz konnte die Jawne einen Platz umsonst bekommen.»[44] Ich war sieben Jahre alt. Hatte mein Vater mir einen Platz gekauft?

Erich Klibansky arbeitete eng mit den Organisatoren des Kindertransports zusammen.[45] Eine Reproduktion des Anhängeschildes, das jedes Kind trug, das mit der Jawne-Gruppe reiste, ist auf Seite 178 des Buches *Die Jawne zu Köln* wiedergegeben, das der Historiker Dieter Corbach zum Gedenken an Erich Klibansky und die Schule schrieb.[46] Genau so ein rundes weißes Schild trug ich auf dem ganzen Weg nach England. Es zeigte meine Nummer, 8814, und die Worte «Kindertransport des Hilfsvereins der Juden in Deutschland e.V.», die sich um einen gedruckten Kreis in der Mitte des Schildes bogen. Das Schild hatten mir meine Eltern auf dem Kölner Hauptbahnhof um den Hals gehängt. Auf alten Bildern von Kindern des Kindertransports bei der Ankunft in England habe ich gesehen, dass sie einfache, rechteckige braune Pappschilder um den Hals trugen, auf denen außer einer handgeschriebenen Nummer nichts zu sehen war. Könnte es sein, dass das aufwendiger gestaltete Schild aus *Die Jawne zu Köln* einen weiteren Hinweis auf die Umstände meines Entkommens am 24. Juli 1939 gibt?

Erich Klibansky, seine Frau Meta und ihre drei Söhne – Hans Raffael (14), Alexander (11) und Michael (7) – sind nicht entronnen. Sie verließen Köln am 20. Juli 1942 mit einem Zug, der 1160 Juden transportierte; 315 davon waren Kinder. Ihr Bestimmungsort, so glaubten sie zumindest, war das Getto Theresienstadt. Doch während sie nach Osten fuhren, hoben bereits Angehörige der Einsatzgruppe B in einem Wald zwanzig Kilometer vor Minsk, der Hauptstadt des von den Deutschen besetzten Weißrussland, riesige Gruben aus. Der Zug wurde umgeleitet. Am frühen Morgen des 24. Juli 1942 holte man alle 1160 aus dem Zug, und sie mussten sich im Wald am Rand der Gruben aufstellen. Dort wurden sie erschossen.[47]

Hastige Vorbereitungen

Von den hektischen Einkäufen und den offenen Koffern, die in den Zimmern am Horst-Wessel-Platz 14 im ersten Stock darauf warteten, die Stapel säuberlich gefalteter Kleidungsstücke aufzunehmen, habe ich nichts in Erinnerung behalten. Den Brief, den meine Tante Johanna am 2. August 1939 an die unbekannte englische Familie schickte, die mich aufnehmen würde, habe ich aber noch. Darin bedankt sie sich bei ihnen dafür, dass sie mir ihr Zuhause öffneten, und erwähnte auch die fieberhafte Hektik der letzten Tage in Köln vor dem Abschied. Warum gibt es keinen Brief von meiner Mutter? Meine Tante Johanna war eine erfolgreiche Geschäftsfrau. Hatte man ihr deshalb die Korrespondenz übertragen? War meine Mutti in ihrer Trauer dazu nicht imstande?

Auseinandergerissen

Es ist der Abend des 24. Juli 1939. Meine Eltern schließen unsere Wohnungstür im ersten Stock des Hauses am Horst-Wessel-Platz 14 ab. Zu dritt betreten wir den Aufzug, drücken die Taste für das Erdgeschoss, öffnen die Haustür, treten hinaus auf die Straße und machen uns auf den Weg zum Treffpunkt am Hauptbahnhof. Mir ist nicht bewusst, dass jeder Schritt, den wir gehen, uns unserem Abschied für immer näher bringt. Sind meine Eltern stumm in ihrer bitteren Qual? Oder schlucken sie ihren eigenen Schmerz herunter und muntern mich auf, indem sie von der aufregenden Reise reden, die vor mir liegt?

6.
Was wurde aus meinen Eltern?

Wir konnten die grauenhafte Wirklichkeit nicht vorhersehen.
Hass, unterstützt von Macht, führte schon immer in die Katastrophe.

Eli Wiesel in seinen Memoiren
«All Rivers Run to the Sea»

✳

Das Gute wird immer besser, das Schlechte immer schlechter. Es
wird immer weniger möglich, auch nur scheinbar neutral zu bleiben.
C.S. Lewis in «Die böse Macht»

as wurde aus Markus und Amalie Zack, nachdem sie
meinem Zug hinterhergeblickt hatten, wie er in die
Nacht davonrollte? Empfanden sie eine untröstliche
Leere, als sie dort an jenem Juliabend gemeinsam unter den Lichtern des Kölner Hauptbahnhofs inmitten
einer Schar trauernder Mütter und Väter standen? War die Trennung
für sie wie eine Amputation vor der Erfindung der Anästhesie? Im Gegensatz zu einem solchen medizinischen Eingriff ging es hier darum,
das Glied zu retten, während der restliche Körper allmählich der antisemitischen Seuche zum Opfer fallen würde.

Ich wurde elf Monate vor der Machtergreifung durch Hitler und die
Nationalsozialisten geboren. In den folgenden Jahren wurde das jüdi-
sche Leben in Deutschland immer mehr von der heranschleichenden
Dunkelheit überschattet. Meine Eltern versuchten, mich davor zu
schützen, doch ich habe unsere feindselige Umgebung als normales
Leben erlebt. Der schützende Kokon zerbrach in dem Moment, als die
Räder des Zuges zu rollen begannen. In diesem Augenblick verschloss

ich die Tür meines Herzens. Erst in den letzten Jahren ist die Sehnsucht nach meiner Mutti und meinem Vati in mir erwacht, die Sehnsucht danach, in der Wirklichkeit ihres Lebens, nachdem sie mich in diesen Zug gesetzt hatten, bei ihnen zu sein.

Um zu wissen, wer man ist, muss man sich erinnern

«Um zu wissen, wer man ist, zu wem man gehört und wohin man geht, muss man sich erinnern.»[48]

Auf der Suche nach Identität habe ich mich mit dem gesellschaftlichen Kontext der Juden im Europa des zwanzigsten Jahrhunderts beschäftigt. Wie eine Sammlerin von Kunstgegenständen habe ich eine Auswahl meiner Entdeckungen an den Wänden meines Geistes aufgehängt.

1922. «Wenn ich einmal wirklich an der Macht bin, dann wird die Vernichtung der Juden meine erste und wichtigste Aufgabe sein. … Sind Hass und Kampf gegen die Juden erst einmal richtig aufgerührt, so wird ihr Widerstand unweigerlich binnen kürzester Frist zerbröckeln. Sie sind vollkommen wehrlos, und niemand wird sich erheben, um sie zu schützen.» Dies sagte Hitler nach Angaben des Majors im Ruhestand und Journalisten Josef Hell in einem privaten Gespräch 1922.[49]

1928. «Die Juden sind unser Unglück.» Als ich am 27. März 2009 das NS-Dokumentationszentrum im EL-DE-Haus in Köln besuchte, sah ich ein Foto von einem hoch oben an einem vierstöckigen Gebäude angebrachten riesigen Banner mit diesem Spruch. Das Foto war Teil der Dauerausstellung «Die Geschichte Kölns unter dem Nationalsozialismus». Die beiden Wörter «Juden» und «Unglück» waren besonders groß und fett geschrieben, damit sie ja keiner übersehen konnte. In dem Gebäude, an dem das Banner hing, befand sich das Hauptquartier der NSDAP am Hohenzollernring 81.[50]

30. Januar 1933. Die NSDAP übernimmt die Macht in Deutschland. Adolf Hitler wird Reichskanzler.

1. April 1933. Der erste Boykott jüdischer Geschäfte findet statt. Von April bis Oktober 1933 wurden Juden, die Beamte, Ärzte oder Anwälte waren, aus ihren Positionen entfernt.[51]

2. August 1934. Hitler vereint die Ämter des Reichskanzlers und des Reichspräsidenten in seiner Person und wird so zum «Führer» Deutschlands.[52]

15. September 1935. Auf dem jährlichen Reichsparteitag der NSDAP in Nürnberg werden die Nürnberger Gesetze angenommen: das «Gesetz zum Schutze des deutschen Blutes und der deutschen Ehre» und das «Reichsbürgergesetz». Durch diese Gesetze wurden Juden die bürgerlichen Rechte entzogen, und es wurde definiert, wer ein Jude war und wer nicht. Auf diese Weise wurden die Repressionsmaßnahmen, die man in Zukunft systematisch umsetzen würde, legalisiert.[53]

23. Mai 1936. Dr. Chaim Weizmann (der 1948 zum ersten Staatspräsidenten Israels gewählt werden würde) wird in der englischen Zeitung *Manchester Guardian* mit den Worten zitiert: «Die Welt schien aus zwei Teilen zu bestehen – den Orten, wo Juden nicht leben konnten, und denen, die sie nicht betreten konnten.»[54]

12. März 1938. Das 8. Armeekorps der deutschen Wehrmacht überschreitet die deutsch-österreichische Grenze. Die österreichische Armee leistet keinen Widerstand. Die deutschen Truppen werden von jubelnden Österreichern mit Hitlergrüßen, Naziflaggen und Blumen begrüßt.[55]

6. bis 15. Juli 1938. Auf Initiative des US-Präsidenten Franklin D. Roosevelt tritt im Hotel Royal in Évian-les-Bains in Frankreich am Genfer See eine Konferenz zusammen, um die Zukunft staatenloser jüdischer Flüchtlinge vor der Verfolgung durch die Nazis zu erörtern. 32 Länder und 24 Freiwilligenorganisationen sind dabei vertreten. Die Delegierten bringen ihr Mitgefühl zum Ausdruck, doch allein die Dominikanische Republik bietet einen Zufluchtsort an. Es wird ein Komitee gegründet, das über sehr geringe Befugnisse und praktisch keine Mittel verfügt. «Niemand will sie haben», fasste die deutsche Zeitung *Völkischer Beobachter* die Ergebnisse zusammen.[56]

5. Oktober 1938. Seit diesem Datum wird auf Bitten der Schweizer Einwanderungsbehörden in die Pässe aller Juden im Deutschen Reich ein großes «J» eingestempelt, um «die Abweisung jüdischer Flüchtlinge zu erleichtern».[57]

9. bis 10. November 1938. Kristallnacht. Kurz nach diesem Ereignis ziehen wir nach Köln um.

24. Juli 1939. Ich verlasse Köln.

1. September 1939. Deutschland marschiert in Polen ein.

3. September 1939. Der Beginn des Zweiten Weltkrieges bringt für die deutsch-jüdische Bevölkerung drastische neue Einschränkungen mit sich, z. B. strenge Ausgangssperren und allgemeine Lebensmittelrationierungen. (Für Juden sind die Zuteilungen äußerst knapp und nur in wenigen speziellen Geschäften erhältlich.)[58]

10. Mai 1940. Einheiten der deutschen Westarmee sammeln sich in der Nähe von Köln vor dem Einmarsch in die Niederlande, Belgien und Frankreich. Zum ersten Mal in der Geschichte der Kriegführung in der Luft werden Lastensegler eingesetzt, um die belgischen Befestigungen zu erstürmen. Sie starten von einem Flugplatz am Rande von Köln.[59]

12. Mai 1940. Köln wird zum Ziel des alliierten Bombenbeschusses. Zwischen Mai 1940 und März 1945 erleidet Köln 262 Luftangriffe. In der Nacht vom 13. auf den 14. März lassen 135 Bomber der Royal Air Force ihre Geschosse auf die Stadt hageln, und in der Nacht vom 30. auf den 31. Mai bricht mit der «Operation Millenium» mit ungefähr tausend Flugzeugen ein neunzigminütiges Bombardement über Köln herein.[60]

22. Juni 1941. Der deutsche Einmarsch in Russland beginnt.

31. Juli 1941. Hermann Göring weist Reinhard Heydrich an, «alle erforderlichen Vorbereitungen ... zu treffen für eine Gesamtlösung der Judenfrage im deutschen Einflussgebiet in Europa».[61]

September 1941. Juden in Deutschland werden gezwungen, einen gelben Stern an der Kleidung zu tragen, um für die Deportation nach Osten leichter identifiziert werden zu können. Sie dürfen keine öffentlichen Verkehrsmittel mehr benutzen.[62]

30. Oktober 1941. Meine Eltern verlassen Köln in Richtung Osten.

Zwei Jahre, drei Monate und sieben Tage des Kummers in Köln: Montag, 24. Juli 1939 bis Donnerstag, 30. Oktober 1941

Als der Zug mich davontrug, verließen meine Eltern den Hauptbahnhof neben den hohen Zwillingstürmen des Doms in der Stadtmitte und gingen durch die dunkle Julinacht zurück zum Horst-Wessel-Platz 14, gegenüber dem Trümmerhaufen, der einmal die Synagoge in der Roonstraße gewesen war.

Wie konnten sie die Trostlosigkeit und die Entbehrungen überleben? Die grausamen Einschränkungen nahmen während ihrer restlichen Zeit in Köln stetig zu. Gewiss machten sie auch Bekanntschaft mit dem Hunger. Ich erinnere mich an eine seltsame Geschichte, die Frau Schmitz, unsere frühere Nachbarin in Gemünd, George und mir erzählte, als wir uns 1992 trafen. Eines Tages hörte sie ein Klopfen an der Hintertür und fand zu ihrer Überraschung meinen Vater auf ihrer

Türschwelle, der einen Rucksack trug und sie um Lebensmittel bat. Wie war er von Köln nach Gemünd gekommen?

Hatten meine Eltern Angst, wenn sie mit den aufgenähten gelben Sternen an ihren Mänteln auf die Straße gingen? Schaute man sie verächtlich an? Bekamen sie Schimpfwörter zu hören? Wurden Steine nach ihnen geworfen … oder kreiste man sie ein? Auf jeden Fall waren sie isoliert: kein Telefon, kein Radio und keine Nachricht von ihrem Kind. Sie standen in ihrem jüdischen Gebäude unter Arrest. Wie gingen sie mit den Gerüchten um, die in der jüdischen Bevölkerung im Umlauf waren? Was empfanden sie, wenn sie das Heulen der Sirenen hörten, die einen Bombenangriff ankündigten, und auf das Pfeifen einer herabstürzenden Bombe lauschten? Hielten sie die Luft an, wenn sie auf den ohrenbetäubenden Knall warteten? Wie wurden sie damit fertig, wenn sie nachts versuchten, sich hinzulegen und zu schlafen, nur um für einen neuen bedrückenden Tag wieder zu erwachen? Sie brachten all ihre Lebenserfahrungen, ihre Persönlichkeiten, ihre erblichen Eigenschaften … ihre Einzigartigkeit mit in diese ständig zunehmenden Begegnungen mit dem wachsenden Grauen. Wie gingen sie miteinander um? Welche Veränderungen gab es in ihren Auffassungen, ihren Wertvorstellungen, ihrem Glauben?

Das EL-DE-Haus

Am 27. März 2009, einem kühlen, grauen Morgen, stehen George und ich vor einem hohen, düsteren, alten Gebäude am Appellhofplatz 23–25 in Köln. Was werde ich hier im EL-DE-Haus vorfinden, einem Museum zur Geschichte Kölns unter dem Nationalsozialismus? Wir sind pünktlich zu unserer Verabredung mit Dr. Barbara Becker-Jakli gekommen, einer Historikerin und Forschungsspezialistin. Hinter der Eingangstür erwartet uns ein winziges Foyer. Wir warten auf Anweisungen. Das triste, von der Zeit gezeichnete Innere ist ein stummes Zeugnis früherer Zeiten. Ich komme mir vor, als stünde ich an der Schwelle zu einem langen, feuchten Tunnel, der mich in eine Wüstenei der finstersten Bosheit führen wird. Aber ich muss voranschreiten.

Dr. Becker-Jakli begrüßt uns herzlich und freundlich und lädt uns in ihr kleines Büro ein. Ihre rote Jacke, ihre klaren, hellen Augen und ihr zuvorkommendes Benehmen sind uns eine Beruhigung in der strengen, bedrohlichen Umgebung des EL-DE-Hauses. Gemeinsam sitzen wir zwischen Papieren, Büchern, Computern – Spuren der vielen Stunden geduldiger, konzentrierter Nachforschungen, in denen sie versucht, zu enthüllen, was während der NS-Jahre in Köln wirklich geschah. Unter uns, im Keller, sind die ehemaligen Verhörzellen der Gestapo als Mahnmal für die Tausende von Besuchern, die hierherkommen, viele davon Schulkinder, im Originalzustand erhalten worden. Wir werden freundlich und respektvoll aufgenommen in einem Gebäude, das zwischen 1935 und 1945 nichts als Schrecken auslöste – dem Kölner Hauptquartier der Gestapo. Werde ich nach so vielen Jahren von Dr. Becker-Jakli mehr über meine Eltern erfahren?

Ein Brief auf der Fußmatte

1945, als ich dreizehn war und in der 167 Coventry Road in Exhall, England, lebte, tat sich ein kleiner Spalt in dem harten Panzer der Gleichgültigkeit auf, mit dem ich mich vor Nachrichten von meinen Eltern schützte. Es war Friedenszeit, der Krieg war vorüber. Ich hörte, wie die Metallklappe an der Haustür geöffnet wurde. Dann kam ein leiser Aufschlag, und die Klappe klackte wieder zu. Auf der Fußmatte lag ein Brief. Er kam vom Roten Kreuz und war an Johanna Flora Zack adressiert. Ich öffnete den Umschlag und las widerstrebend die schwarzen Buchstaben auf dem amtlichen weißen Briefpapier. Meine Eltern waren nach Lodz gebracht worden, und meine Mutter war in Riga gestorben. Ich wollte es nicht wissen. Ich verschloss mein Herz vor dieser Bestätigung meiner hoffnungslosen Sicht des Lebens.

Viele Jahre lang schlummerte meine Vergangenheit, jener integrale Bestandteil meines Daseins, unberührt im Verborgenen. Doch allmählich, ganz langsam, schmolz der Schutzpanzer im Lauf der Jahre dahin. Und nun, 2009, sind George und ich im EL-DE-Haus, dessen Wände mit abscheulichen Verbrechen und bitterem Leid getränkt sind. Dr. Becker-Jakli überreicht uns einen frischen Ausdruck aus ihrem Computer.

Markus Zack

Geb. am 24. September 1878

Datum der Deportation nach Litzmannstadt (Lodz): 30. Oktober 1941

Datum des Todes in Kulmhof (Chelmno): 3. Mai 1942

Amalie Zack

Geb. am 22. Februar 1891

Datum der Deportation nach Litzmannstadt (Lodz): 30. Oktober 1941

Datum des Todes in Kulmhof (Chelmno): 3. Mai 1942

Sie versichert uns, dass die Fakten aus diesen neuesten Nachforschungen zuverlässiger sind als frühere Berichte.

Ich bin erschöpft und aufgewühlt davon, dass die Geschichte nun ins Wanken gerät, mit der ich mich mit dreizehn Jahren so widerstrebend abgefunden hatte: dass meine Mutter in Riga gestorben und das Ende meines Vaters von einem Geheimnis umgeben war. Mit einer Mischung aus Schock und Trauer erfahre ich nun, dass sie beide noch sechs Monate im Getto von Lodz ausharrten. Und was war dann in Chelmno geschehen? Von so einem Ort hatte ich noch nie gehört. Während ich dies schreibe, sind drei Monate vergangen, seit ich diese zutreffenderen Informationen erhalten habe, und ich stelle bei mir eine größere Offenheit dafür fest, mich der Vergangenheit zu stellen und um meine Eltern so zu trauern, wie es der Wirklichkeit ihres Leidensweges entspricht. Wie kann ich ihnen im Blick auf ihr unerforschliches Ende Ehre und Bestätigung erweisen? Ist es möglich, wie ein Archäologe etwas davon auszugraben, wie sich ihr tägliches Leben gestaltete, während die verborgenen Pläne für ihren Tod systematisch ihrer Vollendung zustrebten?

Ein liebenswertes, vornehmes, glückliches Paar

Nachdem so spät in mir der Wunsch erwacht ist, eine Verbindung zu meiner Mutter und meinem Vater herzustellen, ist es für mich eine echte Entbehrung, dass ich so wenig über sie weiß. Auf der Suche nach vereinzelten Samenkörnern auf dem Stoppelfeld der abgeernteten Vergangenheit versuche ich, unter den Geschichten, die andere mir erzählen, und den nebelhaften Bildern meiner eigenen Erinnerung Nachlese zu halten. Behutsam versuche ich, mich nicht zu sehr an die aufschimmernden Bilder ihrer Persönlichkeit zu klammern, denn ich weiß, dass alle unsere Geschichten durch unsere eigenen Wahrnehmungen und Erlebnisse gefärbt sind. Und was ist mit all den Geschichten, die das Bild vervollständigen könnten, aber nie erzählt wurden?

Wie sahen meine Eltern sich selbst? Jahre zuvor hatte mein Vater sich auf den langen Weg nach Gemünd gemacht, weit westlich von seinem Geburtsort, und sein Zuhause und seine Familie im preußischen Osten zurückgelassen. Er hatte sich als erfolgreicher Unternehmer etabliert. In einem sehr kleinen Ort hatte er sich einen Ehrenplatz erobert und genoss Ansehen und Einfluss unter den jüdischen Familien, die Gemünd ihr Zuhause nannten.

Sein gesellschaftlicher Erfolg in der Gemeinde zeigte sich auch in seiner Mitgliedschaft im Schützenverein. Wer zum Schützenverein gehörte, dem brachten die Bürger von Gemünd Ehre und Respekt entgegen. Ich studiere das Gruppenfoto der Schützen in ihren Uniformen, das einzige Bild meines Vaters, das ich besitze. Woran dachte er wohl gerade? Was ging den beiden anderen jüdischen Bürgern in dieser Reihe durch den Kopf? Staunten sie darüber, wie weit sie aufgestiegen waren? Empfanden sie Befriedigung darüber, ein gutes Leben zu haben und als «Honoratioren» einigermaßen akzeptiert zu sein?

Ich nehme mir noch einmal den Brief vor, den Maud mir 2002 schrieb, und suche darin Aufschluss. Maud, die Stieftochter von Georg, dem Bruder meines Vaters, hat überlebt, weil ihr eigener Vater ein Nichtjude war. Mich berühren der freundliche, ehrerbietige Ton ihres Briefes und ihr offensichtlicher Wunsch, mir etwas Gutes zu tun. Mein Blick fällt auf ihr Postskriptum: «Ich habe Deine Eltern als liebenswertes, vornehmes, glückliches Paar in Erinnerung. Sie haben Dich vergöttert. Deine liebe Mutter kam, glaube ich, nicht aus der Eifel. Sie sprach einen anderen Dialekt, vielleicht irgendwo aus dem Rheinland. Sie rollte immer das ‹R› in Hannelore.»

Ich denke über ihre Wortwahl nach. Das Wort «vornehm» löst einen Gedankengang bei mir aus, der vielleicht zielsicher zur Wirklichkeit führt, aber genauso gut ein kurzlebiger Abweg ins Reich meiner Fantasie sein könnte. Da ich in dem Moment, als jener Zug voller Kinder aus dem Kölner Hauptbahnhof rollte, meine Eltern und meine Vergangenheit begraben hatte und erst in meinem fortgeschrittenen Alter an den Punkt kam, um sie zu trauern und sie zu ehren, ist es wohl allzu leicht, mir ein idealisiertes Bild ihrer Persönlichkeiten zu machen. Jenes Wort «vornehm» ist wie ein Netz, das ich im Teich der Erinnerungen auswerfe und in dem ich Gesprächsfetzen, Anregungen und Andeutungen sammle.

Gisela, eine andere Überlebende aus Gemünd, erzählt, wie sie einmal mit ihrer Mutter, Frau Teller, von ihrem Haus über die Brücke und die Dreiborner Straße herauf zu uns kam, um mir ihren geliebten Schlitten zu schenken, für den sie zu groß geworden war. War das 1935, als sie dabei waren, ihre Sachen zu packen und nach Palästina aufzubrechen? In meiner Erinnerung blitzt das Hochgefühl auf, das ich empfand, als ich auf dem Schoß meines Vaters saß und einen riesigen verschneiten Hang hinuntersauste. Schlittenfahren war in Gemünd sehr beliebt, wenn die schneereichen Winter die sanft wogenden Felder weiß überkleideten. Meine Reaktion auf Giselas großzügiges Geschenk? Ich stand in der Hintertür unseres Hauses neben meiner Mutter, deutete mit der Hand auf den Garten und sagte: «Tu ihn in den Schuppen!»

Woher kam dieses gebieterische Anspruchsdenken? Ich fand immer, ich hätte reagiert wie ein selbstsüchtiges, verwöhntes Kind. Aber vielleicht stimmt das nur teilweise?

Noch weitere Geschichten beginnen sich in meiner Erinnerung zu regen. Ich sehe mich inmitten einer kleinen Gruppe jüdischer Kinder, die sich lachend miteinander unterhalten, während sie unter Bäumen spazieren gehen, deren Blätter das Sonnenlicht filtern, das auf einem munter dahinsprudelnden Bach glitzert. Dort auf dem schmalen Pfad zwischen den Bäumen und dem Bach drohten mir die anderen Kinder, mich ins Wasser zu werfen. Stellten hier die Älteren gegenüber der Jüngeren klar, wer das Sagen hatte? Oder steckte noch mehr hinter der Geschichte? Könnte es sein, dass dieses winzig kleine, ängstliche Kind den Eindruck machte, es hielte sich für etwas Besseres? Gab es da einen Anflug von Ressentiments gegenüber den «vornehmen» Zacks?

Später dann in Köln, als die anderen Kinder mich auf dem Heimweg von der Schule allein zurückließen – hatte das vielleicht etwas mit meiner nebelhaften Erinnerung zu tun, dass ich auf dem Pausenhof erzählt hatte, dass mein Vater eine arme Familie unterstützte, deren Kinder in diesem Moment dabei waren und es mit anhörten?

Hatte ich diese gewisse Selbstgefälligkeit, die ich da so naiv äußerte, etwa zu Hause aufgeschnappt?

Spielt Maud vielleicht vorsichtig auf diesen Aspekt unserer Familienidentität an, wenn sie uns «vornehm» nennt? Ich habe von einer gewissen Entfremdung zwischen meinem Vater und seinem Bruder Georg munkeln hören, Mauds Stiefvater, die wohl mit der strengen Auffassung meines Vaters von der Ausübung des jüdischen Glaubens zu tun hatte. Unsere gemeinsamen Gänge in die Synagoge am Sabbat waren ein Ausdruck seiner Überzeugungen. Fand er Halt in den Wirklichkeiten hinter diesen Praktiken, als alles, was er sich aufgebaut hatte und was aus ihm geworden war, Stück für Stück demontiert wurde? Und als er dann schließlich an der Schwelle des Abgrunds stand?

Auf dem einzigen Bild, das ich von meiner Mutter habe, steht sie mit
dem Gesicht zur Kamera. Ihre linke Hand, an deren Ringfinger ein
Ring steckt, hält das Schaukelseil fest. Ihre rechte Hand ist hinter meinem Rücken verborgen, während ich auf der Schaukel sitze, die Füße
in den kleinen schwarzen Stiefeln gekreuzt, angetan mit einem weißen
Sonnenkleidchen und einem geblümten Haarband, und mich in ihrer
Gegenwart sichtlich geborgen fühle. Ihr eleganter spitzer Schuh schaut
unter ihrem langen, modischen Kleid hervor. George hat das winzige
Schwarz-Weiß-Foto vergrößert, damit ich die Einzelheiten studieren
kann. Es ist ein sonniger Tag, und in unserem Garten sprießt ein wilder
Überfluss an Büschen, Bäumen und Pflanzen. Ist das ein Rhabarber-
beet hinter dem Pfosten? Das Haar meiner Mutter ist weiß. Auf der
Rückseite des Fotos steht in verblasster Tinte das Datum: 29. August
1936. Sie ist 45 Jahre alt. Aus ihren Augen scheint eine große Seele mit
Sinn für die Wirklichkeit zu schauen, eine Frau, die zu kennen ein Vor-
zug war. Ihr Lächeln ist sanft und freundlich. Ich stelle mir vor, dass
Amalie und Markus sich gut ergänzten.

Meine Mutter drückte ihre Liebe zum Schönen, Bunten durch die Kleidungsstücke aus, die sie strickte, nähte und bestickte. Die Kleider und
Puppenkleider, die sie mir nach England mitgab, waren eine Verkörpe-
rung ihrer Kreativität. Aus den Geschichten, die Lisbet mir erzählte –
die als unser Hausmädchen, das mit uns in der Familie wohnte, sie
sehr gut kannte –, sprechen ihre Leichtigkeit, Spontaneität und Fröhlichkeit. Sie brach gerne aus den Schablonen aus.

Meinen Vater stelle ich mir reservierter vor, kreativ im Geschäftsleben,
ein Mann, der gerne in der Natur wanderte. Ich erinnere mich noch an
die kleinen Plaketten, die auf seinem Wanderstock angenagelt waren
und von den vielen Orten zeugten, die seine Füße betreten hatten. Er
war konsequent und diszipliniert in seiner Befolgung der jüdischen
Traditionen. Das lächelnde Gesicht, mit dem meine Mutter meinen
Vater und mich begrüßte, wenn wir von der Synagoge nach Hause kamen, bestätigt mich in dem Eindruck, dass bei uns zu Hause Friede
und Zufriedenheit herrschten.

«Gott ist zornig.» Ich höre immer noch ihre Worte, als wir beide von unserem Fenster im Obergeschoss in Gemünd das Gewitter beobachteten. Ich spüre, dass meine Mutter oft mit der Furcht kämpfte, wenn ich mich daran erinnere, wie ihr an dem Abend vor meiner Abreise graute. Wie eine Klette, die sich beim Wandern durch Wüstensträucher an meine Socken hängt und die ich gar nicht bemerke, bis ich einen scharfen Stich spüre, habe ich, glaube ich, auch den Stachel der Furcht in den wenigen Jahren, die wir zusammen hatten, von ihr geerbt.

Ein bleibendes Vermächtnis

Wie gut sie sich um mich gekümmert haben. Sie überschütteten mich nicht nur mit schönen Dingen, sondern mehr noch mit ihren Gaben, die von Dauer waren: mit der aufmerksamen Freundlichkeit ihrer Augen, wenn sie mir ihre Gesichter zuwandten, mit ihrer körperlichen Nähe und Zärtlichkeit, mit ihrer Anerkennung und Bestätigung. Sie stellten meine kleinen, onkelnden Füße auf ein festes Fundament, bevor ihre ganze sorgsam geschaffene Geborgenheit zerschmettert wurde.

Sie retteten mir das Leben.

7.
Die Endlösung

ch halte inne, ringe mich dazu durch, einzutreten, und drücke die Klinke herunter. Die eiserne Tür ist nicht verschlossen. Es ist nur eine Simulation. Innerlich reagieren George, Thomas, Cynthia und ich ohne Worte. Zuerst stehen wir orientierungslos in der Dunkelheit; dann passen sich unsere Augen allmählich an und folgen dem dünnen Lichtstrahl hinauf zu dem schmalen offenen Schlitz, außer Reichweite über unseren Köpfen. Schwache Geräusche von draußen sickern in die Stille herein. Was ist, wenn wir die Tür nicht finden? Was ist, wenn sie sich nicht öffnet? Es ist nur eine Simulation. Kalter, kahler, scharfkantiger Beton umgibt uns, saugt uns ein in die Leere. Wir sind nackt, abgeschnitten, verlassen, vergessen. Hoffnungslosigkeit sickert durch die Membranen unserer inneren Abwehr. Es ist nur eine Simulation. Es ist das Jahr 2010, und wir befinden uns in dem 23 Meter hohen Holocaust-Turm im Jüdischen Museum in Berlin. Es ist nur eine Simulation.

Die Tatsachen der Vergangenheit ans Licht bringen

Am 27. Juni 1999 sitzen George und ich an einem langen Tisch in einem Londoner Hotel und verzehren ein koscheres Mittagessen. Der Name «Köln» ist auf einem auffällig angebrachten Schild deutlich zu lesen. Wir sind zu unserem ersten Wiedersehenstreffen des Kindertransports gekommen – es ist der sechzigste Jahrestag. Ein dichtes Stimmengewirr umgibt uns. Der Festsaal ist voll mit Tischen, markiert für «Berlin», «Wien» …

Am Kölner Tisch hängen wir alle unseren Erinnerungen nach. Mitten im Getümmel steht eine hochgewachsene, schlanke, grauhaarige Frau ruhig auf und beginnt leise zu sprechen. Vor ihr auf dem Tisch liegt ein Stapel dicker, schwerer Bücher. Es ist Irene Corbach, eine Verlegerin aus Köln. Die neuen Bücher sind der greifbare Beleg für die unermüdlichen Anstrengungen ihres verstorbenen Mannes Dieter Corbach, das Schicksal der Kölner Juden unter dem Nationalsozialismus ans Licht zu bringen. Er starb am 17. Juli 1994. Seine Frau Irene brachte seine Forschungsmanuskripte zum Abschluss und veröffentlichte 1999 das Buch *6.00 Uhr ab Messe Köln-Deutz: Deportationen 1938–1945.*

George und ich ziehen uns ein Exemplar des 805 Seiten starken Buches heran. Ganz oben auf Seite 383 finden wir unter der Überschrift «II. Transport: Litzmannstadt 30.10.41» die Nummer 964, Zack, Markus I. (Israel) und Zack, Amalie S. (Sara).

Wir kaufen das Buch und nehmen es mit nach Hause nach Phoenix, Arizona. Für die nächsten sieben oder acht Jahre bleibt das Buch von Dieter und Irene Corbach ungeöffnet und unbeachtet im Regal stehen. Nur im Schneckentempo nähere ich mich dem Moment, in dem in mir der Wunsch aufflackert, meine Arme für meine Eltern zu öffnen. Ich nehme das Buch zur Hand und fange an, darin zu blättern. Auf Seite fünf fällt mein Blick auf eine mitten auf der Seite zentrierte hebräische Inschrift. Die Übersetzung darunter lautet:

Er wird den Tod verschlingen auf ewig.
Und Gott der HERR wird die Tränen von allen Angesichtern abwischen
und wird aufheben die Schmach seines Volks in allen Landen;
denn der HERR hat's gesagt.

Jesaja 25,8

Ich lese die Worte noch einmal, bevor ich den Sprung wage und anfange, mich der Wirklichkeit der letzten Jahre, Monate, Tage, Stunden, Minuten, Sekunden meiner Eltern zu stellen. Meine Wegweiser sind Irene und Dieter Corbach, der Text, ihre Sammlung von Dokumenten und Augenzeugenberichten.

Evakuiert nach Litzmannstadt
Der zweite Transport von Köln

Die Gestapo verlangte von der jüdischen Bevölkerung Kölns, ihren eigenen Abtransport nach Osten weitgehend selbst zu organisieren. Als zum Beispiel die Anweisung kam, dass 1500 reinblütige Juden mittleren Alters am 30. Oktober 1941 nach Litzmannstadt (Lodz) aufbrechen sollten, musste die Auswahl durch einen führenden Vertreter der jüdischen Gemeinschaft erfolgen. Die Namen meiner Eltern wurden für diesen Tag auf die Liste gesetzt. Dem Büro der jüdischen Gemeinschaft oblag auch die Verschickung des sechzehnseitigen Fragebogens, den jeder Reisende auszufüllen hatte und auf dem man wenige Tage vor dem Aufbruch des Transports unglaublich detailliert sein gesamtes Eigentum auflisten musste.

Am Tag vor der Evakuierung meldeten sich die Deportierten um sechs Uhr morgens an der Messe Köln-Deutz. Dort erhielten sie eine Nummer, die sie sich um den Hals hängen mussten. Sämtliches Gepäck wurde durchsucht. Jeder Jude musste ein schriftliches Geständnis ablegen, er habe sich an kommunistischen Aktivitäten beteiligt. Daraufhin wurde ihre gesamte Habe «legal» beschlagnahmt. Barrieren und Wachen machten jede Flucht unmöglich.

Im 1945 geschriebenen Augenzeugenbericht von Helmut Lohn sowie in einem Bericht der Kölner Staatsanwaltschaft heißt es:

> Kurz vor Morgengrauen hören wir dann Marschschritte, und eine Hundertschaft der SS zieht unter den Klängen des Liedes «Kameraden, Soldaten, stellt die Juden, diese Lumpen, an die Wand» in die Messehalle ein. Die Gewehre werden scharf geladen, und die SS bleibt diesen Menschen als Begleitmannschaft zugeteilt.[63] … Ein Nebengleis unter dem Bahnhof Köln-Deutz führte fast bis zum Messegelände. Außer Sicht der Öffentlichkeit und unter Bewachung wurden die Juden unter Schlägen und Beschimpfungen zum Bahnsteig 5 gebracht. Die mensch-

liche Fracht wurde rasch in die alten Passagierwaggons gezwängt, zehn oder mehr in jedes Sechserabteil. Die Waggontü-
ren wurden von außen verriegelt.[64]

Wie lange mussten diese durstigen, hungrigen, eingezwängten, trauernden, ängstlichen, reinblütigen Juden mittleren Alters diese Umstände ertragen? Heute braucht man mit dem Auto für die 1037 Kilometer von Köln nach Lodz laut Google Maps ungefähr elf Stunden und
21 Minuten. Der alte Passagierzug, der Köln am 30. Oktober 1941 verließ, dürfte mit seinen vielen Zwischenhalten Tage gebraucht haben,
bevor er am Bahnhof Radegast/Radogoszcz in Lodz ankam.

Der Bericht des Hauptmanns der Schutzpolizei in Lodz vom 13. November 1941[65] schildert mit bürokratischer Detailverliebtheit die Ankunft des Transports in Lodz genau in der Zeit, als auch meine Eltern
dort aus dem Zug stiegen und ihre Füße auf den harten, unbarmherzigen Boden setzten:

> Die Entladung ging so vor sich, dass jeweils die Juden aus sechs
> Eisenbahnwaggons eine Gruppe ergaben und von zwei Schutzpoli-
> zisten ins Getto geleitet wurden. … Trotz des ungünstigen Wetters
> und der Schwierigkeiten, die sich daraus ergaben, dass etliche
> Waggons nur zwei Türen hatten und die Gänge sowie die Ausgänge
> häufig durch Gepäck blockiert waren, ging die Entladung und der
> Transport der Juden ins Getto zügig in sehr kurzer Zeit vonstatten.

In den zwanzig Tagen zwischen dem 16. Oktober und dem 4. November 1941 wurden ungefähr 25.000 Menschen – Juden und Sinti und
Roma – zwangsweise aus dem deutschen Reichsgebiet nach Litzmannstadt (Lodz) verbracht.[66]

Ob mein Vater wohl an die Ironie dachte, die in seiner Rückkehr lag?
Lodz lag nur 167 Kilometer von seinem Geburtsort Strasburg in Westpreußen entfernt. Vielleicht war er damals als junger Mann, als er
seine Heimat verließ, um nach Westen zu ziehen, sogar durch Lodz

gekommen. Nun war er mit seiner Frau, die das Einzige war, was ihm von seinem erfolgreichen Leben in Deutschland geblieben war, wieder hier.

Als meine Eltern im Getto von Lodz ankamen, waren dort bereits etwa 43.500 Menschen durch Hunger, Kälte, Epidemien und Verfolgung umgekommen. «Weitere Transporte verursachten noch katastrophalere Zustände im Getto.»[67] Das kompakte Gelände von vier Quadratkilometern, das früher ein Elendsviertel gewesen war, war am 30. April 1940 vom Stadtgebiet von Lodz abgeriegelt worden. Durch die Überbevölkerung, das Fehlen von fließendem Wasser und die schlechte Abwasserentsorgung «wurde das Gebiet bald stark verschmutzt, und die Luft stank … mit langen Schlangen an der Toilette … jeden Tag starben 60 Juden.» Die häufigste Todesursache waren Herzerkrankungen infolge des überwältigenden Drucks und Leidens des Lebens im Getto.[68]

Vergangenheit und Gegenwart prallen aufeinander

Als George und ich 2009 erneut von Phoenix nach Deutschland fliegen, will ich meine Materialsammlung für diese Erinnerungen fortsetzen. Deshalb haben wir Corbachs Buch und andere schwere Forschungsbände im Gepäck. Ich sitze in unserer Wohnung in der Eifel, lese die eindrücklichen Schilderungen des Lebens im Getto von Lodz, und es dämmert mir – beinahe wäre ich zusammen mit meinen Eltern in diesem widerwärtigen Loch gelandet. Ich lege ein Lesezeichen zwischen die Seiten des Buches, das ich gerade lese, klappe es zu und gönne mir ein entspannendes Bad. Unsere Wohnung liegt direkt unter dem Dach, und ich blicke hinaus auf die alten Häuser mit ihrem wohlgeordneten Charme und die herrliche, besänftigende Landschaft, während ich mich in der Fülle des warmen, duftenden Wassers rekele. Das Wasser in der Eifel ist so rein, dass die Römer im Jahr 80 n. Chr. Aquädukte über die Hügel und Täler hinweg bauten, um das kostbare Nass bis nach Köln zu transportieren. Noch heute, viele Jahrhunderte später, findet man Überreste ihrer Bauleistungen, zum Beispiel einen Teil eines schmalen Steinkanals, der offen am Rand einer Straße in Gemünd verläuft.

Vergangenheit und Gegenwart prallen aufeinander. Die unaussprechliche Traurigkeit in meiner Seele wird von dem lieblichen Geschenk des Lebens berührt, das ich empfangen habe.

Chelmno/Kulmhof: Das Tal der Todesschatten

Am 16. Juli 1941, als meine Eltern noch in der feindseligen Umgebung in Köln ausharrten, schickte ein NS-Beamter, der für die Region Polens zuständig war, in der sich das Getto Lodz befand, einen Brief an den SS-Obersturmbannführer Adolf Eichmann. Darin schlug er als Lösung für die bevorstehende Lebensmittelknappheit im kommenden Winter vor, die Juden durch ein schnell wirkendes Gift zu eliminieren.[69] Die Bewohner des Gettos in Lodz ahnten nicht, dass dieses genau wie im Fall aller anderen Gettos «nur eine Station zu ihrer schließlichen Auslöschung war».[70]

Eine giftige Spinne war dabei, ein riesiges Netz zu spinnen, das das gesamte Territorium des Dritten Reiches bedeckte. Hass trieb das krabbelnde schwarze Monster, seine klebrigen Fäden zu knüpfen. Der systematische, präzise, effiziente Prozess der Vernichtung nahm immer mehr Fahrt auf, indem er gierig jede sich bietende Gelegenheit nutzte. Das Gas Zyklon B wurde im Konzentrationslager Auschwitz-Birkenau bereits zur Entlausung angewendet, um den Typhus in den Griff zu bekommen. Am 3. September 1941 wurde dort erstmals mit Zyklon B als Tötungsmittel experimentiert.[71]

Im Herbst 1941 begannen in Chelmno/Kulmhof, einem kleinen Dorf etwa siebzig Kilometer westlich von Lodz, die geheimen Vorbereitungen für den Massenmord. Ein großes steinernes Gebäude, ein verwahrlostes Herrenhaus, das man nur «das Schloss» nannte, wurde mit einem hohen Holzzaun eingefasst. Etwa drei Kilometer weiter wurden auf einer Waldlichtung vier separate große Gruben ausgehoben und eingezäunt.[72]

In einem ausführlichen Bericht über die Jahre 1941 bis 1944 offenbart Heinrich May, der deutsche Forstmeister, der für den umliegenden Wald verantwortlich war, eine Seele, die nicht auf die Begegnung mit dem unverhohlenen Bösen vorbereitet war. Er beginnt seinen Bericht mit einem Gespräch aus dem Herbst 1941. Damals machte er mit dem Landrat einen Rundgang durch die Wälder in der Gegend von Kulmhof und Kolo. Der Landrat deutete mit dem Finger auf May und sagte: «Bald werden Ihre Bäume besser wachsen.» Der Förster erkundigte sich nach dem Sinn dieses rätselhaften Satzes. Und er bekam zur Antwort: «Die Juden geben einen guten Dung.»[73]

Wenn ich Mays Bericht darüber lese, wie die Pläne der Nazis ihm immer deutlicher wurden und er dennoch keinen Widerstand leistete, fühle ich mich herausgefordert, meine eigene Gottesfurcht zu hinterfragen. Wäre ich für eine solche Prüfung gewappnet?

Da sich die Praxis der Tötung durch Massenerschießungen an der russischen Front negativ auf die Moral der Einsatzgruppen auszuwirken begann, machte man Experimente damit, als Alternative Abgase von Kraftfahrzeugen zu verwenden. Als erste Opfer dafür mussten im September 1941 Psychiatriepatienten in der Nähe von Minsk herhalten.[74]

In Kulmhof trafen zwei (später kam ein dritter hinzu) neue mittelgroße Renault-Lastwagen ein, außen grau lackiert und innen mit Zink verkleidet. Zwischen dem Metallboden und einer Abdeckung aus Holzlatten lag ein perforiertes Rohr.[75] Am 8. Dezember 1941 lief in Kulmhof der Betrieb an.[76]

Anfang April 1942 hatte ein stetiger Strom von Zügen bereits 44.056 Personen von Lodz nach Kulmhof transportiert. Nach dem Transport Nr. 40 am 2. April 1942 gab es eine Pause. Warum? Die Gestapo befürchtete Unruhen im Getto, vielleicht sogar eine spontane Rebellion. Gerüchte liefen um, obwohl über den Zweck der Transporte strengstes Stillschweigen bewahrt wurde. Ein hoher Gestapo-Beamter erhielt die Aufgabe, eine Geschichte zu lancieren. Angeblich gab es dreizehn Kilometer von Lodz entfernt in der Nähe von Kolo einen Ort, der groß genug war, um 100.000 Juden aufzunehmen, mit möblierten Baracken, ausreichend Lebensmitteln und Arbeitsmöglichkeiten. 30.000 lebten bereits dort![77]

Aufruf zur Abreise

An einem qualvollen Tag Anfang Mai 1942 wurden meine Eltern vom Judenrat zu ihrer Abreise aus Lodz aufgerufen. Wieder bestand die niederträchtige Strategie darin, die führenden Leute der jüdischen Gemeinschaft in die Ermordung ihrer eigenen Leute zu verwickeln.

Mordechai Chaim Rumkowski, der Vorsitzende des Judenrates im Getto Lodz, übertrug gebildeten Juden, die gut schreiben konnten, die Aufgabe, die täglichen Ereignisse in einer Chronik festzuhalten. Ihre Aufzeichnungen von 1941 bis 1944 sind erhalten geblieben, und der erste Absatz der langen Einleitung enthält die rätselhaften Worte: «Aus Gründen, die nur sie selbst kennt … stempelte am 1. Mai eine deutsche medizinische Kommission 1200 Personen Buchstaben auf die Brust.»[78]

Meine Eltern entblößten ihre Brust, um sich die Buchstaben aufstempeln zu lassen.

Am 4. Mai 1942 verließ der erste Transport der neuen Deportationswelle das Getto von Lodz. Die Chronik fährt fort:

Am Montag, [dem 4. Mai 1942] um etwa 8 Uhr morgens, ging vom Nebengleis des Bahnhofs Radogoszcz der erste Transport von Aussiedlern ab, bestehend aus westeuropäischen Juden, die vor einem halben Jahr ins Getto eingesiedelt wurden. Vorläufig konnte als wichtigstes, mit dem Abgang des ersten Transports zusammen-hängendes Detail festgestellt werden: allen abreisenden Personen (der Transport bestand aus tausend Menschen) wurde das Gepäck, die Rucksäcke und auch das Handgepäck, abgenommen. Diese Nachricht hatte im ganzen Getto eine deprimierende Wirkung zur Folge.[79]

Geringfügige Abweichungen bei der Datierung unter den erhaltenen Holocaust-Aufzeichnungen werfen einen Schatten der Ungewissheit auf die Ereignisse. Das Dokument Nr. 12681 über die jüdische Bevöl-kerung nennt als Datum des Todes meiner Eltern in Kulmhof den 3. Mai 1942, während *The Chronicle of the Lodz Ghetto* den 4. Mai 1942 als den Tag angibt, an dem der erste Transport nach der einmonatigen Unterbrechung Lodz verließ.

Unzweifelhaft ist jedoch, dass meine Eltern das Elend des Gettos in der ersten Maiwoche 1942 hinter sich ließen.

Glaubten meine Eltern an die vorgeschobene Geschichte? An die möblierte Siedlung in der Nähe von Kolo? Wo es reichlich zu essen gab? Ihnen blieb so oder so nichts anderes übrig, als sich dem Strom der Tausend anzuschließen und mit ihrer armseligen Habe zu dem angegebenen Versammlungsort Marysin im nördlichen Viertel des Gettos zu stapfen. Ihr Zug sollte um acht Uhr morgens vom Bahnhof Radegast/Radogoszcz abfahren. Als ich sie heute, 67 Jahre später, in Gedanken auf ihrem Weg begleite, sehe ich sie die Tür ihrer winzi-gen Hütte schließen und mit gebeugten Köpfen die hässliche Straße entlanggehen, den Blick auf die Füße gerichtet. Wahrscheinlich ist es noch dunkel. Tiefes Grauen packte die Menschenmenge, die da stand und wartete … und wartete … bis schließlich die abrupte An-weisung ertönte: «Abmarsch zum Bahnhof Radegast/Radogoszcz!» Als ihnen ihre Koffer, ihre Rucksäcke und ihr Handgepäck abgenom-men wurden, schwand da auch ihre letzte schwache Hoffnung auf Überleben?

Diesmal gab es keine Sitzplätze. Sie wurden in Güterwaggons getrieben wie Vieh. Nein, auf Tiere hätte man mehr Rücksicht genommen. Obwohl ihr Zielort Kulmhof nur siebzig Kilometer von Lodz entfernt lag, würde die Reise etliche Stunden dauern, da es keine direkte Schienenverbindung zwischen den beiden Orten gab. Zuerst fuhren sie in der Düsternis des verschlossenen Güterwaggons nach Kolo. Entgegen der Propaganda, mit der man sie getäuscht hatte, war Kolo nicht ihr Endziel. Als sie dort ankamen, wechselten sie auf eine Schmalspurstrecke, auf der man sie auf offene Güterwaggons packte und weiter zum Bahnhof Powierce transportierte, fünf Kilometer nordwestlich von Kulmhof. Zwei Kilometer vom Bahnhof Powierce stand in dem Dorf Zawadki eine nicht mehr genutzte Mühle. Hier verbrachten sie die Nacht. Am folgenden Morgen erreichten sie, auf den offenen Ladeflächen von Lastwagen eingezwängt, das Ende ihrer Reise – Kulmhof.[80]

Was erwartete meine Eltern in Chelmno/Kulmhof?

Wo kann ich die Wahrheit darüber finden, wie sie zu Tode kamen? Ich forsche in den Unmengen von Material, die bei den Prozessen nach dem Zweiten Weltkrieg ans Licht kamen. Den Namen der deutschen Stadt Nürnberg wird man für immer mit den Prozessen gegen die NS-Kriegsverbrecher assoziieren, die dort vom 20. November 1945 bis zum 14. April 1949 geführt wurden. Ich habe mir die relevanten Protokolle des Prozesses gegen Adolf Eichmann in Jerusalem vom 11. April 1961 bis zum 29. Mai 1962 durchgelesen. Es gab noch andere Gerichte in kleineren Städten, vor denen Verbrechern, die weiter unten auf der Leiter der Nazi-Hierarchie standen, der Prozess gemacht wurde.

Die Prozesse gegen die Wachleute von Kulmhof fanden von 1962 bis 1963 in Bonn statt.[81] In den Gerichtsakten finden sich die Augenzeugenberichte von Tätern, Beobachtern und einigen wenigen überlebenden Opfern, ergänzt durch Dokumente aus der Zeit, in der Kulmhof als Vernichtungslager diente.

Ich greife nach dem Buch *Nationalsozialistische Massentötungen durch Giftgas: Eine Dokumentation*. Schmuel Krakowski ist der Verfasser des fünften Kapitels mit dem Titel «In Kulmhof: Stationierte Gaswagen». Krakowski hat die Gettos Lodz, Auschwitz, Buchenwald und Theresienstadt überlebt und leitete von 1978 bis 1993 das Archiv von Yad Vashem in Jerusalem.[82] Aus seinen wissenschaftlichen Nachforschungen erfahre ich die nackten, unverblümten Fakten. Ich lese die detaillierten Aussagen, die bei den Prozessen gegen die Wachleute unter Eid gemacht wurden. Die Worte prasseln auf meine Seele ein wie Hammerschläge. Gleichzeitig weiß ich, dass meine eigene Herzenshärte aufweichen wird, wenn ich mich der Realität stelle, was meinen Eltern widerfahren ist.

«Die Auslieferung der Opfer»[83]

Der offene Lastwagen mit seiner Ladung aus Angst hält vor einem hohen Holzzaun, und das Tor öffnet sich.[84] Der Wagen rollt auf das Gelände. Das Tor schließt sich wieder. Die Menschen auf der Ladefläche des Lasters stolpern hinab auf den Hof des großen steinernen Gebäudes. Sie stellen sich in einer Reihe auf.

Ein Mann im weißen Arztkittel spricht zu den dreckverschmierten Juden:[85] «Sie werden zum Arbeiten nach Deutschland geschickt, aber zuerst werden Sie hier in Kulmhof ein Bad nehmen, und Ihre Kleidung wird desinfiziert. Alle Wertgegenstände sind zur Registrierung abzugeben.»[86] Im Bonner Zeugenstand erklärt Kurt Möbius, ein früherer Wachmann, die Strategie hinter den trügerischen Worten: «Das haben wir den Juden gesagt, damit sie nicht wussten, welches Schicksal sie erwartet, und um sie dazu zu bringen, ihre Anweisungen ruhig zu befolgen.»[87]

Männer, Frauen und Kinder werden ins Erdgeschoss des Schlosses geführt und durch einen Gang getrieben, der zu zwei miteinander verbundenen Räumen führt, wo ihre Wertsachen von polnischen Arbeitern, die auch ihre Namen notieren, in Körben gesammelt werden. Sobald sie sich ausgezogen haben, kommt die Anweisung, die mit Gaslampen erleuchtete Treppe hinunter in den Keller zu gehen. An den Wänden des Treppenhauses hängen Schilder mit der Aufschrift «Zu den Bädern». Von dort aus verlassen die nackten Menschen in Gruppen zu 35 oder 40 Personen durch eine Hintertür das Gebäude und werden eine Holzrampe hinaufgetrieben, die auf beiden Seiten mit zweieinhalb Meter hohen Brettern sichtgeschützt ist. Der einzige Ausgang führt ins Heck des grauen Lastwagens, der dort mit geöffneten Hecktüren steht.[88]

Möbius führt weiter aus: «Die polnischen Arbeiter gingen mit ihnen. Sie hatten Lederpeitschen, mit denen sie störrische Juden schlugen, die argwöhnisch geworden waren und nicht weitergehen wollten.»[89]

Noch höchstens neunzig Minuten

Walter Burmeister, ein ehemaliger SS-Hauptscharführer, sagt aus: «Von dem Absteigen der Menschen von den Transportlastwagen vor dem Schlosshof bis zu ihrem Einsteigen in die Gaswagen verging ein Zeitraum von nicht ganz einer Stunde bis zu höchstens etwa 1½ Stunden. Diese Zeitdauer hing davon ab, wie lang es dauerte, bis sich die zum Teil auch älteren Menschen entkleidet hatten und ihre Wertsachen abgegeben hatten. Dies alles vollzog sich nicht etwa in überhasteter Geschwindigkeit, sondern in aller Ruhe, damit keiner einen Verdacht schöpfte.»[90]

Kulmhof war für einen einzigen Zweck konstruiert worden. Es war kein Konzentrationslager im üblichen Sinne, in dem man immerhin eine winzige Chance hatte, als misshandelter Sklave zu überleben. Kulmhof war ein Vernichtungslager, ein Ort, wo lebendige Menschen ausgelöscht wurden.

Stille

Es gibt kein Geschirr mehr zu spülen. Nichts mehr einzukaufen. Kein Herumfeilen mehr an dem Text dieses Buches, das ich zu schreiben versuche. Es ist Zeit, mit meinen Eltern durch die Hecktüren zu gehen.

Ein ehemaliger Gaswagenfahrer, Gustav Laab, schildert die Szene. Der Lastwagen zittert, wenn die bloßen Füße ihn betreten.[91] Wenn der Wagen voll ist, werden die Doppeltüren geschlossen und verriegelt. Das Auspuffrohr wird mit dem flexiblen Metallschlauch verbunden, der ins Innere des Wagens führt. Der Fahrer lässt den Motor an. Schreie, Stöhnen, es wird gegen die Wände gehämmert. Nach zehn Minuten herrscht Stille. Der Fahrer lässt den Motor noch einmal zehn Minuten laufen. Dann wird der Schlauch vom Rohr abgezogen. Die Lastwagen sind schwierig zu fahren, weil sie sich nicht leicht lenken lassen.[92] Der Fahrer bahnt sich vorsichtig den drei Kilometer langen Weg zu dem eingezäunten Bereich im Wald und setzt an eine der vier großen Gruben zurück. Die Doppeltüren werden entriegelt und geöffnet. Die zur Arbeit eingeteilten Juden werfen die Leichen aus dem Lastwagen in die Gruben. Dabei durchsuchen sie die Leichen nach versteckten Wertsachen, ziehen Goldzähne und nehmen Eheringe ab.[93]

Adolf Eichmann

Adolf Eichmann, auch bekannt als der «Architekt des Holocaust», war wegen seines Organisationstalents und seiner ideologischen Verlässlichkeit mit der Aufgabe betraut worden, die Logistik für die Massendeportation von Juden nach Osteuropa in die Wege zu leiten und zu managen.[94] 1960 wurde Eichmann aus seinem Versteck in einem Vorort von Buenos Aires in Argentinien entführt und heimlich nach Israel gebracht. Im Zuge des langwierigen Prozesses gegen ihn in Jerusalem wurde er auch nach seinem Besuch in Kulmhof gefragt, wo er Zeuge einer Vergasung war. Nach seiner Schilderung wurde er aufgefordert, durch ein Guckloch in einen Lastwagen zu schauen. Er sagte:

Ich habe nicht einmal genau zusehen können … Ich konnte es nicht, mir hat es genügt. Das Schreien … ich war hier viel zu erregt gewesen … Der [Wagen] fuhr an eine längliche Grube, die Türen wurden aufgemacht, und heraus wurden Leichen geworfen … ich sehe da noch, wie ein Zivilist mit einer Zange Zähne rauszieht, und dann bin ich abgehauen. Bin in den Wagen und bin weg und habe nichts mehr gesprochen. … Fürchterlich, sag ich, das Inferno.[95]

SS-Obersturmbannführer Adolf Eichmann wurde für seine Kriegsverbrechen vor Gericht gestellt, verurteilt und am 31. Mai 1962 in Ramla in Israel gehängt.[96]

Das jüdische Arbeitskommando

Der leere Lastwagen wird zurück zum «Schloss» gefahren. Das jüdische Arbeitskommando reinigt den Laderaum mit Wasser und Desinfektionsmittel, um ihn für die Rückkehr in den Wald mit der nächsten Gruppe von 35 oder 40 Seelen bereit zu machen.

Das jüdische Arbeitskommando wurde aus den eintreffenden Opfern ausgewählt, wenn sie auf dem «Schlosshof» von den Transportfahrzeugen herabstiegen. Man suchte sich dafür die jungen und kräftigen Leute aus und legte ihnen die Beine in Eisen. Sie hielten ungefähr eine Woche durch. Am Ende eines Tages im Wald wurden sie regelmäßig durch Genickschüsse dezimiert.[97] Einige wenige entkamen auf wundersame Weise und schlugen sich bis ins Warschauer Getto durch. Ihr handschriftlicher Bericht über die Ereignisse in Kulmhof im Zeitraum vom 7. bis zum 19. Januar 1942 wurde 1946 zusammen mit anderen Papieren unter dem Schutt des Gettos in der Erde vergraben gefunden.[98]

Irgendwann waren die Gruben im Wald voll, und die Nazis, die eine Typhusepidemie fürchteten, konstruierten getarnte Verbrennungsanlagen. Die Opfer, die das Unglück hatten, für das jüdische Arbeitskommando eingeteilt zu werden, mussten nun Leichen ausgraben und für den effizienten Betrieb der Verbrennungsanlagen sorgen.

Die Steine schreien

Wer heute Chelmno besucht, kann sich kaum noch vorstellen, welche grauenhaften Gewalttaten sich dort vor etwa siebzig Jahren abgespielt haben. Kann es wahr sein, dass dieses idyllische Dorf in seinem üppigen Flusstal eine so infame Geschichte hat? Als die Sowjetarmee sich Anfang 1945 Chelmno näherte, zerstörten und verbrannten die Nazis die meisten Beweise, bevor sie den Rückzug antraten.

Seit den 1980ern hat ein polnischer Archäologe mit Zustimmung der jüdischen Gemeinde in Lodz eine Reihe von Ausgrabungen durchgeführt, bei denen Spuren der furchtbaren Vergangenheit Chelmnos ans Licht kamen. Gründliche Grabungen am Standort des Schlosses brachten die Überreste der Kellerräume und den Gang zutage, der meine Eltern zu dem grauen Lastwagen führte. Riesige Mengen akribisch sortierten Beuteguts wurden entdeckt, etwa eine dicke Schicht gläserner Medikamentenflaschen und Tausende von Zahnbrücken und Zahnprothesen, aus denen man alle Edelmetalle herausgebrochen hatte.[99]

Warum?

Wie soll ich meine Bürde tragen, diese Leere, die nach dem erbarmungslosen Hinschlachten meiner Liebsten zurückbleibt? Wie begegne ich dem feurigen Drachen, der nicht nur meine Eltern vernichtete, sondern auch noch sechs Millionen andere?

Das Feuer ist immer noch nicht erloschen. Die Überlebenden und ihre Kinder sind gezeichnet. Selbst die Nachkommen der Täter und der Zuschauer tragen Narben. Aber Fragen sind auch im Blick auf heutige

Übel angebracht. Wie kann ich in der Gegenwart der Finsternis leben? Wie gehe ich damit um, dass Gott sich zurückhält?

Etwa um 640 bis 615 v. Chr. schreit der hebräische Prophet Habakuk zu Gott: «Wie lange, HERR, rufe ich schon um Hilfe, und du hörst nicht! Wie lange schreie ich zu dir: Gewalttat! – doch du rettest nicht?»[100] Gebeugt unter der Last der Wahrheit über die Todesumstände meiner Eltern, stimmte ich in des Propheten Fragen, Klagen, Lauschen und Zittern vor dem Heiligen ein. Ich schaue auf und klammere mich an seine Worte – Worte der Hoffnung.

> Denn der Feigenbaum blüht nicht,
> und an den Reben ist kein Ertrag.
> Der Ölbaum versagt seine Leistung,
> und die Terrassengärten bringen keine Nahrung hervor.
> Die Schafe sind aus der Hürde verschwunden,
> und kein Rind ist in den Ställen.
>
> Ich aber, ich will in dem HERRN jubeln,
> will jauchzen über den Gott meines Heils.
> Der HERR, der Herr, ist meine Kraft.[101]

TEIL II

«GLÜCKSMÄDCHEN»

Ereignisse verschmelzen
Ein Moment in der Zeit
Eine Liste von Kindern
Ein Geheimnis

2007 besuchten George und ich eine interaktive Aufführung im Freilichtmuseum in Kommern in Deutschland. Wir waren nur zu siebt im Publikum, als uns junge Schauspieler aus Köln die Geschichte ihrer Stadt unter der Naziherrschaft erzählten. Das Skript, das auf verbürgten Briefen und Dokumenten beruhte, die in jenen finsteren Jahren entstanden, wurde in einer umsichtigen, leidenschaftlichen Inszenierung geschickt umgesetzt. In einer Szene wurde mir schneidend etwas bewusst. Wir sieben wurden nach draußen geführt. Wir umrundeten einmal das Theater und gingen dann durch einen Seiteneingang wieder hinein. In einem kleinen, dunklen Raum standen wir um einen Tisch, auf dem Hunderte brennender Kerzen standen. Dort lasen uns zwei Kinder langsam, leise und feierlich die Namen aller jüdischen Kinder aus Köln vor, die im Holocaust ermordet worden waren. Noch heute halte ich inne und werde still, wenn ich daran zurückdenke, wie ich diesen Namen lauschte und in die flackernden Kerzenflammen schaute.

Den Namen Hannelore Zack lasen sie nicht vor.

＊

8.
«Auf Wiedersehen» und
«How do you do?»

nser Ziel ist London. Am Abend des 24. Juli 1939 ertönt der Pfiff der Lokomotive, die Fahne weht, die Räder des Zuges nehmen Fahrt auf, und wir lassen die verwirrende Dunkelheit, die hellen Lichter des Kölner Hauptbahnhofs und alles, was uns je vertraut war, hinter uns. Ohne zu ahnen, was für ein kostbares Geschenk meine Eltern mir anvertraut haben, lasse ich mich ins Unbekannte davontragen. Mein Körper nimmt nur einen kleinen Platz zwischen all den anderen jüdischen Kindern ein. Mein Verstand und meine Emotionen fallen in Winterschlaf.

Ich erinnere mich heute nicht mehr daran, wie wir die bedrückende deutsche Grenze überquerten, oder an die Ausrufe der Erleichterung allenthalben, als wir das freie Holland erreicht hatten. Die detaillierten Erinnerungen an den Kindertransport, die von älteren Kindern aufgezeichnet wurden, sind wie Pinselstriche auf meiner leeren Leinwand.

Eine Spielzeugkiste und zwei Koffer

An einen Vorfall während meiner Reise in die Fremde erinnere ich mich – nur einen. Nachdem der Boden unter meinen Füßen die Nacht hindurch ratternd geschwankt hat, ist er nun fest und unbeweglich. Helles Tageslicht blendet mich; ich atme würzige Seeluft. Offenbar haben wir Hoek van Holland erreicht, von wo aus wir das Schiff besteigen werden, das uns über den Ärmelkanal nach Harwich in England bringen wird. Ich höre die Anweisungen. Die Erinnerung an diesen Moment ist von Angst und Panik durchdrungen. Wir sollen unser Gepäck identifizieren. Wir werden in eine gigantische Halle geführt. Ich sehe den Boden voller endloser Reihen von Koffern und Kisten. Ich habe keine Ahnung, wie reichlich mich meine Eltern für diese Reise ausgestattet haben, und weiß nicht einmal, wie mein Gepäck aussieht. Wie soll ich es finden?

Heute halte ich inne, als wäre es zum ersten Mal, und lese noch einmal einen Abschnitt aus dem Brief meiner Tante Johanna vom 2. August 1939 an die «sehr geehrte gnädige Frau». Sie antwortet damit auf einen auf Deutsch geschriebenen Brief mit der Nachricht von meiner sicheren Ankunft, den meine Mutter von einer gewissen Luise Kohn erhalten hatte. War Luise Kohn an der Betreuung der Flüchtlinge in England beteiligt? Ich weiß es nicht.

In ihrem Brief äußert sich meine Tante besorgt, mein Gepäck könnte unzureichend sein. Sie schreibt:

> Wir hatten gerade in der letzten Zeit sehr viel Aufregung, und die Abreise des Kindes kam so unerwartet schnell, dass wir gar nicht wissen, ob wir für Hannelores Gepäck alles richtig besorgt haben. Ich denke, dass die 2 Koffer und 1 Kiste mit Spielsachen gut angekommen sind. Ich habe in den letzten Tagen vor der Abreise des Kindes das Gepäck besorgt. Falls nun irgendetwas an Kleidung, Wäsche etc. fehlt, so bitten wir Sie, uns dies nur mitzuteilen, auch, wenn Sie Bettwäsche oder sonst irgendetwas wünschen sollten.

Dass der zerschlissene und vergilbte Brief meiner Tante überlebt hat, erstaunt mich. Mit ihm halte ich eines der wenigen Bindeglieder zu meiner Vergangenheit in den Händen. Ich strenge mich an, etwas von der inneren Not meiner Familie und ihrer grenzenlosen Liebe zu mir nachzuempfinden.

Ich war tatsächlich mit zwei großen Koffern unterwegs, einem braunen und einem schwarzen; dazu einer großen Holzkiste, in der all meine Puppen und deren Kleider waren. Dazu kam noch mein Handgepäck – eine kleine schwarze Ledertasche mit braunen Aufsätzen. Ich habe Jahre gebraucht, um mich beim Reisen von der Angst um mein Gepäck zu befreien.

Damals im Jahr 1939 in der großen Baracke in Hoek van Holland erregen mein lautes Weinen und meine Tränen die Aufmerksamkeit eines holländischen Bahnbeamten, der mir dann mit freundlicher Geduld hilft, mein «Zeug» zu finden. Er muss wohl meinen Namen und die Nummer auf dem Schild um meinen Hals mit den Etiketten auf den vielen Gepäckstücken verglichen haben.

England

An die Überquerung des Ärmelkanals habe ich keine Erinnerung. Vielleicht herrschte in jener Nacht ruhige See. Die Ankunft in Harwich und der Zug zum Bahnhof Liverpool Street in London sind verschwunden. In meinem nächsten bewussten Moment nach dem Erlebnis mit dem Gepäck stehe ich in einer kleinen Gruppe von etwa acht Kindern inmitten von Lärm und Hektik auf einem anderen Bahnsteig. Die meisten anderen Kinder sind von Verwandten oder Pflegeeltern abgeholt oder vielleicht in Gruppenheime gebracht worden. Heute kann ich mir kaum vorstellen, wie meine Eltern sich zu der schweren Entscheidung durchrangen, mich fortzuschicken und sich darauf zu verlassen, dass jemand mich aufnehmen würde, ohne es aber genau zu wissen. Dieselbe Verzweiflung hatte vermutlich auch die sieben anderen Elternpaare getrieben. Ich schöpfe einen winzigen Trostschimmer aus unserer gemeinsamen Anspannung, als wir dicht beisammen dort stehen.

Wie in einem alten Film, der in abrupten Sprüngen von einer Szene zur nächsten übergeht, sitzen wir acht nun in einem rollenden Eisenbahnwaggon zusammen mit drei oder vier älteren Männern in dunklen Anzügen. Zwischen Kindern und Erwachsenen besteht eine undurchdringliche Barriere. Die Erwachsenen sprechen kein Deutsch. Von uns Kindern kann keines auch nur ein Wort Englisch. Susi, die

zehn oder elf Jahre alt ist, sagt uns, wir sollen uns benehmen. Ich är-
gere mich über sie.

Einer der Männer will das Eis brechen und versucht es mit ein paar
englischen Neckereien. Er macht Anstalten, mir das blau-weiße runde
Schild abzunehmen, das um meinen Hals hängt. Ich verliere die Fas-
sung und werde wütend. Höchstwahrscheinlich haben meine Eltern
mir strengstens eingeschärft, dass ich das weiße Stück Pappe auf keinen Fall jemals abnehmen darf. Dies ist meine Identität: Ich bin Nummer 8814. Auf der Rückseite ist der handgeschriebene Name Hannelore durchgestrichen und durch Johanna Flora Zack ersetzt. Horst ist
ebenfalls durchgestrichen und durch Köln ersetzt. Ich glaube, dies ist
die Handschrift meiner Mutter. Die Korrekturen lassen ahnen, wie
durcheinander sie war.

Wer waren diese Männer, die da mit acht traumatisierten Kindern zu
kommunizieren versuchten? Es waren führende Christadelphians aus
Mittelengland. Die Angehörigen der kleinen Sekte der Christadelphians[102] hatten auf die Notlage der Juden reagiert. Einige Familien aus
ihren Reihen öffneten ihre Türen für die Flüchtlinge und meldeten
sich freiwillig als Pflegeeltern. Die geplagten Organisatoren des Kindertransports nahmen solche Angebote in dieser Krisenzeit gern an.[103]

Kenilworth

Es muss am nächsten Morgen gewesen sein. Wir erwachen in einem
riesigen Haus in Kenilworth, einer kleinen Stadt in der Mitte Englands.
Wir sollen uns auf eine Decke auf dem etwas feuchten, üppigen Rasen
setzen, damit ein «Schnappschuss» von uns gemacht wird. Zu meinem
Entsetzen sehe ich, wie meine große Puppe herausgebracht wird, um
bei uns zu sitzen. Jemand muss meine Spielzeugkiste aufgemacht und
beim Anblick der Puppe auf den Gedanken gekommen sein, dieses Spiel-
zeug würde das Foto noch wirkungsvoller machen. Die Sonne scheint.
Wir posieren auf dem Gras des herrlich gestalteten englischen Gartens.

Als mir dieser Vorfall heute wieder einfällt, versuche ich die starken Emotionen, die ich an jenem Tag empfand, zu entwirren. Innerlich kämpfte ich mit der Angst. Jemand hatte meine Sachen durchwühlt, aber das war nicht der Hauptgrund für meine Not. Was mir zu schaffen machte, war, dass meine Puppe und ihre kostbaren Kleider kaputtgehen oder schmutzig werden könnten, und ich wurde überhaupt nicht gefragt. Meine Mutter hatte die Kleider für mich gestrickt, als ich ein Baby war. Hing das alles miteinander zusammen – die Puppe, meine eigenen Babysachen, der Verlust meiner Mutter und dieses Eindringen in meinen Privatbereich? Ich fühlte mich hilflos in meiner Empörung.

Heute kann ich es verstehen. Die außergewöhnlichen Ereignisse von 1939 waren eine Herausforderung für erwachsene Briten, die ihr Bestes versuchten, um auf die Kinder in ihrer Mitte einzugehen. Wir waren bedürftige Kinder aus Fleisch und Blut und nicht mehr die fernen Objekte ihrer humanen Entscheidung, «etwas zu tun». Ich bin dankbar für ihre Bereitschaft, es in Kauf zu nehmen, dass ihr Leben durcheinandergeriet.

Die nächste Szene in dem alten englischen Kriegsfilm, der jetzt im Kino meiner Vorstellungskraft läuft, zeigt unsere kleine Gruppe eingezwängt in einem kleinen Auto, in dem uns unser Gastgeber Mr. Crowley* ins wenige Meilen entfernte Coventry fährt. Wir halten vor einem Haus. An den Fenstern des Autos tauchen Gesichter auf. Das Muster wiederholt sich – fahren, anhalten, Gesichter an den Fenstern. Drinnen sind wir schweigsam und verständnislos. Wenn ich zurückblicke und mich an diese Fahrt durch Coventry erinnere, habe ich eine lustige Melodie und die Worte eines beliebten Liedes aus den 1950ern im Ohr: «How much is that doggy in the window, the one with the waggly tail? I do hope that doggy's for sale.»

Wir kamen uns vor wie ausgestellt im Schaufenster einer Tierhandlung, wie wir so dicht gedrängt in dem Auto saßen. Und die Gesichter, die sich gegen die Scheiben pressten? Sie hielten Ausschau nach dem niedlichsten Welpen. Wie war es möglich, so ernsthafte Entscidungen in diesem Notfall zu verarbeiten, angesichts unserer eiligen Flucht aus Deutschland in ein England im Bann der Kriegsangst? Ich wurde von der Familie Calcott ausgesucht.

Die Calcotts aus Coventry

Ich weiß noch, ich weinte in der ersten Nacht, die ich allein in dem Zimmer verbrachte, das die Calcotts für ihr neues Familienmitglied sorgfältig hergerichtet hatten. Ich weinte aus Furcht, ich könnte mein Deutsch vergessen und würde vielleicht nie Englisch lernen und ich würde isoliert und allein sein, für den Rest meines Lebens unfähig, mit anderen Menschen zu kommunizieren. Ich war mit sieben Jahren abrupt aus meiner vertrauten Welt in ein fremdartiges, unwirtliches Universum geschleudert worden, in dem mir die letzten Spuren von Geborgenheit genommen waren. Nirgends ein Ankerplatz, keine vertraute Stimme, kein Lehrer, der meine haltlose Seele hätte führen können. Selbst wenn die Calcotts mir hätten helfen können, gab es kaum gemeinsame Worte, mit denen wir uns hätten verständigen können. Die ersten Wunden, die mir geschlagen wurden, als ich mich auf der obersten Stufe des Zuges am Kölner Hauptbahnhof umdrehte, und der Schmerz, den ich empfand, während der Zug Fahrt aufnahm, blieben unverheilt. Und nun scheuerte eine Einsamkeit, die ich nicht einmal in Worte fassen konnte, meine Seele noch weiter wund. Ich lag auf dem Bett in meinem eigenen Zimmer bei den Calcotts und rang mit existenziellen Fragen, die unausgesprochen und unbeantwortet vor mir im leeren Raum schwebten.

Beim Tageslicht begegnete ich erstmals Roddy, dem Sohn der Calcotts. Er war etwa in meinem Alter; ein liebenswerter kleiner Junge, mit dem ich gerne in dem winzigen Garten spielte. Ich fing also beinahe durch Osmose an, mir die Sprache anzueignen, indem ich mich mit Roddy verständigte. Ich empfand eine friedliche Atmosphäre im Haus, eine Fähigkeit, einfache Freuden zu genießen. Wenn ich heute zurückblicke, sehe ich mich im Vorderzimmer auf dem Teppich sitzen. Mrs. Calcott deckt den niedrigen Couchtisch für den Nachmittagstee. Es gibt englisches Weißbrot, das für meinen deutschen Geschmack Ähnlichkeit mit Kuchen hat. Mit einer Gabel zerdrückt sie Bananen, um die klebrige Masse dann auf einer Scheibe Brot zu verteilen und mit etwas Rahm zu garnieren, den sie mit einem Teelöffel von der Oberfläche der Milch abschöpft. Das ist Futter für die Seele.

Wir gehen alle gemeinsam ins Kino – Mr. und Mrs. Calcott, Roddy und ich. Der Star des Films ist Shirley Temple. Es ist das erste Mal, dass ich ein Kino von innen sehe. Ich genieße die prickelnde Atmosphäre – das Sitzen auf dem geschwungenen, dick gepolsterten Klappsessel, die Spannung, wenn die Lichter langsam ausgehen, bevor dann die Explosion von Bildern und Geräuschen beginnt, das zauberhafte kleine Mädchen, das mit wippenden Locken tanzt und singt. Ihre Fröhlichkeit, ja Freude ist Balsam für meinen ausgehungerten, intensiven Blick, und ich tue einen Schritt in eine andere Welt.

Die Prinzessinnen

Wir Kinder vom Kindertransport hatten jedes ein großes, gebundenes Bilderbuch bekommen – eine Einführung in unser neues Leben in Großbritannien. Am meisten beeindruckten mich die englischen Prinzessinnen. Immer wieder betrachtete ich ihre Fotos und studierte jedes Detail ihrer gestellten Bilder, beim Spielen und mit ihren Eltern – ihre himmlischen weißen Rüschenkleider, die idyllische Umgebung mit Blumen, Gärten und dicken Samtvorhängen. Für mich sahen sie aus wie Elfen mit ihren heiteren Mienen, feinen Zügen und ihren gewellten, lockigen Haaren. Prinzessin Margaret war etwa in meinem Alter, Prinzessin Elizabeth ein bisschen älter. Was war das für ein Land, wo die Herrscher freundlich und schüchtern aussahen? Ich kam aus einer Nation, in der Führung durch Kraft, Macht und eine laute, raue Stimme gekennzeichnet war – durch Gewalt. «Fürchtet euch», war die Botschaft, die uns stets in den Ohren gellte. Konnten denn Führer auch freundlich und menschlich sein?

Die Katastrophe

Tage später brach eine unerwartete Katastrophe herein. Ich weiß noch, wie ich die Treppe hinauf- und hinuntertollte und Wasser an die Decke spritzte. Was war das für ein Gefühl der Macht – diesen Wasserstrahl immer höher und höher steigen zu lassen. Meine Eltern hatten versucht, beim Packen an jeden Notfall zu denken. So fand ich bei meinen Sachen auch ein mit Wasser gefülltes Gummi-Klistier und folgte meiner Neugier, wohin sie mich führte. Heute frage ich mich: «Brach da die Wut, die in mir köchelte, hervor wie das Wasser, das nach oben an die Decke schoss?»

Ehe ich mich's versah, war ich bei einer anderen Familie. Wahrscheinlich hatte es außer dem Wasser an der Decke noch andere Vorfälle gegeben. Ich weiß es nicht mehr. Jedenfalls riefen die Calcotts jemanden an und baten darum, mich wieder abzuholen. Sie wurden mit mir nicht fertig.

Damals lernte ich eine bittere Lektion: Sei vorsichtig, halte alles in deinem Innern unter Verschluss, sonst passiert etwas Schlimmes. Sonst wird dir auch der schlüpfrige Rest von Geborgenheit, den du noch hast, aus der Hand gerissen, und du fällst ins Nichts. Ich war ein Kind, das glaubte, ich wäre von meinen Eltern verlassen worden. Ich drehte mich nur um mich selbst und war völlig blind für ihre Qualen. Und nun, bei diesem zweiten Schlag, fehlte mir jedes Bewusstsein dafür, wie sehr unser Abschied die Calcotts betrübte.[104]

Exhall

Wie Eisenbahnwaggons, die von der Lokomotive abgekoppelt werden, wenn auf eine andere Spurbreite gewechselt wird, so löste mein Leben in den englischen Midlands abrupt all meine Verbindungen zu meinen Eltern, meinem Zuhause, meiner Familie, meinen Freunden, meiner Religion, meiner Kultur und meiner Sprache. Die vertrauten alten

Schienen waren verschwunden, und ich hatte keinen Plan, wohin die Reise ging. Nun war ich schon nach wenigen Wochen an einer weiteren unerwarteten Wegbiegung angelangt – ich landete in einem anderen Haus bei einer neuen Pflegefamilie, Mr. und Mrs. Dodds aus Exhall.

Die traurige Geschichte von einem kleinen tschechischen Mädchen, die mir die Dodds erzählten, lässt mich vermuten, dass mein Umzug von den Calcotts nach Exhall kurz nach dem 3. September 1939 stattfand. Es hatte eine Korrespondenz zwischen den Dodds und Dr. Stefan Jaroschy, Prag XIX, na Dionysce 9, gegeben. Die Dodds hatten sich bereit erklärt, seine kleine Tochter bei sich aufzunehmen, und erwarteten deren Ankunft. Ich besitze einen verblichenen Durchschlag von Dr. Jaroschys letztem Brief aus Prag vom 28. August 1939. Er hofft, Erika, mit Kosenamen «Ini» genannt, werde am 30. August um Mitternacht aufbrechen, fügt aber hinzu: «Soeben höre ich, dass immer noch völlig in der Schwebe ist, ob der Transport am 30. August starten wird.» Der neunte Kindertransportzug mit 250 Kindern sollte Prag dann schließlich am 3. September 1939 verlassen – dem Tag, an dem Großbritannien Deutschland den Krieg erklärte. Daraufhin ließen die Deutschen den Zug nicht mehr aus dem Bahnhof. [105]

Was wurde aus dem kleinen Mädchen, das in Exhall erwartet wurde? Sie muss wohl unter den 250 Kindern gewesen sein, die sich von ihren Eltern verabschiedet hatten und nun im Zug saßen und warteten. Sie kam nie in der 167 Coventry Road in Exhall an. So kam es, dass ich den Platz einnahm, der für sie bereitet war.

Warum, Ini … warum?

William Henry und Louisa Dodd, ein Ehepaar von Anfang fünfzig, dessen einziger Sohn schon verheiratet war, wohnten allein in ihrem frei stehenden Haus mit vier Zimmern. Entsprechend der englischen Sitte, Häusern einen Namen zu geben, nannten sie ihr Zuhause «Bethel». Beth-El ist hebräisch und heißt «Haus Gottes». Als Christadelphians lasen sie die Bibel systematisch nach einem Leseplan, der sie im Jahr einmal durchs Alte und zweimal durchs Neue Testament führte. Ich sollte stets mit zu den regelmäßigen Abendlesungen und Sonntagsversammlungen, die mehrere Stunden dauerten. (Ich weiß noch, wie ich versuchte, der Langeweile Herr zu werden, indem ich mir Denkspiele ausdachte, zum Beispiel indem ich zählte, wie oft der Redner «aber» und «und» sagte.) Manche der Geschichten und Namen, die ich dort hörte, waren mir vertraut – Mose, David, Esther –, aber der Name Jesus … der war neu für meine Ohren. Die Christadelphians sahen sich selbst als Außenseiter, als Überrest, der «die Wahrheit» in Ehren hielt, im Gegensatz zu den Irrtümern der «Kirche» in Lehre und Praxis. Dass ich bei ihnen Obhut fand, lag an der starken Affinität der Gruppe zum jüdischen Volk.

Gegenüber vom Haus der Dodds auf der anderen Seite der belebten Hauptstraße in Exhall, einem guten Standort zwischen Coventry und Bedworth, stand «W.H. Dodd & Son», eine Werkstatt, in der man Benzin, Motorräder und Fahrräder kaufen und Reparaturen vornehmen lassen konnte. Exhall ist eine Ortschaft ohne Zentrum, ein loser Verbund kleiner Dörfer im Schatten der Stadt Coventry fünf Meilen südlich davon. Im Norden grenzt Exhall an die etwa eine Meile entfernte Kleinstadt Bedworth. Aus alten Aufzeichnungen geht hervor, dass Exhall, ein bescheidener Ort mit langer Geschichte, im Jahr 1275 der halben Entlohnung entsprach, die der Familie eines Ritters, den Butlers, zustand.[106]

Traditionell arbeiteten viele der Männer aus der Gegend in der Landwirtschaft, im Bergbau oder als Maurer. Nachdem jedoch 1939 der Zweite Weltkrieg ausgebrochen war, geriet Exhall stärker in den Sog von Coventry, einem weltweit angesehenen Zentrum der Automobilindustrie. Die vielen Werkstätten, in denen Fahrräder, Autos und Lastwagen hergestellt wurden, wurden eilends in gigantische Rüstungsfabriken umgewandelt. Viele Frauen krempelten für die Kriegsanstrengungen die Ärmel hoch, während ihre Männer, Söhne und Väter für den Kampf in der britischen Armee, Navy und Air Force mobilisiert wurden.

Wer bin ich?

Der offizielle Name auf meiner in Bonn ausgestellten Geburtsurkunde lautet Johanna Flora Zack. In Gemünd nannten mich alle Hannelore, ein üblicher deutscher Name. In meinem Fall war er vielleicht durch Zusammenziehung der Namen «Johanna» und «Flora» entstanden. Meine Eltern drückten ihre Freude über mich mit dem verniedlichenden «Hannelorechen» aus. Als kleines Kind war ich von reichlich Zärtlichkeit und Kosenamen umgeben.

In den Ohren der Engländer hörte sich der Name Hannelore schwerfällig an, und so wurde ich zu Hanna. Während meine neue Pflegefamilie mich Hanna nannte, sollte ich sie als «Auntie» und «Uncle» ansprechen. Vor Kurzem habe ich erfahren, dass meine Tante Johanna ebenfalls Hanna genannt wurde – ein kleiner Trost bei dem Verlust, der meinen Namen in meiner Kindheit umgibt.

Wenn ich auf die Weltereignisse nach dem 3. September 1939 zurückblicke, frage ich mich, ob diese Namensänderung noch einen anderen Hintergrund hatte als nur die leichtere Aussprache – vielleicht war Hanna auch unauffälliger? Welchen Preis zahlten englische Familien dafür, Flüchtlinge aus Deutschland aufzunehmen? Während ich mit der englischen Kultur verschmolz, trugen meine Eltern, ohne dass ich es ahnte, gelbe Sterne.[107]

Der Krieg wurde erklärt; Großbritannien erwartete in äußerster Anspannung eine unmittelbar bevorstehende deutsche Invasion. Wir erlebten «Blackouts», bei denen alles verdunkelt werden musste, um feindlichen Flugzeugen keine Hinweise auf ihre Ziele zu geben. Für einen Haushalt bedeutete das, dass für alle Fenster Vorhänge aus schwerem schwarzem Stoff genäht werden mussten. Kein noch so schmaler Lichtstreifen durfte nach außen dringen. Wenn man keine ausreichende Verdunkelung hatte, wurde man verwarnt. Ganz Großbritannien hielt den Atem an, doch in jenen ersten Monaten passierte nichts.

Bis zum Mai 1940 wurde Großbritannien von einer panischen Furcht vor Ausländern erfasst. Deutschland hatte einen Großteil Europas mit einer neuen militärischen Strategie überrannt, dem Blitzkrieg, einer Konzentration von Flugzeugen, Panzern und Artillerie entlang eines schmalen Frontabschnitts. Mit dieser Taktik war es erfolgreich gegen Polen (September 1939), Dänemark (April 1940), Norwegen (April 1940), Belgien (Mai 1940), die Niederlande (Mai 1940), Luxemburg (Mai 1940) und Frankreich (Juni 1940).[108] Großbritannien stand nun allein gegen die Kriegsmaschinerie der Nazis.

Die Nation nahm all ihren Mut zusammen, um einem mächtigen Feind zu widerstehen. Die Anglisierung deutsch-jüdischer Kinder inmitten eines solchen Gefahren ausgesetzten Volkes wurde stark gefördert, und so wurde ich zu Hanna. Man sagte mir: «Vergiss die ganze deutsche Vergangenheit; was bist du doch für ein kleines Glücksmädchen!» Und so wurde meine Wundfläche mit einer neuen kulturellen Haut überzogen. Die gärende Infektion darunter drang bisweilen unerwartet an die Oberfläche. Eines Tages sah ich Hitlers Bild auf der Titelseite des *Daily Mirror*. Ich griff nach einer Schere und stach damit hinein. Noch heute spüre ich die Intensität dieser Bewegung, als ich meine Hand hob, die Schere fest umklammerte und die Spitze immer wieder hinabsausen ließ.

Es hagelt Tod und Zerstörung

Das Kreischen der Luftschutzsirene riss uns unbarmherzig aus dem Schlaf, und Auntie, Uncle und ich rannten hinunter ans Ende des lang gestreckten Gartens, um uns in unseren neu aus Ziegeln erbauten kleinen Luftschutzbunker zu flüchten. Mir gefiel die Unterbrechung in den geordneten Bahnen unseres Lebens – mitten in der Nacht geweckt zu werden und besonders dicht mit unseren Nachbarn zusammenzukauern, Mr. und Mrs. Gibson* und ihren drei kleinen Kindern Margaret, John und David, angetan mit Jacken über unseren Schlafanzügen und Nachthemden. Sie in dieser seltsamen

Situation kennenzulernen, während wir dem Dröhnen der Flugzeug-
motoren und den fernen Explosionen lauschten – wie aufregend war
das alles! Nach langer, ununterbrochener Stille hörten wir dann den
gleichmäßigen Heulton der Sirene, der die Entwarnung signalisierte.
Die Erwachsenen entspannten sich mit einem Seufzer, und wir gingen alle zurück in unsere Betten.

Im hellen Licht des Vollmondes hasteten wir in der frostigen Nacht des
14. November 1940, alarmiert durch das Heulen der Sirenen, in den
Schutzraum im Garten. In das unaufhörliche schwere Dröhnen der
Bomber über uns mischten sich Donnerschläge, die die Erde zum Be-
ben brachten. Wir konnten das fünf Meilen entfernte Coventry hell
erleuchtet sehen. Ob meine Eltern im Keller des Hauses Nr. 14 am
Horst-Wessel-Platz in Köln kauerten? Flogen die deutschen und die
britischen Flugzeuge oben in der Luft aneinander vorbei? Die Fragen,
die ich mir heute stelle, waren in jener turbulenten Nacht weit weg von
meinem verschlafenen achtjährigen Kopf.

Ich weiß nicht, ob wir aus freien Stücken fortgingen oder eine entspre-
chende Anweisung erhielten, aber jedenfalls fuhren wir am nächsten
Morgen zu einer Farm am Rande von Warwick, zwanzig Meilen von
Exhall entfernt. Wir waren Teil einer Gruppe von Evakuierten, die aus
dem gefährlichen Industriegebiet flohen, um auf dem Land Schutz zu
suchen. Coventry hatte die ganze Nacht hindurch gebrannt, und wenige Stunden nach der Verwüstung fuhren wir ganz langsam durch die
rauchenden Trümmerhaufen und ertasteten uns unseren Weg in die
erhoffte Sicherheit. Ich werde nie den Anblick der Straßenbahnschie-
nen vergessen, die sich hoch über uns zu riesigen Bögen gekrümmt
hatten, seltsame Skulpturen, geschaffen durch die Kraft etlicher Explosionen. Die Kathedrale von Coventry war durch Brandbomben aus-
geweidet; nur der Turm, die Turmspitze und die Außenwände waren
stehen geblieben.

Der Propst der Kathedrale ging geschockt und traurig zwischen dem
rauchenden Schutt umher. Vielleicht kamen wir an ihm vorbei, als wir

im Kriechtempo aus der Stadt rollten. Man errichtete ein Kreuz aus verkohlten mittelalterlichen Dachbalken und stellte es auf einen Altar aus Trümmern.[109] Auf einer der noch stehenden Wände waren die Worte eingraviert: «Vater, vergib.»[110]

Ich vermute, wir blieben mehrere Tage auf der Farm, doch dann führten wir in der Annahme, dass es Bombenangriffe nur nachts geben würde, eine neue Routine ein. An jedem Wochentag kehrten wir in den frühen Morgenstunden, wenn es noch dunkel war, nach Exhall zurück – Uncle in seine Werkstatt, Auntie, um sich um den Haushalt zu kümmern, und ich in die Exhall Council Junior School. Abends fuhren wir dann wieder zu der großen, fröhlichen und gastfreundlichen Bauersfamilie, die uns einlud, mit ihnen Monopoly zu spielen. Schließlich zogen wir dann wieder ganz in der 167 Coventry Road ein, wo ein weiterer neuer Luftschutzbunker hinzugefügt wurde. Dieser war aufwendiger gebaut. Es war ein unterirdischer Bunker, näher am Haus neben der großen Trauerweide in den Boden gegraben und mit einem Grashügel abgedeckt. Im Innern gab es Feldbetten und Bettzeug, und für viele Nächte wurde er zu unserem Schlafzimmer. Ich erinnere mich schwach an die Geschichte einer Landmine, die auf den Acker fiel, der hinten an unseren Garten angrenzte, gleich neben dem alten Bunker, den unsere Nachbarn nach wie vor benutzten. Ein Flugzeug hatte die Mine abgeworfen, die sich tief in den Boden bohrte – eine Bombe mit kolossaler Zerstörungskraft. Sie wurde undetoniert gefunden.

Gasmasken wurden ausgegeben. In der Schule hatten wir regelmäßige Übungen, bei denen wir die hässlichen «Dinger» aus ihren Schachteln nahmen. Auf ein Kommando des Lehrers versuchten wir die unbequemen, dicken Gummimembranen über unsere Gesichter zu stülpen und mit Riemen am Hinterkopf zu befestigen. Sehen konnten wir durch ein ovales, durchsichtiges «Fenster», und wir übten das Atmen durch den Metallrüssel. Wir sahen damit aus wie eine Kreuzung zwischen einem Schwein und einem Außerirdischen. Die kleine rechteckige Schachtel mit einer langen Kordelschlaufe, mit der man die Gasmaske über der Schulter trug, begleitete uns jederzeit auf Schritt und Tritt.

Auntie und Uncle

Die Ängste und Anspannungen der Kriegszeit müssen das Gleichgewicht unserer Beziehungen in jenen ersten Jahren hinter der Haustür mit den Butzenscheiben in der 167 Coventry Road in Exhall ziemlich durcheinandergebracht haben. Wie fühlte sich unser Alltagsleben an?

Wahrscheinlich sind meine Erinnerungen an das Leben mit Auntie und Uncle durch die Brille meines unterdrückten Gefühls der Verlassenheit und der emotionalen Vernachlässigung gefärbt. Durch meine plötzliche Trennung von Mutti und Vati kam ich mir vor wie ein Baum, der mit einem einzigen Schlag gefällt, abgeschält und in der Sägemühle zu dünnen Brettern geschnitten worden war. Wie standen die Dodds zu ihrem Ersatzpflegekind? Ich vermute, mein Ruf war mir vorausgeeilt: «Ein Problemkind, das feste Disziplin braucht.» Doch es war nicht alles düster und trostlos. Es gibt auch angenehme Erinnerungen aus jenen ersten Jahren in England.

Meinem «besten Freund» Peter begegnete ich erstmals, als die Haustür von Nr. 167 sich öffnete und ich zögernd auf den schwarz-weißen Fliesen am Eingang zu einer dunklen Diele stand. Peter schaute mit leuchtenden Augen und wedelndem Schwanz zu mir auf und akzeptierte mich auf der Stelle. Zu der Zeit, als wir Freunde wurden, war seine forsche Foxterrierart schon zu einfühlsamer Geduld gemildert, und ich schüttete all meine aufgestauten Emotionen über dieses zottelige schwarz-weiße Wesen aus.

Wenn er sich nicht gerade von diesem oder jenem Vogel ablenken ließ, wich Peter nicht von unserer Seite, wenn ich meine drei makellos gekleideten Kinder – das große Zelluloidkind von der Größe einer Einjährigen, die mittelgroße Puppe, deren Kopf und Hände lebensecht aus

Gummi gestaltet waren, und die Babypuppe – in einem schlichten, altmodischen Kinderwagen durch die Gegend schob. Wir machten lange
Spaziergänge. Unsere Route begann auf der rechteckigen Rasenfläche
neben dem Haus und führte dann den Hang hinab, am Vogelbad vorbei bis zu einem lang gestreckten zweiten Rasenrechteck. Unten am
Holzapfelbaum bogen wir nach links ab, gingen an den kratzigen Büschen vorbei und dann weiter entlang der dritten Rasenfläche, die pa-
rallel zur zweiten verlief, wieder hinauf. Unser Weg führte uns unter
der Wäscheleine hindurch bis zu der großen Kiefer, bei der wir wieder
an unserem Ausgangspunkt angelangt waren. Und dann alles wieder
von vorn und so weiter.

Irgendwann wurden mir die Monotonie unseres Spazierweges und der
teilnahmslose Blick meiner drei Babys zu langweilig. Sie starrten mich
mit ihrem ewig gleichen, ausdruckslosen Lächeln an, egal, was für ein
Problem ich ihnen gerade anvertraute. Aber da war ja Peter zur Stelle –
voller Lebendigkeit und Energie. Könnte nicht Peter mein Baby sein?
Also heraus mit den Puppen. Wohin mit ihnen? Sie wurden als Publikum für unsere Abenteuer auf eine Bank gesetzt. Rasch und sorgsam
nahm ich das Häubchen ab, das meine Mutter mir gestrickt hatte,
während sie auf meine Geburt wartete, und befestigte die kleine weiße
Kopfbedeckung behutsam auf Peters gehorsamem Haupt. Dann setzte
ich ihn in den Kinderwagen. Und welch ein Wunder, er blieb drinnen
sitzen, mein Gefährte! So drehten nun wir beiden Wanderer unsere
Runden.

Vielleicht ein Jahr später, 1940, war der sonnige Garten hinter dem
Haus der Schauplatz einer weiteren verspielten Erinnerung. Ich
konnte es kaum erwarten, bis es endlich an der Tür klopfte. Mein
Freund Raymond von der Exhall Council Junior School brachte seine
kleine Schwester Joy zum Spielen mit. Joy war ein pummeliges, fröhli-
ches kleines Mädchen mit schwarzen Locken, während Raymond ein
blonder, zierlich gebauter, liebenswürdiger Junge war. Er war mein
Freund, weil er immer mit meinen Ideen und Plänen einverstanden
war.

An diesem Samstag spielten wir Hochzeit. Auntie brachte uns einen großen Karton voller alter Gardinen und abgetragener Hüte und stellte ihn unter der Wäscheleine ab. In Kriegszeiten wurde nichts weggeworfen, auch der kleinste Stofffetzen wurde aufgehoben. Ich war noch nie bei einer Hochzeit gewesen, aber ich übernahm unerschrocken das Kommando. In meiner Fantasie bestanden Hochzeiten aus eleganten Kleidern, einer Prozession und Ansprachen der Braut und des Bräutigams. Ein Rabbi, Pastor oder Priester kam in dem Bild nicht vor.

Die Braut war natürlich ich. Joy wurde mit einem viel zu langen, geblümten Kleid und einem großen Schlapphut aus Stroh zur perfekten Brautjungfer ausstaffiert. An das Kostüm des Bräutigams erinnere ich mich nicht mehr genau. Ich glaube, er trug einen verbeulten Männerfilzhut, der ihm tief übers Gesicht hing und teilweise die Augen bedeckte, und eine etwas ausgefranste Seidenkrawatte. Ich war prächtig geschmückt mit zwei Spitzengardinen, eine auf dem Kopf, die andere um den Leib geschlungen und an meinem deutschen Spielanzug festgesteckt. Feierlich schritten wir die ganze Rasenfläche entlang. Joy trug gehorsam die Vorhangschleppe, die ich hinter mir herzog, und musste nur ein paarmal erinnert werden: «Halt sie hoch … halt sie hoch.» Raymond und ich schritten Hand in Hand voran, während ich zu allen Einzelheiten genaueste Anweisungen erteilte und Peter den Hochzeitszug aufgeregt umkreiste.

In den ersten Wochen meines Lebens bei den Dodds setzte sich Uncle nach seinem Mittagessen immer an den Kamin und hörte sich die Nachrichten im Radio an, bevor er über die Straße zurück in sein Geschäft ging. Ich kletterte dann auf seinen Schoß und saß ganz still in der friedlichen, entspannten Atmosphäre. Diese trauliche Erinnerung hebt sich von einem späteren Familienritual ab. Am Ende des Tages saßen Auntie und Uncle in ihren Sesseln zu beiden Seiten des Kamins und hörten Radio oder lasen Zeitung. Wenn es für mich Zeit zum Schlafengehen war, ging ich, wie es von mir erwartet wurde, zu jedem von ihnen hin, um Gute Nacht zu sagen und ihnen einen Kuss auf die Wangen zu geben. Einen Kuss zurück gab es nicht, auch keine Umarmung oder ein Lächeln. Auntie sagte nur: «Gute Nacht, träum süß» – es waren mechanische Worte und Gesten ohne Herzlichkeit und Gefühl. Wie kam es, dass wir uns so voneinander entfernt hatten? War es meine innere Zurückgezogenheit, oder waren sie enttäuscht davon, wie ich mich entwickelte? Ich weiß es nicht.

Auntie hatte einen Vorrat an alten Sprichwörtern für den Alltag. Wenn ich bei Tisch zu gesprächig war, hieß es: «Kinder sollte man sehen und nicht hören.» Dienstags war Putztag, und in den Schulferien half ich ihr dabei. Wenn ich es versäumte, die dicken gedrechselten Tischbeine abzustauben, bekam ich zu hören: «Es lohnt sich, eine lohnende Aufgabe gut zu machen.» Wenn ich aufgeben wollte: «Wirf die Flinte nicht gleich ins Korn!» Ich lehnte mich stumm dagegen auf.

Schmeck den Unterschied

Ein Kind, das leckeres, vertrautes Essen bekommt, fühlt sich geborgen und geliebt.

An meine ersten Begegnungen mit dem englischen Essen habe ich die seltsamsten Erinnerungen. Tee trinken war eine Qual. Ich kannte Tee als duftendes, delikates Getränk, das mit Zitrone verdünnt wurde. Die Worte «tea» und «Tee» hörten sich für mich gleich an, als wäre völlig klar, was damit gemeint ist. Doch was ich dann schmeckte, war ein starkes, bitteres Gebräu, das durch den Zusatz von Milch noch scheußlicher wurde. Auf der Suche nach einem vertrauten Geschmack überredete ich Auntie, mich eine Scheibe rohen Speck essen zu lassen, was bestätigte, dass meine Mutter ihre «unkoschere» Vorliebe für geräucherten Schinken an mich weitergegeben hatte. Ich kaute endlos auf dem salzigen, rohen Speck herum, aber er erinnerte nur ganz weit entfernt an die unerreichbare Heimat. Der Senf kurierte mich dann von meiner rastlosen Suche. Es muss wohl eine köstliche Leckerei gewesen sein, sich den wunderbar milden deutschen Senf auf eine Scheibe herzhaften Roggenbrots zu streichen. Ich versuchte es mit ei-

ner hauchdünnen Schicht englischen Senfs auf einer Scheibe Weißbrot, und mir explodierten die Nase und der ganze Kopf!

Manchmal wurde das gemeinsame Essen zu einem regelrechten
Kampf. Vielleicht gehörte die strikte Anwendung von Regeln zur Philosophie der Dodds, was die Erziehung eines Problemkindes anging.
Möglicherweise war mein Ruf als «schwieriges Kind» mitverantwort-
lich für die strenge Kontrolle. In jenen ersten Wochen saß ich manchmal noch stundenlang am Tisch, nachdem die Essenszeit längst vorüber war, bis ich auch den letzten Bissen aufgegessen hatte. Ich hasste
gekochten Kohl. Doch ganz allmählich lernte dieses verwöhnte Kind,
seinen Ekel zu kauen und herunterzuschlucken.

Rationskarten

Die Rationierung im Krieg betraf uns alle. Wir gingen sehr behutsam
mit den begrenzten Vorräten an Kleidung, Benzin und Lebensmitteln
um. Meine Eltern waren gegenüber auf der anderen Seite des Ärmelkanals, so nah und doch so fern – ich hatte keine Ahnung von ihren
Entbehrungen und dem Hunger und der Kälte, die sie erlitten. Unser
Leben in der 167 Coventry Road verlief in sehr geordneten Bahnen.
Jede Woche ging ich am selben Tag vor der Schule mit Auntie zu Pattersons*. Wir gingen mit einem Korb zur Gartentür hinaus und über die
belebte Straße, bogen dann links in die Hayes Lane ein und gingen an
den gemeindeeigenen Wohnhäusern vorbei. Am Ende der Gasse öffneten wir eine Tür. Eine Glocke erklang, und wir betraten das winzige
Lebensmittelgeschäft.

Mr. und Mrs. Patterson waren ein freundliches, älteres, rundliches
Ehepaar. Beide waren Experten darin, den dünnen Käsekeil, den man
für drei Rationskarten bekam, so zu schneiden, dass nichts verloren
ging. Mit größter Sorgfalt schaufelten sie den Zucker aus einem Sack
in eine Papiertüte. Mr. Pattersons tiefe, polternde Stimme klingt mir
heute noch in den Ohren. Ich erinnere mich nicht daran, ihre erwach-

sene Tochter Kate je gesehen zu haben, aber viele Jahre später würde ich erfahren, dass sie mich gesehen hatte und sich an mich erinnerte.

Eine ungeschickte Frage

An einem kühlen Morgen 1939, als mein erster englischer Sommer zu Ende ging, klopfte es an unserer Haustür. Noch heute sehe ich vor meinem geistigen Auge die Stelle auf der Straße, wo ich aufblickte und zu meiner Beruhigung Pat vor mir sah, ein hochgewachsenes Mädchen, das mich mit zu meinem ersten Tag in der Exhall Council Junior School nahm. Ich saß neben ihr an dem großen hölzernen Pult und ließ meine Beine baumeln, weil sie noch nicht ganz bis auf den Boden reichten. Die Lehrerin sagte: «*Draw a margin* – zeichnet einen Rand.» – «Was ist ein *margin?*», flüsterte ich. Pat fand das so lustig, dass sie die Hand hob und die Lehrerin und die Klasse an meiner lustigen Frage teilhaben ließ.

Ehe ich mich's versah, saß ich in einem anderen Klassenzimmer an einem kleineren Pult. Dass meine unzulänglichen Sprachkenntnisse aufgedeckt worden waren, hatte gute Folgen. Ich wurde in Mrs. Farrells* Klasse versetzt. Als ich das letzte Mal Exhall besuchte – es war 2007, glaube ich –, traf ich zufällig unseren alten Nachbarn David Gibson*. Er freute sich sehr darüber, in den Geschichten aus der Vergangenheit zu schwelgen, und er erinnerte sich daran, wie Mrs. Farrell sich um jeden ihrer Schüler kümmerte und wie sehr sie dafür geliebt wurde. Die aufbauende Atmosphäre in ihrem Klassenzimmer und die Geschichten, die sie uns am Ende des Schultages vorlas, stimulierten meine Fantasie und weckten in mir die Freude an Worten und Bildern.

A'peth o'suck

Abgesehen von dem Fauxpas mit *«margin»* an meinem ersten Schultag nahm ich den englischen Wortschatz, den ich brauchte, wie durch Osmose auf. Ach, aber dann war da noch das Erlebnis im Dezember 1939, als ich mich mit meiner Klasse aufstellte, um Weihnachtslieder zu singen. Die anderen kannten die Texte alle auswendig und brauchten keine Bücher. Ich dagegen machte beschämt den Mund auf und tat nur so, als ob ich mitsänge. Noch heute versuche ich mit großer Intensität, die Atmosphäre zu erspüren, wenn ich mit anderen zu tun habe.

Großbritannien ist reich an regionalen Dialekten, und jede kleine Gegend hat ihre einzigartige Aussprache und ihre besonderen Wörter. In Exhall sprachen wir den Dialekt, der für die Umgebung von Coventry typisch ist. *«We speak with an accent exceedingly rare»*, lautet eine Zeile in einem alten Lied aus Coventry. Auf dem Weg in die Schule machte ich immer Halt in dem kleinen Laden an der Ecke und trat zwischen den Kartons voller Kohlköpfe und Rüben ein. Die Glocke ertönte, und die Verkäuferin schaute mich über den Tresen hinweg an und sagte: *«'Ello, luv»*, worauf ich erwiderte: *«A'peth o'suck.»* (Zu Deutsch: Süßigkeiten für einen halben Penny.) Das leckerste *suck* und ein echtes Schnäppchen obendrein war eine drei Zoll lange Papierrolle, gefüllt mit einem Pulver, das man durch das schwarze Lakritzröhrchen, das oben hervorschaute, heraussaugen konnte. Das Pulver schmeckte süß, prickelnd und schaumig, wenn es auf die Feuchtigkeit meiner Zunge traf. Eine kluge Investition, denn das Pulver hielt lange vor, und als zusätzlichen Bonus konnte man dann noch den Lakritzstrohhalm kauen.

Ein Loch im Herzen

An einem besonderen Tag 1940, vielleicht kurz vor den Sommerferien, durfte unsere Klasse ein Lieblingsspielzeug mit in die Schule bringen. Meine Wahl fiel natürlich auf die große Puppe in ihren herrlichen Kleidern, diejenige, um die ich mir an meinem ersten Tag in England so große Sorge gemacht hatte. Ich sehe noch genau vor mir, wie ich über den Pausenhof ging und die riesige Zelluloidpuppe vorsichtig im Arm trug. Doch mein Weg führte etwas zu nah an den großen Jungen und ihrem ausgelassenen Spiel vorbei. Plötzlich brach die Katastrophe herein! Die Puppe flog mir im hohen Bogen aus dem Arm und schlug mit dem Kopf auf dem Betonpflaster auf. Ich weinte, als ich sie aufhob und das große Loch in ihrem Kopf sah.

Warum steigen immer solche schmerzlichen Erinnerungen auf, wenn ich meine Kindheit schildere? Vielleicht haben sich die vielen kleinen Verluste in meinem Herzen festgesetzt, weil ich es versäumte, um die große Verletzung zu trauern.

9.
Der Hut in der Einkaufstasche

en ganzen Tag über saß ich in dem stillen Klassenzimmer. Nur das Kratzen der Füller, akzentuiert durch ein gelegentliches Rascheln oder Husten, war zu hören, bis eine Stimme uns aufschreckte und verkündete: «Füller hinlegen, die Zeit ist um.»

Ein Raum voller angespannter zehn- bis elfjähriger Kinder quetschte das letzte Gramm ihres begrenzten Wissens heraus, und wenn die Tube leer war, dann wurde geraten, so gut es ging. Der Rest unseres Lebens würde von diesem Tag geprägt sein. Isoliert in den Reihen saßen wir an unseren mit weitem Abstand aufgestellten Pulten und absolvierten den Test für ein Stipendium. In Großbritannien hing damals für die meisten Kinder eine höhere akademische Bildung davon ab, ob sie ein Stipendium erringen konnten. Dies war unsere einzige Chance, wenn unsere Eltern sich die Schulgebühren nicht leisten konnten. Wer weder Geld noch Stipendium hatte, kam auf eine Gesamtschule, und damit war der Weg aufs Gymnasium oder auf die höhere Schule versperrt.

Das Mittagessen war die einzige Pause während jenes intensiven Tages in der großen Schule in Ash Green. Ich ging mit Diana, die ganz in der Nähe wohnte, zu ihr nach Hause. Da ihre beiden Eltern berufstätig waren, machte sie sich ihr Mittagessen selbst. Meist bestand es aus einem gekochten Ei. Ich aß mein Sandwich mit kaltem Fleisch, das vom Sonntagsbraten übrig geblieben war. Sie brachte mir bei, aus einem Löffel dunkelroter Brombeerkonfitüre und heißem Wasser ein heißes Getränk zu brauen – es kam mir ungemein exotisch vor! Es war Krieg. Wir waren von Einschränkungen eingekreist.

Die akademische Tür öffnet sich

Ich kämpfte mich durch endlose Texte und Zahlen. Leichter wurde es am Nachmittag, als wir angewiesen wurden, einen Aufsatz zu schreiben. Ich suchte mir aus den angebotenen Themen «Die Geschichte einer Reise» aus und verlor mich in einer mysteriösen Bootsfahrt auf dem Rhein. Wahrscheinlich gab dieser Aufsatz den Ausschlag. Der Exhall Council Junior School stand ein Stipendium zu – nur eines. Ein Junge und ich hatten denselben Punktestand; wahrscheinlich war er gut in Mathematik. Aufgrund seines Alters konnte er die Prüfung im folgenden Jahr noch einmal ablegen, aber ich war dafür zu alt. So öffnete sich für mich die begehrte Tür zur Nuneaton High School for Girls.

Vielen Kindern des Kindertransports gingen Bildungsmöglichkeiten verloren, und man sollte meinen, dass dieses seltene Geschenk einer höheren Schulbildung mich inspiriert hätte, mir Mühe zu geben und gute Leistungen zu bringen. Doch nach der anfänglichen bangen Erwartung und Begeisterung für das Neue gewöhnte ich mir an, so wenig Hausaufgaben zu machen wie möglich und nur dann zuzuhören, wenn der Lehrer interessant und selbstsicher war.

Wir mussten Schuluniformen tragen. Am ersten Schultag zeigte sich, dass alle anderen Mütter für ihre Kinder ein Barett von der Liste ausgesucht hatten, während ich einen Filzhut mit Krempe und Hutband trug. Ich sah anders aus als die anderen, was für eine Schmach! Unterwegs mussten wir an Schultagen immer einen Hut oder eine Mütze tragen. Nach Aunties Meinung beugte ein Hut, der den Kopf vollständig bedeckte, Krankheiten vor, zum Beispiel einer Erkältung. Also musste ich das scheußliche Ding sogar samstags tragen, wenn ich mit dem Bus nach Bedford fuhr, um Fleisch für den Sonntagsbraten zu kaufen. Der Bus hielt an dem Metallgeländer, das die Armenhäuser in der Ortsmitte umgab. Von dort ging ich den kurzen Weg zum Metzgergeschäft und stopfte unterwegs den Hut in die Einkaufstasche. Ich war sehr angetan von dem Gesellen des Metzgers. Er hieß Melvyn und war ein Amateurboxer. Ich freute mich immer schon auf die Worte, die wir wechseln würden, wenn ich die Scheine und Münzen abzählte, und fühlte mich zugleich unbehaglich bei dem Druck, ganz «normal» zu wirken, und der Unaufrichtigkeit, mit der ich «die Regeln brach».

Die dunkelste Erinnerung aus jenen Jahren auf dem Gymnasium war der Tag, an dem ich Hilda Boyle* mit einem Knochen aus der Biologiesammlung in der Hand immerzu um den grasbewachsenen Sportplatz jagte. Meine Klassenkameradin Hilda war ein dünnes, blasses Mädchen – nervös und zerbrechlich. Ich terrorisierte sie. Wie konnte ein Kind, das selbst unter Diskriminierung und Verachtung gelitten hatte, so etwas tun? Ich glaube, als Verfolgter wird man nur zu leicht zum Verfolger und als Ohnmächtiger zu einem, der diejenigen misshandelt, die noch schwächer sind. Oh Herr, vergib. Segne Hilda Boyle und heile sie von dem Schaden, den ich ihr zugefügt habe.

Sheila Deeming war ein heller Lichtstrahl in meinem Leben an der Nuneaton High School for Girls. Sie war eine treue, liebevolle beste Freundin. Kürzlich haben wir nach 65 Jahren wieder Kontakt zueinander gefunden. Sie schrieb mir: «Als Mädchen habe ich es nie gewagt, Dich zu fragen, ich hatte kein Ahnung, wie schrecklich die Situation in Europa war, und ich wollte Dir einfach nicht zu nahe treten und Dich womöglich zum Weinen bringen. Irgendwie war es tabu – niemand redete darüber – wie so viele Dinge damals.» Auf meine Frage «Wie war ich damals?» antwortete sie: «In Dir war eine tiefe Traurigkeit.»

Ich fragte sie, ob sie sich noch daran erinnerte, wie unsere Schulleiterin Miss Kerr* sie wegen unserer Freundschaft gewarnt hatte. Sie hatte es vergessen. In meiner Erinnerung kam es einmal zu einer Szene, bei der Miss Kerr, eine hochgewachsene, stattliche, knochige Frau mit Adlernase und grauem Haarknoten im Nacken Sheila zur Seite nahm, sich zu ihr herabbeugte und ihr leise nahelegte, sich doch lieber eine andere Freundin zu suchen. Was war wohl die Ursache für diese Warnung? War mein eigenes schwieriges Verhalten der Grund, oder entsprang sie einem gewissen Klassendenken? Sheilas Großvater war ein angesehenes Mitglied der Stadtverwaltung von Nuneaton und besaß ein großes, bekanntes Metzgereigeschäft. Oder war mein deutsch-jüdischer Hintergrund die Ursache? Ich war das einzige «ausländische» Kind, das die Nuneaton High School besuchte. Sheilas Reaktion auf die Geschichte war: «Nun ja, das hat uns nicht abgehalten, nicht wahr?» Sie fügte hinzu, dass Miss Kerr, die damals kurz vor der Pensionierung stand, vermutlich durch die Kriegszeiten manche Bürde zu tragen hatte. Vielleicht war der Ratschlag, den Miss Kerr Sheila gab, durch eine Kombination aus all diesen Einflüssen bedingt.

Besonders viel Spaß machte der Unterricht bei Miss Jacobs, und ihr wollte ich es gerne recht machen. Sie war klein und untersetzt und raffte ihre krausen Haare zu einem kleinen Knoten oben auf dem Scheitel zusammen. Ihr enges, schwarzes Kostüm sah vom ständigen Tragen glänzend und grau aus. Sie lehrte voller Enthusiasmus englische Literatur, indem sie uns die Kraft kreativer Worte spüren ließ. Shakespeare studierten wir, indem wir uns selbst in das Drama hineinstürzten und Szenen im Klassenzimmer nachspielten. Mein Lieblingsstück war *Der Widerspenstigen Zähmung*. Ich hielt den Atem an, wenn die Rollen verteilt wurden. Unbewusst lechzte ich danach, meiner Feindseligkeit durch die Worte der widerspenstigen Katharina Luft zu machen.

Der Krieg war vorbei

Der Krieg war vorbei. In Großbritannien brach erleichterter und froher Jubel los. Es war 1945, und ich befand mich im dreizehnten Lebensjahr, als der Brief vom Roten Kreuz eintraf, der mich über das Schicksal meiner Eltern informierte. Ich las die Worte, aber ich verweigerte mir jede emotionale Reaktion darauf. Ich konnte die Bitterkeit nicht herunterschlucken. Meine Eltern waren tot. Ich verschloss mein Herz und wandte mich ab. Hinter der inneren Barrikade, die ich in mir errichtete, glaubte ich mich geschützt vor dem unerträglichen Schmerz meines Verlustes.

Noch heute erinnere ich mich an ein Lied, das ich in meinen frühen Teenagerjahren zum ersten Mal hörte. Ich sehe mich wieder unter dem Tisch knien und die Beine abstauben. Ich halte inne und lausche. Paul Robesons tiefe, volle Stimme strömt aus dem Radio. Er drückt meinen eigenen, stummen Aufschrei aus –

Ah gits weary
An' sick of tryin'
Ah'm tired of livin'
an' skeered of dyin'
But ol' man river
He jes' keeps rollin' along. [111]

Ich werde matt
und mag mich nicht mehr abmühen.
Ich bin müde vom Leben
und habe Angst vorm Sterben,
doch der Fluss, der alte Mann,
er zieht einfach immer weiter.

Von therapeutischen Gesprächen, Trauerarbeit oder auch nur der Ermutigung dazu, der Traurigkeit Ausdruck zu geben, war in jener traurigen Zeit kaum jemals die Rede. Ich muss schwer depressiv gewesen sein, wenn ich mich so stark mit Worten wie «müde vom Leben» und «Angst vorm Sterben» identifizieren konnte. Ich fand einen Bezug zu der Gleichgültigkeit, die den Sänger umgab, den Mississippi, der einfach immer weiterzog. Ich war passiv und fatalistisch, aber stoisch entschlossen weiterzugehen. Weil ich damit rechnete, nur enttäuscht zu werden, schärfte ich mir selbst ein, ja nichts Angenehmes oder Gutes vom Leben zu erwarten.

Wie wurde ich damit fertig?

Noch eine Erinnerung blitzt auf

Ich weiß noch, wie ich einmal ganz allein im Vorderzimmer zwischen den dunklen Holzmöbeln und den schweren Sesseln in marineblauem Samt mit goldenen Tupfen saß. Mein Blick fiel auf ein altes Gesangbuch. Ziellos begann ich darin zu blättern und suchte mir eine Komposition von Horatius Bonar aus, weil die Noten an der Stelle unkompliziert aussahen.

Ich setzte mich auf den Klavierhocker, spielte mit den Fingern meiner rechten Hand die Melodie, schön kräftig und laut, um meinen schiefen Gesang zu übertönen:

I heard the voice of Jesus say, «Come unto Me and rest;
Lay down, thou weary one, lay down thy head upon My breast.»
I came to Jesus as I was, weary, worn and sad;
I found in Him a resting place, and He has made me glad.

I heard the voice of Jesus say, «Behold, I freely give
The living water, thirsty one, stoop down, and drink and live.»
I came to Jesus, and I drank of that life-giving stream;
My thirst was quenched, my soul revived, and now I live in Him.

I heard the voice of Jesus say, «I am this dark world's Light;
Look unto Me, thy morn shall rise, and all thy day be bright.»
I looked to Jesus, and I found in Him my Star, my Sun;
And in that light of life I'll walk, 'til travelling days are done.

Ich hörte die Stimme Jesu sagen: «Komm zu mir und ruh dich aus;
Leg, der du matt bist, leg deinen Kopf an meine Brust.»
Ich kam zu Jesus, wie ich war, erschöpft, geplagt und traurig;
Ich fand bei ihm einen Ruheort, und er hat mich froh gemacht.

Ich hörte die Stimme Jesu sagen: «Siehe, ich gebe dir umsonst
Das lebendige Wasser, du Durstiger, beug dich herab, trink und lebe.»

Ich kam zu Jesus, und ich trank von jenem Leben spendenden Strom;
Mein Durst wurde gestillt, meine Seele belebt, und nun lebe ich ihn
ihm.

Ich hörte die Stimme Jesu sagen: «Ich bin das Licht dieser dunklen
Welt;
Sieh nur auf mich, dein Morgen geht auf, und dein ganzer Tag wird
hell sein.»
Ich sah auf Jesus, und ich fand in ihm meinen Stern, meine Sonne;
Und in diesem Tageslicht werde ich wandeln, bis meine Wander-
schaft vorüber ist.[112]

Als Teenager war ich berührt von der melancholischen Melodie und
den Worten «matt … erschöpft … traurig … diese dunkle Welt … Wan-
derschaft». Die Musik drang bis zu meinen unterdrückten Emotionen
vor, und ich hatte das seltene Erlebnis, meine Gefühle tatsächlich zu
spüren.

Ich kann mich nicht erinnern, den Namen «Jesus» in Gemünd je gehört zu haben. In der Synagoge, die ich am Sabbat mit meinem Vater
besuchte, oder wenn wir zu Hause jüdische Feiertage wie den Sederabend zum Passahfest feierten, fiel zwar das Wort «Messias», aber der
Name «Jesus» wurde nicht ausgesprochen.

Doch nach etwa sechs Jahren in England war mir der Name «Jesus»
vertraut. In der Schule hatte ich alle Weihnachtslieder gehört. Und
während jener langen Sonntagsversammlungen der Christadelphians
muss mir sein Name ständig in den Ohren geklungen haben. Doch obwohl ich mich an den Klang des Namens gewöhnt hatte, blieb die Person Jesu für mich nebelhaft und unwirklich – eine ferne Gestalt, die
am Rande meines Bewusstseins schwebte. Als ich nun dieses Lied
sang und die Strophen etliche Male wiederholte, löste seine Einladung,
zu ihm zu kommen, in mir eine tiefe Sehnsucht nach der Zärtlichkeit
und Liebe aus, die er anbot. Doch ich wusste nicht, wie ich, abgesehen

von meinem kurz aufflackernden tiefen Verlangen, darauf reagieren sollte.

Die Schultür schließt sich

Der unerhörte Gedanke, dass Lernen Spaß machen und Befriedigung schenken konnte, dämmerte mir in meinem fünfzehnten Lebensjahr, und ich fing an, aus lauter Freude daran mehr zu lesen, als ich musste, und gute Aufsätze zu schreiben. Doch just zu dieser Zeit gaben mir Auntie und Uncle zu verstehen, dies werde mein letztes Schuljahr sein und ich müsse mir eine Stellung suchen …

Was wollte ich außer studieren und lernen sonst noch tun? Ich hatte keine Ahnung. Potenzielle Arbeitgeber kamen in unsere Klasse und stellten sich uns Schulabgängern vor. Ich entschloss mich, in den öffentlichen Dienst zu gehen. Warum? Weil dort ein sicherer Arbeitsplatz und eine Altersversorgung geboten wurden. Stellen Sie sich eine Sechzehnjährige vor, die sich wegen der Pensionsansprüche für einen Berufsweg entscheidet! So tief saßen meine Angst und Unsicherheit.

Meine Kolleginnen standen manchmal beisammen und rauchten, eine gesellige Gruppe, und ich blieb am Rande als die Neue. Ich war Bürokraft beim National Assistance Board. Winston Churchill war es nicht gelungen, sich nach dem Krieg erneut zum Premierminister wählen zu lassen. Die Labour Party hatte die Konservativen abgelöst, und sozialen Belangen wurde nun neue Aufmerksamkeit zugewendet. Ich lauschte dem lockeren Geplauder der anderen, die sich gut kannten. An einem Tag machte jemand einen Witz. An die Worte oder Bilder kann ich mich nicht mehr erinnern, aber der Inhalt war antisemitisch gefärbt. Ich zuckte zusammen und blieb weiterhin unbehaglich zurückgezogen, stumm wie eine Spionin, die sich hinter einem falschen Alibi verbarg.

Meine Aufgabe beim National Assistance Board bestand darin, Leute zu befragen, die juristische Hilfe beantragten. Die meisten Klienten wollten vom Staat finanzielle Unterstützung für die juristischen Kosten einer Ehescheidung, und um ihre Berechtigung festzustellen, musste ich ihnen aufdringliche Fragen stellen.

Irgendwann wachte ich auf und begriff, warum ich mich als Beamtin nicht wohlfühlte – ich war einfach am falschen Platz.

10.
Angst vorm Fliegen

s war, als ob ich aus einem langen, tiefen Schlaf erwachte und meine Augen sich blinzelnd ans Tageslicht gewöhnten. Plötzlich konnte ich das Offensichtliche sehen: Ich war völlig fehl am Platz bei meiner Arbeit unter Beamten, die sich offenkundig wohlfühlten und in ihrer Arbeit im öffentlichen Dienst Befriedigung und Erfüllung fanden. Die beängstigende Frage «Was möchte ich wirklich tun?» hing in der Luft. Meine innersten Wünsche waren lange Zeit von einer dicken Schicht Narbengewebe überdeckt gewesen. Ich füllte weiter die Formulare aus, rechnete Einkommen gegen absetzbare Ausgaben und stellte Leuten in Not bohrende Fragen, während in meinem eigenen Leben ein seltsames Wechselspiel flackernder Signale mein Abwehrsystem durchdrang und ich Stück für Stück dazu angestachelt wurde, mich aus meinem eingeschränkten Lebensrahmen zu befreien. Dann kam ein Zeitraum von sieben Tagen, in dem mehrere bemerkenswerte Ereignisse meinen langweiligen Alltag durchbrachen.

Allein

Ich war allein in der 167 Coventry Road. Auntie und Uncle waren im Urlaub in Morecambe an der nordwestenglischen Küste. Als ich eines Morgens das Haus verließ, um wie üblich mit dem Bus nach Coventry zur Arbeit zu fahren, hob ich einen rechteckigen Umschlag von der Fußmatte auf. Er sah nach einem offiziellen Schreiben aus dem Ausland aus. Mit zitternden Fingern riss ich den Umschlag auf, zog das gefaltete Blatt heraus und las es. Der deutsche Staat hatte mir eine Geldsumme als Entschädigung für den Tod meiner Eltern zugesprochen. Unerfahren, wie ich war, kam mir der Betrag riesig vor. In Wirklichkeit war er recht gering.

Während ich noch das frische Aufflackern der Trauer über den Tod meiner Eltern verarbeitete, musste ich noch einen weiteren Schlag einstecken – eine Trennung. Bill Pritchard* und ich hatten uns bei einer Versammlung der Christadelphians in Coventry kennengelernt. Zum ersten Mal verabredet hatten wir uns zum Nachmittagstee im Tea Room in Leamington Spa. Bill fuhr ein weißes Cabrio, ein ungewöhnlicher Luxus im England der Nachkriegszeit in den frühen 1950ern. Er war mein erster Freund. Die Pritchards genossen dank des Schrottmetallbetriebs, den sie als Familie besaßen, einen wohlhabenden Lebensstil. Bill war der Jüngste. Seine Geschwister, zwei Brüder und die Schwester Eileen, waren schon verheiratet. Als ich in dem eleganten Tea Room an dem mit Damast gedeckten Tisch saß und den hochgewachsenen, blonden, selbstbewussten jungen Mann mit den markanten Zügen ansah, der mir gegenübersaß, fühlte ich mich aus meinem öden und genügsamen Dasein herauskatapultiert.

In jener Zeit bedeutete eine solche Freundschaft, dass man ans Heiraten dachte, und Bill und ich gingen schon seit einigen Monaten miteinander aus, als mir der Brief aus Deutschland in den Schoß fiel. In derselben Woche gab Bill mir zu verstehen: «Es ist aus … vorbei.» Er sagte mir: «Du bist emotional unerreichbar.» Ich empfand die Trennung als unerträglich. Ich war ein heulendes Elend. Vom Essen wurde mir nur schlecht; die Welt verlor alle Farbe; und die Zukunft sah trostlos aus.

Nachts, allein im Haus, lag ich wach und dachte über das Leben nach. Auf die Familie konnte ich meine Hoffnung auf beständige Liebe und Geborgenheit nicht setzen. Und Geld? Geld würde den Hunger meines Herzens nicht stillen.

Allmählich verstummte das ständige Rumpeln des Verkehrs auf der Hauptstraße unter meinem Schlafzimmerfenster. Langsam kam die Nacht zur Ruhe. In der Stille kam mir ein einfacher Gedanke in den Sinn: «Ich brauche Gott.»

«Aber wie kann ich ihn erreichen?» Es kam mir vor, als führte ich einen Dialog.

Dann hörte ich eine ganz deutliche Antwort auf meine Frage. Und sie lautete: «Jesus ist die Brücke.»

«Ja», erwiderte ich.

Am nächsten Tag folgte ich meinen vertrauten, alltäglichen Abläufen: Frühstück, Busfahrt, Schreibtisch, Befragungen, Berichte, Mittagessen, Berechnungen, Busfahrt, Abendessen – doch an die Stelle meines Elends war ein echter, greifbarer Trost getreten.

Leider versickerte die Lebenskraft, die meine neue Erkenntnis mir verschaffte, allmählich wieder, und ich blieb trocken und … ausgedörrt zurück. Die religiöse Umgebung, in der ich mich befand, trug mit zu dieser Dürre bei. Ich war so oft vor den Irrtümern all jener gewarnt worden, die nicht den Überzeugungen der Christadelphians anhingen, dass in meinem ängstlichen Denken kein Platz dafür war, jenseits meiner eingeengten Umgebung nach einer dauerhaften Beziehung zu Gott zu suchen.

Warten

Einige Wochen später stand ich allein vor dem Bahnhof Flint in Nordwales und wartete auf ein Auto, das mich zu einer Gruppe junger Christadelphians abholen sollte. Es kam jedoch niemand, und ich hatte keine Ahnung, wie ich den Versammlungsort erreichen sollte. Ich wusste nicht einmal die Adresse. Aufmerksam las ich die Anweisungen noch einmal durch. Eine Stunde oder mehr verbrachte ich in angespanntem Warten. Vielleicht wurde meine Nervosität durch meine früheren Erlebnisse mit Bahnhöfen noch gesteigert. Während ich dort stand, hatte ich Gelegenheit zum Nachdenken. Normalerweise hätte ich nach Ablenkungen gesucht, um alle grüblerischen Anwandlungen zu vertreiben. Nun jedoch hatte ich nichts zu tun, außer zu warten, und nichts lenkte mich ab. Ich richtete meinen Blick nach innen: «Ich bin innerlich tot. Ich beteilige mich zwar an religiösen Aktivitäten, aber ich bin nicht lebendig.» Wieder dachte ich zurück an die Nacht, in der ich die Brücke zu Gott gesehen hatte, und ich fragte mich: «War das eine echte Begegnung?» Und dann stellte ich Gott dort auf der Straße ein Ultimatum. «Wenn nicht diese Woche noch etwas passiert, was mir zeigt, dass du wirklich da bist, mache ich mich aus dem Staub.»

Schließlich kam doch noch jemand, und ich stieß zu der kleinen Gruppe. Ein junger Mann erzählte mir von seinen Freunden an der Universität – Freunde, die ganz und gar lebendig waren und ihm von der Wiedergeburt durch den Heiligen Geist erzählten. Seine Worte klangen lange in mir nach. Gleichzeitig war mir klar, dass ich, wenn ich diesem Weg folgte, vertraute Überzeugungen hinter mir lassen und unbekanntes Land betreten würde. Ich fürchtete mich vor dem Verlust aller Geborgenheit. Im inneren Aufruhr meiner Gedanken sagte ich zu Gott: «Wenn das wahr ist, dann gib mir Frieden.» Und die Verwirrung und Aufgewühltheit schmolzen dahin, wie ich es nie erwartet hätte, und eine gelassene Ruhe zog in meine Seele ein.

Aufbruch

Infolge meiner unverschämten Forderung am Bahnhof von Flint fand ich irgendwie den Mut, den Schritt ins Unbekannte zu tun und meinen sicheren goldenen Käfig zu verlassen. Ich kehrte dem öffentlichen Dienst den Rücken und begann eine Lehrerausbildung. Warum entschied ich mich gerade für den Lehrerberuf? Ich wollte studieren, und die nötigen Qualifikationen fürs Teacher Training College hatte ich. Zu jener Zeit brachte die Labour Party viele Gesetze auf den Weg, die für Leute aus den unteren sozialen Schichten vorteilhaft waren. Als ich mein regelmäßiges Einkommen aufgab, um mich weiterzubilden, kam mir diese Großzügigkeit zugute. Für meine Ausbildung, Essen und Unterkunft war vollständig gesorgt. Darüber hinaus erhielt ich ein kleines Stipendium.

Bisher hatte ich weiter bei Auntie und Uncle gewohnt. Als ich mich in das Abenteuer einer akademischen Ausbildung stürzte, gab mir Uncle zu verstehen, ich dürfe von nun an jederzeit zu Besuch kommen, aber mein «Zuhause» würde nun nicht mehr bei ihnen sein. Innerlich war ich bestürzt – wieder einmal musste ich erleben, dass ich fortgeschickt wurde. Heute sehe ich es anders. Indem sie mich aus einem unbequemen Nest stießen, taten sie mir einen Gefallen. Es war Zeit zu fliegen! Es ging weiter auf der Reise zu einer authentischen Persönlichkeit. Ich ließ den Namen Hanna Dodd zurück, den ich als Decknamen für die Kriegszeit angenommen hatte, und nannte mich wieder mit meinem ursprünglichen Familiennamen – Hanna Zack. Heute, nach all diesen Jahren, kann ich William Henry und Louisa Dodd die Ehre erweisen für ihren mutigen Schritt, in gefährlicher Zeit ein deutsch-jüdisches Kind bei sich aufzunehmen und für es zu sorgen, so gut sie konnten.

College

Im krassen Gegensatz zur Apathie meiner Zeit auf der höheren Schule stürzte ich mich in mein Studium mit grenzenloser Begeisterung. Nach der Hälfte meines letzten Lehrerpraktikums ließ mich meine Pädagogikprofessorin zu einem Gespräch zu sich kommen. Ich war einer Schule mit mangelhaften Leistungen und einer schwierigen Klasse zugewiesen worden. Ich beschwerte mich darüber. Ihre Antwort lautete: «Miss Zack, Sie sind sehr ehrgeizig.» Sie sah mich dabei freundlich an, aber hörte ich da nicht einen warnenden Unterton in ihrer festen Stimme? Ich verließ das Büro meiner Professorin tief in Gedanken über das unerwartete Geschenk, das sie mir gegeben hatte: Selbsterkenntnis.

Unter meiner Oberfläche flossen Anspannung, Angst und Zweifel wie ein unterirdischer Strom. Hatte ich das Zeug dazu, diese Ausbildung zu Ende zu führen? Die Vorlesungen und die Lektüre in Erziehungs-psychologie brachten mich dazu, meine Begegnungen mit Gott in-frage zu stellen. Ich hatte diese Momente des Austauschs für authen-tisch gehalten und ihre heilsamen Wirkungen erlebt. Hatte ich mich am Ende doch nur an eine emotionale Krücke geklammert? Waren die Momente, in denen ich der unsichtbaren Wirklichkeit begegnet war, nur flüchtige Empfindungen gewesen? Waren sie bloß ein Produkt meiner inneren Not?

Meine Fragen in Bezug auf Gott wurden bald erstickt. Die Freude über meinen Abschluss wurde überlagert von der täglichen Herausforde-rung, lebendigen Kindern in einem Dorfklassenzimmer gegenüber-zutreten und einen Weg zu finden, ihnen das Lesen, Schreiben, Addie-ren, Subtrahieren und Dividieren beizubringen.

Eine Dorfschule

Ich glaube, ich hatte nur einen Blick für die Aufgabe vor mir und merkte gar nicht, welche Befreiung und Freude mein Alltag als Lehre-rin mit sich brachte. Die Slinfold Church of England Primary School, mitten in dem winzigen Dorf Slinfold in West Sussex gelegen, bestand nur aus drei Klassen.

Ich hatte mich um die Stellung der Lehrerin für die zweite Klasse mit Kindern zwischen sechseinhalb und achteinhalb Jahren beworben und war eingestellt worden. Meine Freundin aus Coventry, Shirley Webb, deren Idee es gewesen war, unser Glück in Sussex zu ver-suchen, wurde Lehrerin der ersten Klasse. Der Schulleiter, Mr. Knight*, unterrichtete die «Oberklasse». Er hatte den Vorstand gebe-ten, junge Lehrer mit modernen Ideen einzustellen. Bislang waren die Kinder noch im eng umgrenzten viktorianischen Stil unterrichtet worden. So zogen wir nun 1960 gemeinsam in eine Wohnung über dem Zeitungskiosk in Horsham, einem kleinen Ort, vier Meilen von Slinfold entfernt.

Shirley und ich waren Feuer und Flamme für die Freiheit und Gelegenheit, all die Innovationen auszuprobieren, die wir auf dem College kennengelernt hatten. Die Schule war 1849 erbaut worden, und trotz der Einschränkungen unseres räumlichen Umfeldes waren wir motiviert, die Kreativität der Kinder zu fördern. Sogar die befangenen Jungen machten gemeinsam mit den eifrigen Mädchen mit, wenn wir im Speisesaal meine Version von «modernem Tanz» probten. Wir tanzten zu klassischer Musik, die wir nach ihrer lebhaften dramatischen Wirkung aussuchten und auf dem Plattenspieler der Schule abspielten. Während wir sie hörten, schufen wir mit unseren Bewegungen eine Geschichte dazu. Es war ein Riesenspaß, außer bei dem einen Mal, als zwei Jungen, die keine Lust hatten und herumtrödelten, in unserem Klassenzimmer auf der anderen Seite des Schulhofes zurückblieben. Sie fingen eine Rauferei an. Einer der beiden schlug mit dem Kopf gegen eines der schweren Metallbeine des Pultes …

überall Blut,
eine verängstigte Lehrerin der ersten Klasse,
eine Mutter, völlig außer sich,
und ein beruhigender und hilfreicher Schulleiter.

Ich war oft über meine Fähigkeiten und meine Ausbildung hinaus in Anspruch genommen, aber die Freude der Kinder daran, ihrem aufgestauten Verlangen nach Lernen und Entdecken freien Lauf zu lassen, steckte mich an, als wir gemeinsam die Randbezirke der riesigen Welt des Wissens erkundeten. Gleich neben dem engen alten Schulgebäude lockte uns die weite Landschaft von West Sussex, zu kommen und den rhythmischen Wechsel der Jahreszeiten mitzuerleben. Meine Klasse, die sich mit Pflanzennamen und den Gewohnheiten der Insekten gut auskannte, übernahm bei unseren Wanderungen in der Natur die Führung. Wenn wir dann wieder ins Klassenzimmer zurückkehrten, hielten wir unsere Entdeckungen schreibend, zeichnend und zwischen Löschblätter gepresst fest.

Im Rückblick frage ich mich, ob ich jetzt für meine eigene, vielfach unterbrochene Schullaufbahn entschädigt wurde. Ich war sechseinhalb, als ich meine erste Schule in Gemünd verlassen musste. Die jüngsten der Kinder, die mich nun jeden Morgen mit eifrigen Blicken in unserem schmalen, alten Klassenzimmer empfingen, waren ebenfalls sechseinhalb.

TEIL III

«Du berührtest mich»

Spät habe ich dich geliebt, du Schönheit, ewig alt und ewig neu, spät habe ich dich geliebt!

Du warst in mir, aber ich war draußen, und dort habe ich dich gesucht.

Hässlich, wie ich war, stürzte ich mich in die wunderschönen Dinge, die du geschaffen hast. Du warst in mir, aber ich war nicht bei dir. Geschaffene Dinge hielten mich von dir fern; Dinge, die es doch, wären sie nicht in dir gewesen, nie gegeben hätte.

Du aber riefst und schriest, und du durchbrachst meine Taubheit. Du blitztest auf, du leuchtetest, und du vertriebst meine Blindheit. Du hauchtest mich an mit deinem Duft; ich sog den Atem ein, und nun lechze ich nach dir. Ich habe dich geschmeckt, und nun hungere und dürste ich nach mehr.

Du berührtest mich, und ich entbrannte vor Sehnsucht nach deinem Frieden.

«Bekenntnisse», Augustinus, 354–430 n. Chr.[113]

✳

11.
Was hat ein nettes jüdisches Mädchen wie du in der Kirche verloren?

n meinem ersten Jahr als Lehrerin schwankte ich zwischen widerstreitenden Antrieben hin und her. Meinem Drang zum Erfolg und meiner Sehnsucht dazuzugehören standen meine verborgenen Verwundbarkeiten und Versagensängste gegenüber. Ganz allmählich wurde mir die Verhärtung bewusst, die mein Herz gefangen hielt. Manchmal konnte ich mich selbst nicht leiden. Ich war kein «netter» Mensch. Ich gab mir Mühe, ein akzeptables Verhalten an den Tag zu legen, aber gelegentlich entschlüpfte mir ein schroffes Wort, meistens im unpassendsten Moment, ohne dass ich es verhindern konnte. Die Bitterkeit und der alte Groll, die ich in mir verbarg, ließen sich nicht immer im Zaum halten. Wenn ich heute meine alten Erinnerungen Revue passieren lasse, scheint mir, dass mir am meisten mein Mangel an Liebe zu schaffen machte. Mein Exfreund hatte recht gehabt. Ich war emotional unerreichbar. An den meisten Tagen jedoch wich ich solchen Gedanken aus und ging in den alltäglichen Abläufen in der Ruhe der herrlichen Landschaft von West Sussex auf.

Ein ganz gewöhnlicher Tag

An einem frischen Frühlingsmorgen 1961 kamen Shirley und ich aus unserem «Flat», unserer Wohnung im Obergeschoss in der 13 Queen Street in Horsham, Sussex. Wir stiegen die steile, hölzerne Außentreppe hinunter in den winzigen, verbuschten Garten hinter dem Zeitungskiosk, beladen mit unseren Materialien für die Schule. Von dem umwälzenden Moment auf unserer Lebensreise, dem wir entgegengingen, ahnten wir nichts. Wir folgten unserer inzwischen vertrauten Route an den Geschäften von Horsham vorbei. Ich weiß noch, wie ich nach irgendwelchen Veränderungen in den Schaufenstern Ausschau hielt, während wir zur Bushaltestelle gingen, um unsere tägliche Fahrt von Horsham nach Slinfold anzutreten. Es war ein ganz gewöhnlicher Tag wie jeder andere.

Was uns ins Auge sprang, waren die zahlreichen Plakate, die ankündigten, Billy Graham werde vom 29. Mai bis zum 17. Juni in Manchester sein. Großbritannien hatte sich immer noch nicht ganz von den Entbehrungen des Zweiten Weltkrieges erholt, und Graham hatte die Vorstellungskraft der Briten für sich einnehmen können. Und er würde auch in die Kirche St. Mark's in Horsham kommen! So ganz stimmte das freilich nicht – aber an zwei oder drei Abenden würde es eine Übertragung per Überlandleitung von Manchester nach Horsham geben. So etwas wie Satellitenverbindungen gab es ja damals noch lange nicht. Graham erwähnt in seiner Autobiografie, «dass während des Zweiten Weltkrieges die Post telefonähnliche Nachrichtenleitungen durch das ganze Land verlegt hatte».[114] Diese Überlandleitungen, die ursprünglich dafür eingerichtet worden waren, Kriegsnachrichten in der wachsamen britischen Bevölkerung zu verbreiten, sollten nun die Worte des 43-jährigen amerikanischen Evangelisten bis in verstreute Kleinstädte wie Horsham übertragen. Unsere Neugier war geweckt, und wir wollten uns diese aktuelle Attraktion nicht entgehen lassen.

«The Soul's Sap Quivers»[115]

Ich weiß nicht mehr das genaue Datum, an dem Shirley und ich – zwei kleine, junge Frauen in langen Röcken mit Spuren von Coventry in unserer Sprache und unserer inneren Abwehr in voller Bereitschaft – vorsichtig der Menge ins Zentrum von Horsham folgten und durch die weit geöffneten Türen in die Kirche St. Mark's traten. Es war ein seltsames, fremdartiges Gefühl, auf der alten, hölzernen Kirchenbank zu sitzen. Warum? All die Warnungen kamen mir in den Sinn, die ich während der langen Sonntagsversammlungen der Christadelphians zu hören bekommen hatte: «Die Kirche ist auf einem Irrweg … seid vorsichtig … haltet euch von ihr fern.»

An jenem Abend war die altehrwürdige Kirche vom vollen Klang vieler Stimmen erfüllt, die lebhafte Lieder sangen. Ich erinnere mich noch an meine englisch-blasierten Gedanken: «Das ist alles so amerikanisch – so überschwänglich und protzig!» Doch als Billy Graham zu reden begann, hatte ich immer weniger Sinn für die Äußerlichkeiten und hörte aufmerksam zu. Es kam mir vor, als wären seine Worte direkt an mich gerichtet. Auf unerklärliche Weise tat Gott behutsam mein fest verschlossenes, vertrocknetes Herz auf.

Wenn ich den Ablauf jenes Abends Revue passieren lasse, erinnere ich mich noch daran, wie ich ein Zitat aus einer Rede hörte, die Paulus, ein jüdischer Anhänger Jesu Christi, etwa im Jahr 50 n. Chr. in Athen hielt: «Bisher haben die Menschen das nicht erkannt, und Gott hatte Geduld mit ihnen. Aber jetzt befiehlt er allen Menschen auf der ganzen Welt, zu ihm umzukehren. Denn der Tag ist schon festgesetzt, an dem Gott alle Menschen richten wird; ja, er wird ein gerechtes Urteil sprechen durch den einen Mann, den er selbst dazu bestimmt hat. Das hat Gott bewiesen, indem er ihn von den Toten auferweckte.»[116]

Die Buntglasfenster, die in der Höhe schwebende Decke oder meine Nachbarn aus Horsham bemerkte ich gar nicht mehr. Mir war, als wäre mein Innerstes vor Gott weit offengelegt. Ich sah Jesus, der tot an einem Kreuz hing, und dann wusste ich plötzlich in einem Moment der Erleuchtung, dass er voller Herrlichkeit lebendig war. Ich spürte seine Liebe zu mir, und auf einmal konnte ich unerschrocken auf das Chaos in meiner Seele blicken – die Verzweiflung, die Bitterkeit, die Selbstsucht, den Narzissmus, den Zorn, den Hass und die Herzenshärte – und erkennen, wie unzulänglich meine Versuche waren, mich zu befreien und eine bleibende Veränderung herbeizuführen. Ganz sanft, aber unmissverständlich redete Gott zu mir: «Kehr um.»

Ich erinnere mich daran, wie Graham eine Familiengeschichte von einem Vater erzählte, der mit seinem kleinen Sohn in einem Boot auf einem See saß. Der Vater legte sich in die Riemen, und sie fuhren über die weite Wasserfläche. Der kleine Junge wollte auch rudern und bat beharrlich, der Vater möge ihm die Ruder überlassen. Doch der Vater verweigerte ihm die Bitte. Warum? Das Wasser sah zwar ruhig und glatt aus, aber er kannte die Gefahren, die unter der Oberfläche lauerten. «Ist das ein Bild für Ihr Leben?», fragte Billy Graham. «Sind Sie in Ihrem Leben am Ruder und ahnen nichts von all den verborgenen Gefahren?» Die Frage hallte in mir wider. Meine eigenen Erlebnisse der Vergangenheit hatten mich gründlich davon überzeugt, dass diese Welt voller Gefahren ist. Und was war mit den inneren Narben, die von der Wut und dem Hass zurückgeblieben waren – mit meinen eigenen Reaktionen auf das Böse, das mir angetan worden war? «Ja», sagte ich, «ich bin es leid, zu versuchen, mein Leben selbst in die Hand zu nehmen.»

Am Schluss wurden wir gebeten, aufzustehen und in der Kirche nach vorn zu gehen. Ich blieb wie festgenagelt sitzen. Äußerlich wirkte ich ganz ruhig und still, doch in meinem Innern tobte ein Kampf. Wie konnte ich meine Unzulänglichkeit vor all den neugierigen Augen um mich her preisgeben? Schließlich war ich die Lehrerin! Ich wusste, dass ich Gott brauchte und dass er nur darauf wartete, mich aufzunehmen, aber ich wehrte mich. Konnte ich die Ruder meines Lebens an Gott, meinen Vater, abgeben und meine verbissene Kontrolle loslassen? Meine Gedanken huschten hin und her. Trotz aller Furcht vor Bloßstellung zog es mich unwiderstehlich, die Einladung dieses liebenden Gottes anzunehmen. Ich stand auf und ging unsicher durch die Kirche nach vorne. Shirley kam mit.

Der Rubikon

Da standen wir alle – dicht gedrängt, gespannt, doch im vollen Bewusstsein der merkwürdigen Folge von Ereignissen, die uns hier an diesen Punkt der Entscheidung vor dem Rubikon geführt hatte.[117]

Ich erinnere mich nicht an ihren Namen, aber ich sehe sie noch vor mir – eine liebenswürdige, freundliche, hochgewachsene Frau in mittleren Jahren. Sie redete und betete mit mir. Als sie hörte, dass ich zu den Christadelphians gehörte, schaute sie etwas verdutzt drein. Sie war unsicher, was sie nun tun sollte; also entschuldigte sie sich und ging zu dem Anglikaner, der die Veranstaltung leitete, um ihn zu konsultieren. Als sie wiederkam, setzten wir unser Gespräch fort, ohne noch einmal darauf einzugehen. Ich glaube, hätte sie ausgesprochen, was sie wirklich dachte – «Sie müssen aus dieser Sekte heraus» –, so wäre ich geradewegs zur Tür gerannt. Doch ich blieb, und diese Frau wurde mir zu einer weisen Freundin.

Wenn ich in den verblichenen Seiten des Buches meiner Erinnerungen blättere, sehe ich die Folge der Ereignisse nach diesem Abend in der Kirche St. Mark's nur nebelhaft vor mir. An gewisse Erlebnisse erinnere ich mich jedoch ganz deutlich, als wären sie tief in einen Felsen eingravierte Buchstaben.

Als ich einige Tage später auf dem verblichenen Teppich im Vorderzimmer unserer Wohnung über dem Kiosk kniete, spürte ich, wie mein Kopf und meine Arme in den weichen alten Sessel gepresst wurden. Ich war mit einem seltsamen Wärmegefühl im Herzen in die Stille dieser alltäglichen Umgebung gekommen. Einige Abende zuvor, als ich wach auf meinem schmalen Bett in dem winzigen Schlafzimmer gelegen hatte, hatte ich den unmissverständlichen Eindruck empfangen: «Gott liebt mich.» Mit diesem tröstlichen Bewusstsein kniete ich nieder und konnte das Licht annehmen, das auf meine Seele schien und immer tiefer in die verborgenen Winkel eindrang, in denen die Dunkelheit lauerte. Ich sah die unterdrückte Wut und Verbitterung, die wie Schösslinge aus den robusten Wurzeln der Unversöhnlichkeit emporsprossen, die tief in meinem Wesen steckten. Ich wusste, mein Leben war verdorben durch die giftige Pflanze, die ich im Erdboden meines Herzens hegte. Ich hasste Deutschland. Ich hasste die Deutschen für das, was sie mir, meinen Eltern, meiner Familie angetan hatten. Vergeben? Niemals! Ich kämpfte, abgestoßen von der Hässlichkeit meiner eigenen kranken Reaktionen, und fühlte mich dennoch zugleich gerechtfertigt in meiner Weigerung, meine Unversöhnlichkeit nicht aus meinem festen Griff loszulassen. Ich wollte vergeben, aber ich konnte nicht.

Die Heilung der Wunden

Wenn ich meinen Lebensweg aus heutiger Perspektive betrachte, bemerke ich eine Folge himmlischer Anstöße, die mich Stück für Stück dahin brachten, eine heile Persönlichkeit zu werden. In jenen Frühlingstagen 1961 begann die Heilung von meiner schweren Wunde der Unversöhnlichkeit. Was passierte? Ich sah Jesus Christus – seine Arme ausgestreckt am Kreuz. Aus der Tiefe meiner Seele gab ich ihm meine Scham, mein Unrecht, meine Sünde, meine Reaktionen auf das Böse, das mir angetan worden war. Ich sah, wie er mir diese unerträglich schwere Last abnahm, und ich fing an, die Bedeutung und den Zweck seines Todes zu verstehen. Ich erlebte eine Leichtigkeit des Seins.

Nachdem ich die Vergebung meiner eigenen sündigen Reaktionen auf das mir angetane Böse geschmeckt hatte, erlebte ich, wie sich eine unvorstellbare Bürde von mir hob, und ein neuer Gedanke setzte sich in mir fest: Vergebung war etwas, was ich auch mit größter Anstrengung nie hätte bewerkstelligen können, aber Jesus konnte mich fähig machen, denen zu vergeben, die mir so schweres Unrecht zugefügt hatten. Die barbarischen Gräueltaten, die aus dem Nest des Antisemitismus entsprungen waren, erinnern mich an die heimtückischen Ratten im Mittelalter, die während der Epidemie des Schwarzen Todes die Pest ausbreiteten. Von meiner Ansteckung wurde ich geheilt, als ich mein Verlangen nach Rache und Vergeltung aufgab und das zermürbende Problem bewusst an Gott abgab. Er ist gerecht. Und am Ende wird sein Urteil gerecht sein.

Meine persönliche Begegnung mit Jesus, sein Tod am Kreuz und die Wirklichkeit seiner Auferstehung haben mir die Gewissheit gegeben, dass die Geschichte auf den Tag zuläuft, an dem Gott «alle Tränen abwischen» wird.[118]

«My Song Is Love Unknown» [119]

Steckte vielleicht mehr hinter der Geschichte als nur die Stimme von Billy Graham, die kräftig und klar durch die Überlandleitungen getragen wurde, meine freiwillige Antwort nach einer intensiven inneren Debatte, die einfühlsame Frau, die mit mir redete, und die Tage danach, in denen ich allein war und eine lebhafte Interaktion mit Gott erlebte, der zu mir sprach?

In dieser Zeit lernten Shirley und ich eine Gruppe von etwa zwölf Leuten kennen. Bei ihnen fühlten wir uns herzlich willkommen und angenommen. Wir bekamen eine Qualität von Freundschaft zu spüren, wie wir sie bisher nicht gekannt hatten. Sie kamen aus verschiedenen örtlichen Gemeinden und waren ganz unterschiedlich, was ihre Bildung, ihre Berufe und ihre Lebenserfahrungen anging. Worin bestand das Geheimnis ihres Zusammenhalts?

Ich riss vor Staunen weit die Augen auf, als ich hörte, wie diese Gruppe während der letzten Wochen eindringlich für ihre Stadt, ihre Nachbarn und besonders für junge Leute gebetet hatte. Nun saßen wir hier alle zusammen und sahen voller Ehrfurcht, wie greifbar diese Gebete erhört worden waren.

Weitere Einzelheiten hinsichtlich der Dynamik meiner langsamen Schritte auf Gott zu sollten sich erst noch zeigen.

Kate Patterson[*]

Ungefähr fünf Jahre später wurde Shirley, die inzwischen verheiratet war und wieder in Coventry lebte, in eine Frauengruppe im Vorort Allesley eingeladen, um ihre Geschichte zu erzählen. Sie beendete ihren Vortrag mit einer detaillierten Schilderung des denkwürdigen Abends in der Kirche St. Mark's, wo wir beide Jesus begegnet waren. Dann setzte sie sich hin. Für sie war es eine neue und beängstigende Erfahrung, in der Öffentlichkeit so freimütig aus ihrem Leben zu erzählen. Was würde nun passieren?

Eine winzige Frau mittleren Alters kam auf sie zu. Shirley bemerkte ihre robusten Schuhe, ihre dicken Knöchel und blickte auf in ein unvergessliches Gesicht mit weicher Haut und einer sanften inneren Schönheit, die aus den tränenfeuchten Augen leuchtete. Die Frau sagte: «Ich kenne das Mädchen, das mit Ihnen zusammen bei der Billy-Graham-Veranstaltung zum Glauben gekommen ist. Ich bin Kate Patterson, und meinen Eltern gehörte das kleine Lebensmittelgeschäft in der Hayes Lane. Als ich im Herbst 1939 das kleine Flüchtlingskind aus dem Ausland sah, das Mrs. Dodd immer mitbrachte, wenn sie ihre Wochenrationen einkaufte, tat mir dieses ernste, traurige Kind leid, und ich fing an, für es zu beten.»[120]

Ein paar Wochen später saßen Kate und ich zusammen bei ihr zu Hause und ließen uns die winzigen Sandwiches und den Butterkuchen schmecken, die sie für den Nachmittagstee liebevoll zubereitet hatte. Sie erzählte davon, auf welch erstaunliche Weise ihr und mein Leben sich im Lauf der Jahre berührt hatten, und wir beide dachten darüber nach, was all das Neue, das wir über Gott und über uns selbst hörten – und das unser gewohntes kleines Denken bei Weitem sprengte –, zu bedeuten hatte.

Kate hatte im Büro von J & J Cash Ltd. gearbeitet, einer großen traditionsreichen Seidenweberei in Coventry. Seite an Seite mit ihr arbeitete dort Eileen Pritchard*. Richtig, genau die Eileen Pritchard, die Schwester meines ehemaligen Freundes Bill Pritchard. Beim Plaudern während einer Teepause erfuhr Kate, Bill habe sich gerade von seiner Freundin Hanna Dodd getrennt. Hanna Dodd … Kates Gedanken wanderten zurück zu dem Tag dreizehn Jahre zuvor, als sie das unglückliche kleine Mädchen aus Deutschland zum ersten Mal zu Gesicht bekommen hatte. Als sie von der zerbrochenen Beziehung hörte, rührte sie das Leid, das mir diese Zurückweisung bereiten musste, und sie begann von Neuem, für mich zu beten. Ohne dass ich es ahnte, betete Kate genau in der Woche für mich, in der ich niedergeschlagen allein zu Hause gewesen war und der Gedanke «Ich brauche Gott» mir in den Sinn gekommen war.

Wir saßen noch lange still und schweigsam vor unseren leeren Teetassen und den letzten Kuchenkrümeln und staunten darüber, wie Gottes Hand in unserem Leben offenbar geworden war.

12.
«On the Road Again»

«Goin' places that I've never been
Seein' things that I may never see again»[121]

as Leben in West Sussex verlief nach Billy Grahams Besuch in angenehm geordneten Bahnen. Die Kinder in der Slinford Church of England Primary School waren begeistert vom Lernen und gaben unserem Alltag Würze. Ich frage mich, ob die Zeit wohl diese Erinnerung mit einem goldenen Schimmer überzogen hat?

Doch schon in unseren ersten Tagen in Horsham machten sich bevorstehende Veränderungen bemerkbar. Während wir am Küchentisch unsere erste Mahlzeit verzehrten, nachdem die Koffer ausgepackt waren, schauten wir uns um. Es war für alles gesorgt, was wir brauchten. Doch die Wände waren kahl und die Möbel abgenutzt und verblichen. Also beschlossen wir, mit Postern etwas Farbe in unsere öde Umgebung zu bringen. Wir schauten in einem Verzeichnis nach und fanden Adressen von den Reiseabteilungen der Botschaften. Wahllos suchten wir ein paar Länder von der Seite für «I» aus und erbaten uns höflich ein Poster aus jedem davon. Es war immer wieder ein Genuss, nach Hause zu kommen, die Tür aufzumachen und vor uns die dekorierten Wände zu sehen, die uns einluden, uns die unbekannte weite Welt vorzustellen. Drei Länder hatten unsere Bitte erfüllt: Italien, Israel und Indien.

Auf einem Feld am Rande der Stadt

An einem freien Tag war ich draußen auf einem Feld. Ich wollte über die Zukunft nachdenken und war an den Rand der Stadt gegangen, um allein zu sein.

Die gemächliche Stille war von der Gegenwart Gottes durchdrungen, und mir wurde bewusst, dass ich mich zu seiner Verfügung stellen sollte, alles zu tun und überall hinzugehen, und er würde mir den Weg zeigen. Das war Neuland für mich – es machte mir Angst. Was würde er von mir verlangen?

Ich kniete mich auf die Erde und legte meine Zukunft in seine Hände. Es schien aber nichts Dramatisches zu passieren.

Wenn ich heute über die Vergangenheit nachdenke, kommen mir neue Einsichten. Jenes innere Gespräch auf einem Feld vor einigen Jahrzehnten führte mich in die überraschendsten Abenteuer – hart, bitter, langweilig, voller Freude, befriedigend und ganz und gar wunderbar –, und Italien, Israel und Indien spielten dabei eine herausragende Rolle.

Ich spürte bereits eine Besserung des Lähmungszustandes, unter dem ich durch meine entwurzelte Kindheit litt. Ich hatte die 167 Coventry Road, Exhall, den öffentlichen Dienst und das Leben in den Midlands hinter mir gelassen. Ich hatte einen befriedigenden neuen Beruf, ein gewisses Maß an Reife – ich führte einen Haushalt mit Shirley –, und ich war dabei, mich an die kulturellen Unterschiede zwischen den Midlands und Südengland anzupassen.

An das Datum erinnere ich mich nicht, aber einige Monate, nachdem ich in der Kirche St. Mark's auf die Verkündigung geantwortet hatte, war ich mit einer Gruppe von Christadelphians in Crawley in West Sussex zusammen. Die Fesseln, die mich an dieses Glaubenssystem banden, waren nach und nach morsch geworden, und an diesem Sonntagmorgen hatte ich den unmissverständlichen Eindruck, dass es Zeit für eine klare Trennung war. Der Abschied verschaffte mir Freiheit. Veränderungen warteten auf mich, wie ich sie mir in meinen wildesten Fantasien nicht ausgemalt hätte.

Anker hoch!

Unter unseren neuen Horshamer Freunden begegneten wir auch Audrey, die in Frankreich gelebt und unterrichtet hatte und von ihren Erlebnissen erzählte. Shirley hatte bereits die ersten Schritte auf einem Weg getan, der sie schließlich ins Pestalozzi-Kinderdorf in der Schweiz und in die Ehe mit John aus Holland führen würde. Audrey lud mich ein, sie bei ihrem nächsten Abenteuer zu begleiten – und als Lehrerin nach Italien zu gehen!

Als Shirley und ich alles Vertraute hinter uns ließen, waren unsere Empfindungen eine Mischung aus eifriger Vorfreude und Abschiedsschmerz. Es tat weh, den Kindern von Slinfold und einer wichtigen Zeit unseres Lebens Lebewohl zu sagen, aber es war Zeit, zu neuen Ufern aufzubrechen.

Italien

Audrey und ich landeten in Turin in Norditalien, wo wir an einer örtlichen Schule Englisch unterrichteten. Die Kinder konnten kein Englisch, ich konnte fast kein Italienisch, und mir fehlte die Kreativität, diese Kluft zu überbrücken. Audrey brachte Leben in ihre vorgeschriebenen Lehrpläne, indem sie mit den Kindern englische Lieder sang. Da ich außerstande war, einen Ton zu treffen, konnte ich ihre großartige Idee nicht kopieren. So bildete der tägliche Kampf mit Klassen von dreißig bis vierzig *vivace* (lebhaften) italienischen Kindern zwischen sieben und elf Jahren einen krassen Gegensatz zu der Erfolgswelle, auf der ich an der englischen Dorfschule geschwommen war.

Wenn ich tiefer in jene Zeit in Turin eindringe, kommen auch angenehmere Erinnerungen an die Oberfläche. Es machte mir Spaß, mich auf eine neue Kultur einzulassen. Ich liebte den köstlichen Geschmack von Profiterole und Panettone und versuchte, mir die musikalische Sprache anzueignen und mich an die ausdrucksstarke italienische

Umgangsweise anzupassen. Diesmal befand ich mich als Erwachsene und aus freier Entscheidung in einem anderen Land.

Im Sommer 1963 schloss ich mich einer internationalen Gruppe junger Leute namens «Operation Mobilisation» an. Ihre hohen Ideale und ihre Vision, das Evangelium weiterzugeben, die Botschaft vom neuen Leben in Jesus, sprachen mich an. War meine Entscheidung vielleicht auch von meinem Wunsch nach einer Familie, nach einem Ort, wo ich hingehörte, beeinflusst?

Wir reisten in Teams mit alten aufgemöbelten Lastwagen und Bussen durch europäische Dörfer. Wenn ich an meine Abenteuer in Italien zurückdenke, staune ich über unser kindliches Vertrauen darauf, dass Gott für unsere Grundbedürfnisse sorgen würde: Essen, Wasser und ein Dach über dem Kopf. Im Rückblick aus dem Abstand von Jahrzehnten bringt mich die Vorsicht, die man sich mit zunehmendem Alter angewöhnt, dazu, über manche unserer Unternehmungen die Stirn zu runzeln. Trotzdem bin ich zutiefst dankbar für solche Gelegenheiten, allein von Gott abhängig zu sein. Mein Leben wurde von jenen Monaten geprägt, in denen ich in einer Gemeinschaft lebte und jeden Tag handfest erlebte, wie Gott für uns sorgte.

Gegen Ende jenes Sommers waren wir zu etwa acht jungen Frauen zusammen mit einem alten Kleinbus und einem weiteren Auto in Norditalien unterwegs. Wir klopften an die Türen, fingen mit den Leuten in unserem rudimentären Italienisch Gespräche an, verteilten Traktate und verkauften Bücher an diejenigen, die Interesse äußerten. Wir erlebten die Dorfbewohner als warmherzig, liebenswürdig und gastfreundlich. Viele von ihnen lebten in Häusern, die von ihren Vorfahren eigenhändig erbaut worden waren.

Das einzige Einkommen, das wir hatten, waren der Erlös der verkauften Bücher und ein begrenzter Bargeldvorrat. Allmählich wurden die Nächte in Norditalien kälter, so dass wir nicht mehr in unseren Zelten übernachten konnten. Also beschlossen wir, darauf zu vertrauen, dass der Herr uns jeden Abend einen Platz schenken würde, wo wir kostenlos schlafen konnten – vier Wände und ein Dach. Bis hierher hatten wir erlebt, dass immer für ein Feld gesorgt war, auf dem wir mit Erlaubnis eines Bauern campen konnten. Nun würde unser Glaube auf eine größere Probe gestellt werden.

Eines Tages erreichten wir abends eine kleine Ortschaft. Uns rutschte das Herz in die Hose. Die Ortschaft war größer als ein Dorf, und unsere Straßenkarte verriet uns, dass wir uns in einem beliebten Touristenort befanden. Unsere kühne Zuversicht, eine kostenlose Unterkunft zu finden, löste sich in nichts auf. Was sollten wir zu dieser späten Stunde tun? Sollten wir weiterfahren? Unsere Fragen hingen in der Luft. In der Stille wandten wir uns an Gott und baten ihn um Hilfe, und plötzlich kamen wir auf eine abenteuerliche Idee. Wir fuhren zu einem großen historischen Hotel und erzählten unsere Geschichte. Das Hotel war so alt, dass es auf dem Gelände auch leer stehende Ställe gab, in denen früher Pferde und Kutschen untergebracht worden waren. Voller Staunen nahmen wir die angebotenen vier Wände mit Dach an. Wir steuerten unseren alten VW-Bus und das kleinere Auto in einen der Ställe. Dort war immer noch genug Platz, um unsere Schlafsäcke auf dem Boden auszurollen und die großen Holztüren vor dem kalten Wind zu verschließen.

Am frühen Morgen standen wir zusammen auf den kalten Steinplatten des alten Stalles und baten den Herrn laut um Handschuhe und Mäntel. Innerhalb etwa eines Tages erhielten wir eine Nachricht – die Teams wurden neu verteilt. Wir wurden nach Süden umdirigiert – in die süditalienische Sonne.

Land meiner Väter

Israel besuchte ich zum ersten Mal 1964 als begeistertes Mitglied von Operation Mobilisation. Seit meinem siebten Lebensjahr hatte ich in einer nicht jüdischen Umgebung gelebt. In den Kriegsjahren hatte ich meine jüdische Identität verborgen, bedingt durch den verbreiteten Argwohn gegenüber jedem, der Deutscher oder «Ausländer» war. Die britische Bevölkerung wurde immer wieder aufgefordert, auf der Hut vor Spionen in ihrer Mitte zu sein. In den Nachkriegsjahren folgte ich weiter der Gewohnheit, mich vor meiner wahren Identität zu verschließen und mein jüdisches Erbe zu ignorieren.

Wir standen an der Reling unseres türkischen Schiffes, als wir langsam in den Hafen von Haifa einliefen. Ich hörte die Kakofonie der Geräusche, die von dem betriebsamen Hafen kamen. Auf der Haut spürte ich die weiche Mittelmeerluft – ein starker Gegensatz zur winterlichen Kälte in England. Umringt von meiner kleinen Gruppe nicht jüdischer Freunde, musterte ich die Leute mit neugierigen Augen – die jüdischen Leute, meine Leute.

Wenn ich an diese Zeit zurückdenke, versuche ich mich daran zu erinnern, was ich empfand, als ich die steile Gangway zum Hafenanleger hinunterstieg – mitgerissen in der Menschenmenge, aus der ich von überallher den fremdartigen, neuen Klang des Hebräischen hörte. Was ging in meiner Seele vor sich? Vielleicht fühlte ich mich zurückversetzt in die Zeit des Abschieds von meinen Eltern. Unsere Trennung fühlte sich so an, als würde ein sorgfältig genähtes Kleidungsstück mit einem Ruck in zwei Teile gerissen. Ich konnte immer noch das Geräusch des reißenden Stoffes hören. Ich sah die beiden zerrissenen Hälften vor mir, mit ausgefransten, ungleichmäßigen Kanten und abgerissenen Fäden, die in der Luft wehten. Dieser Angriff auf meine sorgfältig aufgebaute Persönlichkeit muss sehr unangenehm gewesen sein.

Unser Alltag in Israel brachte auch kulturelle Herausforderungen mit sich. Wenn ich an einem Straßenübergang auf Grün wartete und auch nur einen Fuß vom Bürgersteig heruntersetzte, handelte ich mir Ermahnungen von den anderen Fußgängern ein. Einerseits gefiel mir ihre Anteilnahme. Aber die Einmischung ging mir auf die Nerven. Vor allem aber wurde mir meine eigene Neigung bewusst, andere Leute

um mich her zu überwachen. Wenn wir an einer Bushaltestelle standen oder in einer Bank oder einer Behörde auf einen Sachbearbeiter
warteten, reagierte ich heftig auf das Drängeln nach vorn in der Menge. Mein englischer Sinn für ordentliches Schlangestehen lag im Wi-
derstreit mit meiner inneren Anspannung, der Angst, zurückgelassen
zu werden, und ich verspürte einen starken Drang, meinen Platz mit
den Ellbogen zu sichern. Meine Empfindungen inmitten einer dicht
gedrängten Menschenmenge gefielen mir überhaupt nicht.

Dazu kam, dass das langsam erwachende Bewusstsein meiner jüdischen Identität mit meinem Gefühl zusammenprallte, dass ich eine
Außenseiterin war. 1964 gab es im Gegensatz zu heute nur sehr wenige Juden, die Jesus als ihrem Messias nachfolgten, und diese hielten sich sehr bedeckt. Was fing ich mit meiner Ambivalenz an? Ich
schluckte schmerzhafte Dinge einfach herunter und behandelte die
resultierende Übelkeit mit Aktivitäten und Tagträumen – eine Strategie, die ich mir angewöhnt hatte, seit ich in dem Zug saß, der mich
von meinen Eltern fortbrachte. So erlebte ich mitten in all den aufregenden Abenteuern in Israel immer wieder Tage voller Zweifel und
Depressionen.

Eines heißen Sommertages war ich mit Dorothy, einer Freundin, die
ebenfalls aus England kam, in Arad. Es war Mittagszeit, und in der Mit-
tagshitze war es allgemein üblich, Siesta zu halten. Da wir wussten,
dass niemand in den nächsten zwei Stunden Besuch haben wollte, beschlossen wir, per Anhalter ans Tote Meer zu fahren. Auf der Landkarte
sahen die 25 Kilometer von Arad bis zum Toten Meer ganz harmlos
aus. Und damals war es in Israel eine völlig akzeptierte Fortbewe-
gungsmethode, sich per Anhalter mitnehmen zu lassen. Busse fuhren
nur selten, und ein Auto galt als Luxus.

Einer der riesigen Lastwagen, die Chemikalien von dem Salzmeer he-
rauftransportierten, hielt an. Wir kletterten über die riesigen Reifen hinauf, setzten uns zu dem Fahrer in die Kabine und fuhren mit ihm den
Weg zurück, um eine frische Ladung abzuholen. Eine Klimaanlage gab

es nicht. Das Dröhnen des Motors und die heiße Luft, die durch die offenen Fenster hereinwehte, machten ein Gespräch unmöglich. Wir kamen uns vor, als bekämen wir einen Vorgeschmack der Hölle, während wir immer tiefer in die Senke fuhren, bis wir schließlich 420 Meter unter dem Meeresspiegel waren. Die Landschaft auf dem Weg nach unten verstärkte unser Unbehagen. Wir kamen an dem Ort vorbei, wo zur Zeit Abrahams das Gericht über Sodom und Gomorrha hereingebrochen war, und für uns sah es so aus, als wäre es erst gestern geschehen. Die wilden, öden Felsformationen erinnerten uns an Israels turbulente Geschichte.

Immerhin kamen wir sicher an unserem Ziel an. Wie wir schließlich nach Arad zurückkamen, weiß ich nicht mehr. Doch im März 1997 folgten George und ich anlässlich unserer Silberhochzeit derselben Route, die ich 33 Jahre zuvor hinunter zum Toten Meer genommen hatte, diesmal freilich mit dem Luxus eines kleinen Mietwagens.

Und damit bin ich bei Indien …

13.
Indien

ir waren als Gruppe von etwa sechzehn «OMern» (Mitgliedern von Operation Mobilisation) in zwei großen, umgebauten Lastwagen unterwegs. Ende Oktober 1968 brachen wir von Zaventem in Belgien auf und beeilten uns, um die Berge der Osttürkei hinter uns zu lassen, bevor die Schneefälle des Winters unsere sichere Ankunft in Neu-Delhi behindern konnten. Damals musste man noch den Atem anhalten, wenn man die jugoslawische und die bulgarische Grenze überquerte; der Eiserne Vorhang war noch dicht zugezogen. Der Iran war ein angenehmes Zwischenspiel; dem Schah waren Besucher aus dem Westen stets willkommen. In Teheran legten wir vor der letzten Etappe durch Afghanistan, Pakistan und schließlich Indien eine Pause ein.

Der Weihnachtstag begann sonnig und kalt. Vom Gehen in *chappals* (Flipflops) war die Haut an meinen nackten Fersen aufgerissen. Die vertrauten Lotionen und Salben gab es hier nicht, nicht einmal Socken, und mein Experiment mit einem ortsüblichen Hausmittel – ich ließ geschmolzenes Kerzenwachs in den Hautspalt tropfen – erwies sich als schmerzhaft und wirkungslos.

Ich war in Chandigarh, einer modernen Stadt im Nordwesten Indiens, die im Auftrag des ersten indischen Premierministers Jawaharlal Nehru erbaut wurde. Chandigarh diente als Hauptstadt zweier indischer Bundesstaaten: Punjab und Haryana. Es war eine Stadt, die auf dem Reißbrett geplant wurde, um die moderne, progressive Haltung der Nation nach der Erlangung der Unabhängigkeit von den Briten im Jahr 1947 widerzuspiegeln. Ich war fasziniert von den kantigen Betonbauten, dem gitterförmig angelegten Straßenplan und den riesigen, imposanten Regierungsgebäuden. Eeva aus Finnland und ich waren

Gäste einer kleinen Gruppe junger Frauen aus Indien und Europa, die zusammen in einer kleinen Wohnung im Erdgeschoss eines dieser grauen Betonklötze wohnten.

Eine unkonventionelle Feier

Wir kamen aus einer Mischung indischer und europäischer Kulturtraditionen – Kerala, Karnataka, Schweden, Finnland und England. An diesem besonderen Tag, den wir gemeinsam verbrachten, waren wir alle ein bisschen traurig, weil wir unsere eigenen Familientraditionen vermissten. Außerdem war unsere Gemeinschaftskasse fast leer. Wie konnten wir da zusammen Weihnachten feiern?

Eeva, Kerstin und Karen – die drei Skandinavierinnen – schlossen die Tür zu dem Zimmer, in dem wir aßen, uns unterhielten und schliefen, während wir vier anderen jungen Frauen – drei aus Indien und eine aus England – draußen warteten. Endlich ging die Tür wieder auf, und zu unserer Überraschung hatte sich das kahle Zimmer auf wundersame Weise verändert. Auf allen Regalen standen zierliche, aus weißem Papier ausgeschnittene Schneekristalle. Wir standen umringt von diesen Zeichen der Freude und der Schönheit. Während wir das Weihnachtswunder auf uns wirken ließen, kam uns allmählich eine Idee für unsere einzigartige Feier.

Am südöstlichen Rand von Chandigarh war 1948 ein Fluss gestaut worden, um einen See anzulegen. Der Sukhana-See war drei Kilometer lang und bot den Bewohnern der hektischen, überfüllten Stadt Ruhe und Erholung. Wir zählten unser Geld nach. Es war etwas mehr, als wir alle zusammen für die Busfahrt zum See brauchten, aber wie sollten wir wieder zurückkommen? Was sollte es bei unserem Weihnachtspicknick zu essen geben?

Während wir stumm über diese Fragen grübelten, klopfte es an der Tür. Draußen stand eine Freundin, eine junge Nachbarin in ihrer Pun-

jabi-Tracht – einem langen, gemusterten Kleid, Pluderhosen und einem eleganten, lässig übergeworfenen Schal. Unsere Blicke richteten
sich auf den abgedeckten Korb, der an ihrem Arm hing. Ein paar Tage
zuvor hatte sie uns versprochen, uns zu zeigen, wie man Paratha
macht, ein traditionelles gefülltes Fladenbrot aus Indien. Und sie hatte
sich ausgerechnet den 25. Dezember für ihre Kochlektion ausgesucht.
Sie nahm das Tuch von dem Korb und brachte Ghee (eine Art Butter-
schmalz), Mehl, Kartoffeln, Zwiebeln und Gewürze zum Vorschein.
Wir huschten durch die Küche, um eine Bratpfanne und ein Nudelholz
aufzutreiben. Schon bald umwehten exotische Düfte unsere Sinne,
und überall in der Küche stapelten sich die flachen, runden Brote. Danach luden wir unsere großzügige Nachbarin ein, uns zu unserem
Weihnachtspicknick zu begleiten. Sie schichtete behutsam die heißen
Köstlichkeiten in den Korb, und ehe wir's uns versahen, stiegen wir aus
dem Bus aus.

Wahrscheinlich hatten wir damit gerechnet, eine Wasserfläche und
grüne Vegetation vor uns zu sehen, wo wir ein einsames Plätzchen für
unser Picknick finden könnten. Doch wir schauten uns verdutzt um.
Es sah so aus, als ob halb Chandigarh in Familiengruppen wie leuch-
tende, lebendige, bunte Blumen rings um den See spazieren ging oder
auf dem Boden saß und miteinander plauderte. Schließlich fanden wir
eine kleine Lücke, wo wir ein unvergessliches Weihnachtsfestmahl
miteinander genossen.

Doch dann drängte sich die nüchterne Realität unserer Situation in
diese idyllische Szene. Wie sollten wir zurück nach Chandigarh kommen? Wir hatten unsere letzten Rupien und Paise für den Bus zum
Sukhana-See ausgegeben.

Normalerweise verschaffte sich das Team das Geld für Miete, Essen
und Zahnpasta dadurch, dass wir Bücher verkauften, an die Türen
klopften und interessierte Hausfrauen in Gespräche verwickelten. Außerhalb der Großstädte gab es nur wenige Buchhandlungen. Unserer
kleinen Gruppe jedoch waren die Bücher ausgegangen. Ein paar Tage

zuvor hatten wir an das Büro in Bombay geschrieben und um Nachschub gebeten. Handys gab es ja damals noch nicht, und wie in den meisten Wohnungen in Chandigarh gab es auch bei uns keinen Telefonanschluss.

Am späten Nachmittag des 24. Dezember hatte ein großer Lastwagen lautstark vor unserer Wohnung gebremst. Wir schauten aus dem Fenster und beobachteten, wie zwei junge Männer einen Haufen Kartons entluden – die Bücher aus Bombay! Bei dampfenden Bechern mit Chai ließen wir uns begierig die letzten Neuigkeiten von OM berichten. Unsere Besucher brachten eine Nachricht für Eeva und mich mit: «Ihr sollt so bald wie möglich einen Zug nach Bombay nehmen und zurück nach Europa zur Jahreskonferenz im Januar in Belgien fliegen.» Bücher und diese dringende Nachricht hatten die jungen Männer bei ihrem Weihnachtsbesuch mitgebracht, aber kein Geld.

Als wir an diesem Weihnachtsmorgen die Wohnung zu unserem Ausflug an den See verließen, hatten wir ungefähr zehn Bücher eingesteckt, nur für den Fall, dass wir jemanden treffen würden, der vielleicht eines kaufen wollte. Also beschlossen wir nun, unsere Bücherauswahl an einer Mauer in der Nähe unseres Sitzplatzes auszustellen. Damals hatte der See außer Spazierengehen, Herumsitzen und Plaudern nicht viel an Unterhaltungsprogramm zu bieten, so dass unser improvisierter Bücherstand die Leute geradezu magnetisch anzog. Ein neugieriger Betrachter erwarb ein Buch und durchbrach damit eine unsichtbare Barriere, und ehe wir's uns versahen, hatten wir alle mitgebrachten Bücher verkauft. Jetzt waren wir nicht mehr am See gestrandet und hatten überdies genug Geld für die beiden Zugtickets. Keine zwei Tage später saßen Eeva und ich im Zug. Unsere Freundinnen winkten uns vom Bahnsteig aus nach, als wir unsere 28-stündige Reise nach Bombay begannen.

Zurück in Europa

Im Januar 1971 war ich nach einigen weiteren Reisen nach Indien wieder in Europa und erholte mich gerade von einem Besuch beim Zahnarzt. Während die Wirkung des Novocains nachließ und ich ein dumpfes Pochen in dem Loch zu verspüren begann, das mein herausgezogener Weisheitszahn hinterlassen hatte, wurde mir ein kleines Päckchen überreicht. Neugierig riss ich sogleich das braune Packpapier ab und fand eine Kassettenaufnahme, die mir aus Indien geschickt worden war. Ich schnappte mir meinen Kassettenrekorder, legte das Band ein und legte mich wieder hin, um es mir anzuhören. Die Stimme eines Mannes sprach ein paar einleitende Sätze und bat mich dann, ihn zu heiraten! Ganz so hatte ich mir einen Heiratsantrag in meinen romantischen Träumen nicht vorgestellt. Es war George Errett Miley, der da auf einer Hafenmauer in Bombay saß, aufs Meer hinausblickte und in ein Mikrofon sprach.

Wie hatten wir uns kennengelernt, George und ich? Zum ersten Mal bemerkt hatten wir uns am Ende des Sommers 1966 auf einem Campingplatz in Belgien. Wir saßen beim Abschluss einer Kurzkonferenz zu einem Leiterschaftshandbuch, das Operation Mobilisation zusammengestellt hatte, in einer Gruppe um einen großen Tisch und bewerteten schriftliche Tests. Wir bemerkten einander, aber zu einer besonderen Begrüßung oder einem Gespräch kam es nicht.

Während der nächsten fünf Jahre liefen wir uns immer wieder «zufällig» über den Weg, stets als Kollegen in einem Team. Ich erinnere mich an unsere flüchtigen Begegnungen an den verschiedensten Orten. Einmal war es in der Kleinstadt Béziers in Südfrankreich, nahe genug am Mittelmeer, um den Geruch des Meeres aufzufangen. Ein anderes Mal kreuzten sich unsere Wege in Mantua in Italien. Ich war dort, um ein Frauenteam zu besuchen, und George traf als Fahrer eines Lastwagens voller Leute auf der letzten Etappe ihrer langen Überlandreise von Indien zurück nach Europa dort ein. Nach und nach wurden wir Freunde.

10. Dezember 1971

Am späten Nachmittag des 10. Dezember 1971 stand ich mitten in einem spärlich möblierten Raum im Haus Hebron, Hyderabad, Andhra Pradesh, Indien. Zwei gute Freundinnen, Annamma und Aleyamma, halfen mir beim Anlegen meines Saris. Die elfenbeinweiße Stoffbahn, die sie geschickt in Falten legten, war sehr rutschig; es war keine echte Seide. Mithilfe strategisch platzierter Sicherheitsnadeln stand ich schließlich elegant in meinem Hochzeitskleid da. Schwester Daisy, die zur Gemeinschaft in Hebron gehörte, erhaschte einen Blick auf meine hochhackigen silbernen Sandalen, die unter dem Saum des Saris hervorlugten. Als ich noch eine letzte Drehung zur Begutachtung vollführte, rief sie aus: «Oh, das wird Bruder Bakht Singh nicht erlauben!» Die Trauzeremonie würde in einem *Pandal* stattfinden, einem offenen indischen Gebäude: Matten auf dem Boden und ein auf Pfosten ruhendes Dach. Dies war ein heiliger Ort, und alle, die ihn betraten, ließen ihre Sandeln oder Schuhe ordentlich aufgereiht am Eingang zurück. Ich beschwor Schwester Daisy, für mich um eine Sondererlaubnis zu bitten, die hochhackigen Sandalen zu tragen.

Wie unterschiedlich wir doch waren. George war einen Meter neunzig groß, ich nur knapp eins fünfzig. Er war ein weißer, angelsächsischer Protestant aus Virginia in den Vereinigten Staaten von Amerika. Ich war … was war ich eigentlich? Jedenfalls war mir der kleine Größenzuwachs durch die hohen Absätze an meinem Hochzeitstag wichtig, doch die Antwort lautete: «Nein.» Jetzt saßen wir in der Patsche. Die Zeit reichte nicht, um den Sari noch einmal zu wickeln. Er war genau so drapiert worden, dass kein Knöchel zu sehen war und der Saum einen Zoll über dem Boden schwebte. Nun aber musste ich, als ich durch den Mittelgang des Pandals schritt, wo alle auf den Matten sitzend warteten, die Frauen links, die Männer rechts, gewaltig aufpassen und bei jedem Schritt den zu langen Sari nach vorn kicken, um nicht zu stolpern.

Ein verborgener Schatz

In unserer gewählten Umgebung und der Zeremonie, die nichts mit westlichen Bräuchen zu tun hatte, verbarg sich eine köstliche Perle. Bakht Singh machte uns ein Hochzeitsgeschenk von bleibendem Wert. Das ausführliche Gelübde, das er jedem Paar abverlangte, das sich von ihm trauen lassen wollte, beinhaltete auch das Versprechen, dass wir jeden Tag zusammen beten und in der Bibel lesen würden. Es hat zwar auch Tage gegeben, an denen wir es nicht geschafft haben, das umzusetzen, aber dennoch ist dieses Versprechen nun seit über vierzig Jahren ein Anker durch alle Höhen und Tiefen unseres Ehelebens.

Unser Hochzeitsempfang fand auf dem großen Hof des von einer Mauer umgebenen Geländes statt – einem friedlichen Ort mitten in Hyderabad, einer Großstadt, die vor Lärm und Bewegung, Bussen, Autos, Fahrradrikschas, Rindern und Menschen pulsierte, die die Luft mit Staub, Abgasen und Getöse erfüllten. Ordentlich aufgereihte Matten bedeckten den Boden dieser Insel der Ruhe. Der Boden war frisch gefegt, nicht ein Fetzen Abfall war zu sehen. Wir nahmen auf den Matten Platz und bemerkten die leuchtenden Farben und die Vielfalt der exotischen Schriften, mit denen die sauberen, weißen Wände dekoriert waren – es waren Bibelstellen in einigen der vielen indischen Sprachen und hier und da auch ein englischer Vers.

Freunde aus Europa, Amerika und einer Vielzahl indischer Bundesstaaten stießen zu den ortsansässigen Christen hinzu. Alle wurden zum Hochzeitsmahl willkommen geheißen, das von der Gemeinschaft im Haus Hebron ausgerichtet wurde. Wir alle beobachteten genau, wie die Inder sich lautlos und anmutig vor den «Tellern», die aus großen, frisch gewaschenen Bananenblättern bestanden, auf den Boden niederließen, und versuchten, es ihnen gleichzutun. Einige Mitglieder der Gemeinschaft gingen lautlos mit Stahleimern durch die Reihen, um auf jedes Blatt etwas dampfenden Duftreis zu häufen, gefolgt von pikantem Gemüsecurry, und die Portionen sorgfältig zu arrangieren.

Wir saßen alle still, bis jeder sein Essen bekommen hatte und das ge-
meinschaftliche Dankgebet gesprochen war. Erst dann streckten wir
die rechte Hand aus, drückten einen kleinen Bissen Reis und Curry zusammen und steckten das Bällchen Essen in den Mund. Welch ein Gegensatz zu all den Hochzeitsfantasien meiner Kindheit in Coventry! Ja,
das Fehlen aller westlichen kulturellen Traditionen war auch ein Verlust. Doch wir wurden reich entschädigt dadurch, dass wir uns ganz
und gar auf eine indische christliche Hochzeit einließen, die von allem
Unwesentlichen entkleidet war und bei der die Großmütigkeit einer
gemeinschaftlichen Feier und der Ernst eines Bundesschlusses vor
Gott im Mittelpunkt standen.

Ein Zuhause in Bombay

Im Dezember 1971 richteten George und ich unser erstes Zuhause in
einer Stadt ein, die seit antiken Zeiten besteht. Im 3. Jahrhundert
v. Chr. herrschte in Bombay der Kaiser Ashoka. Im Jahr 1536 fiel das
Territorium ans Königreich Portugal. Am 11. Mai 1661 war die Stadt
Teil der Mitgift der Tochter des portugiesischen Königs, als sie Charles
II. von England heiratete. 1668 wurde Bombay (heute «Mumbai») für
zehn Pfund im Jahr an die British East India Company verpachtet.
1857 gingen die Handelsinteressen an die Krone zurück. Indien wurde
1947 unabhängig.[122] Freilich dachte ich kaum über Bombays Vergangenheit nach, außer dass mir die imposanten viktorianischen Gebäude
im Stadtzentrum auffielen.

Wir bewohnten ein großes Zimmer in einem Haus, das wir mit zwei
Familien mit kleinen Kindern und einem Team junger Männer teilten.
In heißen Nächten nahmen wir, da wir keine Klimaanlage hatten, unsere Schaumstoffmatten und schliefen auf dem Balkon. Am frühen
Morgen erwachten wir dann von dem Gemurmel, dem Rauch und
den Gewürzdüften, die um uns herum aufstiegen. Die Straßenhändler
direkt unter uns in ihren Zelten aus Pappe und alten Stoffen vollführ-
ten die Rituale eines neuen Tages. Unser Balkon ragte über eine Kreu-

zung dreier wichtiger Durchgangsstraßen, und der unaufhörliche Verkehrslärm begann früh und dauerte bis spät in die Nacht an. Oft hatten wir den sandigen Geschmack von Staub auf unseren Zungen, wenn wir aufwachten.

Unser Zuhause befand sich einen kurzen Fußweg vom Bahnhof Bombay Central entfernt, der heute Mumbai Central Station heißt. Die Briten hatten 1853 die erste indische Eisenbahnlinie in Betrieb genommen. Sonntags morgens gönnten wir uns oft den Luxus, nur zu zweit im Restaurant am Bahnhof zu frühstücken. Wir stiegen die Treppen hinauf, betraten das riesige, fast leere Restaurant und setzten uns an einen mit einem weißen Leinentuch gedeckten Tisch. Das Tuch war offenkundig schon sehr oft gewaschen worden; der Kellner hatte wahrscheinlich schon unter den Briten gedient.

Wir hätten wohl auch in ein modernes, schickes Restaurant gehen können. Bombay war 1971 eine blühende Stadt und die Handelshauptstadt von Indien. Doch Bombay Central hatte für uns etwas Romantisches. Es kam uns vor, als könnten wir hier die Geschichte anfassen. Wir mochten das Malerische, auch wenn die dunklen Schatten der kolonialen Vergangenheit wie die Tauben auf den Balken über uns hockten. Wir genossen das Omelett, genau richtig gebraten, mit klein gewürfelten Zwiebeln und Chilis, den knusprigen Toast, den Chai für George und den Milchkaffee für mich, serviert in altem Porzellan mit dem Indian-Railways-Wappen darauf.

Warum flüchteten wir uns in eine solche Illusion der Vergangenheit? Ich glaube, wir suchten einfach die Zurückgezogenheit – unsere Identität als Paar. Es war unser erstes Ehejahr, und wir waren unentwegt von einer Vielzahl von Menschen umgeben. Unserer Gemeinschaft waren die ständigen Besucherströme willkommen, und oft wurden zusätzliche Stühle an den großen, ovalen Esstisch gezogen. Eng zusammengedrängt teilten wir unseren Reis und unser *Dal*, einen Brei aus Hülsenfrüchten, mit jedem, der sich zu uns gesellte. Und Indien hatte 1971 über 500 Millionen Einwohner,[123] von denen etwa acht Millionen in Bombay wohnten.[124] Jedes Mal, wenn wir auf die Straße hinausgingen, waren wir umspült von Taxis, Lastwagen, Bussen und Rikschas, klingelnden Glocken und dröhnenden Hupen und Abgasen. Wir lernten, uns durch das Menschengedränge aus Männern, Frauen und Kindern auf den Bürgersteigen zu manövrieren und uns Gelegenheiten zu verschaffen, miteinander allein zu sein.

Die Herausforderungen und Möglichkeiten des Alltagslebens in Indien hielten uns so auf Trab, dass wir nie dazu kamen, an den Heilungsweg zu denken, der noch vor mir lag.

TEIL IV

STEILE TREPPEN

Unser fünftägiger Besuch in der antiken Stadt Aleppo in Syrien im Januar 2010 hat ein Bündel eindrücklicher, unvergesslicher Bilder in meinem Geist hinterlassen.

Jeden Tag kämpften wir uns etliche Male die steinernen Treppen empor, die die alten, renovierten Häuser miteinander verbinden, die heute zusammen ein Hotel bilden. Die Angestellten huschen rasch und behände auf und ab, während wir schnaufen und pusten, mühsam ein Bein nach dem anderen heben und uns gegenseitig mit den Worten ermutigen: «Die Bewegung tut uns gut, und das in so einer Umgebung!»

Die Strapazen jener steilen alten syrischen Treppen sind nur das Vorspiel zu der freudigen Begeisterung, wenn wir dann die herrliche Architektur des riesigen, prachtvollen ottomanischen Hofes erreicht haben.

Ganz ähnlich wie die Anstrengungen meiner Seele auf der Reise zu Heilung und Freiheit ...

✳

14.
Riskante Abenteuer im Land
der Vergebung: Sommer 2000

eorge und ich nähern uns dem Empfangstresen. Unsere Blicke ruhen auf dem sympathischen Gesicht der Hotelangestellten. Es ist der Morgen nach einer unruhigen Nacht.

Am Nachmittag des vorausgegangenen Tages war uns, als wir durch die ulica [= Straße] Sadowa in der polnischen Kleinstadt Brodnica fuhren, ein exotisches Blütenmeer in dem Garten rund um das Hotel Magnat aufgefallen. Wir hielten an, stiegen die Stufen zu dem attraktiven neuen Gebäude empor und betraten das Foyer.

Um die Gegend in Ruhe erkunden zu können, hatten wir vor, mehrere Tage zu bleiben, und waren darum erleichtert, als wir die Tür öffneten und ein sauberes, helles und behagliches Zimmer vorfanden. Müde und glücklich legten wir uns schlafen, aber dann fanden wir das Haar in der Suppe. Das Hotelrestaurant hatte offensichtlich rund um die Uhr geöffnet. Und wir schliefen über der Küche, wo der energische Koch die ganze Nacht hindurch in unregelmäßigen Abständen mit den Töpfen und Pfannen klirrte und klapperte.

Die freundliche Empfangsdame schenkt uns ihre volle Aufmerksamkeit, aber es gelingt uns nicht, auch nur ein paar einfache Worte zu finden, mit denen wir uns verständigen können. Wir fühlen uns hilflos als Ausländer. Wie können wir die Kluft überbrücken? Getrieben von unserem Bedürfnis nach Ruhe und Schlaf, lassen wir alle Zurückhaltung fahren und fangen an, unsere nächtlichen Erlebnisse mimisch nachzuspielen. Den Kopf auf die Hände gelegt, die Augen geschlossen, angenehme Träume, lächelndes Gesicht, ein plötzliches Zusammenzucken, Augen offen, erschrockene Miene und das Ganze wieder von vorn … Die junge Frau versteht.

Sie überreicht uns einen neuen Schlüssel und lächelt entschuldigend.

Wie kam es dazu, dass George und ich mitten in Polen in einem Hotelfoyer ein Amateurtheater aufführten?

Eine unerwartete Frage

Das Abenteuer beginnt mit einer ganz und gar unerwarteten Frage. Es ist das Jahr 1999. George und ich sitzen uns in Phoenix an unserem Esstisch gegenüber.

«Wenn du auf der ganzen Welt überall hinfliegen könntest, wo immer du willst, welchen Ort würdest du dir aussuchen?» Eine ungewöhnliche Frage von George.

Seine Worte schweben in der Luft. Ich sehe auf seine Augen, die auf den Computerbildschirm zwischen uns gerichtet sind. Er zählt gerade die Vielfliegermeilen, die sich auf unserem Konto angesammelt haben. Seine Frage ist nicht beiläufig oder bloße Fantasterei. Wir haben genug Meilen für ein unbegrenztes Abenteuer, und wir beide können eine Pause gebrauchen.

«Ich würde gern die Orte besuchen, wo meine Mutter und mein Vater geboren wurden.»

Ich bin selbst überrascht von meiner schnellen Reaktion. Meine Antwort lässt all die anderen verlockenden Möglichkeiten links liegen. Die Worte kamen tief aus meinem Innern und drücken aus, wonach ich mich wirklich sehne. In der Vergangenheit habe ich oft das Gespür für meine wahren Wünsche verloren. Doch jetzt, nach all den Jahren, suche ich die Verbindung zu meinen Eltern.

Wie in mir die Bereitschaft wuchs,
mich der Vergangenheit zu stellen

1991 erwähnte Ruth Holden – meine jüdische Mitüberlebende aus Gemünd, die mit mir zum Kino gegangen war, um *Schneewittchen und die sieben Zwerge* zu sehen – ein neu erschienenes Buch von Hans-Dieter Arntz, *Judenverfolgung und Fluchthilfe im deutsch-belgischen Grenzgebiet.* Die Gottliebs, unsere Freunde aus Deutschland, kauften den 784 Seiten starken Band und schickten ihn uns nach Phoenix.

Ich packte das Buch aus, durchsuchte den Index und blätterte durch die Seiten. Ich wollte die Geschichte meiner Familie finden, hatte aber auch Angst vor dem, was ich entdecken würde. Auf Seite 352 las ich von dem jüdischen Kaufmann Markus Zack, geboren 1878 in Strasburg in Westpreußen, und seiner Frau Amalie Zack, geb. Schneider, geboren 1891 in Heddesheim im Kreis Kreuznach.

Ich starrte auf die Namen, Daten und Orte. Dann klappte ich das Buch zu und steckte es tief zwischen die anderen Bücher in einem abgelegenen Regal. Dort blieben die gedruckten Worte über sieben Jahre lang ungestört zwischen ihren Buchdeckeln.

Jetzt liegt das Buch auf meinem Schreibtisch. Der Umschlag ist schwarz, mit einem leuchtend gelben Titel über einer großen grauweißen Zeichnung mit dem Titel *Inferno.* Der Künstler Mathias Barz war ein 1895 geborener Nichtjude. Seine Frau Hilde Stein, 1896 geboren, war Jüdin. Er widersetzte sich den Rassengesetzen von 1935, indem er sich weigerte, sich von ihr scheiden zu lassen, und gemeinsam durchstanden sie gefährliche Jahre. Sie wurden von Freunden von einem Versteck zum nächsten geschmuggelt, immer auf der Flucht.

Im Dezember 1944 versteckte sich das Paar unter dem Dach eines Pfarrhauses in Kirchheim in der Eifel. In der Gegend herrschte Getümmel, da sich deutsche Soldaten in den Städten und Dörfern entlang der belgischen Grenze für Hitlers letzte Offensive sammelten, die Ardennenoffensive (auch Rundstedt-Offensive genannt). Eine kleine SS-Einheit hatte sich im Erdgeschoss des Pfarrhauses einquartiert. Nach dem Krieg berichtete Dechant Edmonds darüber, wie die Verfolgten von den Lebensmitteln der Verfolger aßen.[125]

Sowohl Mathias als auch Hilde überlebten. 1946 schuf er das Bild *Inferno, Christus am Kreuz mit in den Tod getriebenen Juden.*

✳

1999 greife ich erneut zu dem Buch *Judenverfolgung und Fluchthilfe im deutsch-belgischen Grenzgebiet.* Das Titelbild berührt mich tief. Ich ziehe es zu mir heran und mustere die weißen Flächen, die grauen und schwarzen Striche, gezeichnet von einem Mann, der dem Inferno nur knapp entkommen ist. Im Hintergrund liegen Haufen menschlicher Schädel; Hunderte trauernder Juden strömen auf den Betrachter zu. Sie schauen mich an und fragen: «Wirst du dich mit der Trauer befassen?»

Ein großer, realistisch gezeichneter Christus hängt hoch in ihrer Mitte – nackt, mit erhobenen Armen und niedergeschlagenem Blick. Alle haben denselben Gesichtsausdruck und dieselben Züge: Christus, die Männer, die Frauen, die Kinder, Junge, Alte und die dazwischen. Vor meinem geistigen Auge sehe ich die Hände außerhalb der Grenzen des Bildes ans Holz genagelt.

Mathias Barz inspiriert mich zu dem Versuch, selbst meine kleine Reise aus der Illusion in die Wirklichkeit anzutreten. Ich weiß so wenig über die Ursprünge meiner Eltern. Warum fehlen mir auch die einfachsten Kenntnisse über die Zacks? In der Not und Eile des plötzlichen Abschieds von Mutti und Vati 1939 hatte ich keinerlei Dokumente, Fotos oder Sachinformationen mitbekommen. Mein Gepäck enthielt lediglich Puppen, deren Kostüme und Kleider für ein sieben-, acht- oder auch neunjähriges, gut angezogenes deutsches Mädchen. Ich erinnere mich an einen ärmellosen Spielanzug mit winzigen roten, blauen und grünen Blumen auf einem cremefarbenen Untergrund. Noch heute, nach all den Jahren, kann ich spüren, wie die Sonne warm auf meine Haut schien, wenn ich an einem der seltenen Sonnentage in Exhall draußen auf einem Liegestuhl lag und diesen hübschen Anzug trug. Ich muss wohl etwa neun Jahre alt gewesen sein.

1941 wurde Kleidung rationiert. Coupons oder Geld für ein so extravagantes Stück dürfte es kaum gegeben haben. Meine Erinnerung an diesen Luxus ruft mir erneut die erbarmungslose Auflösung der Lebensweise unserer kleinen Familie vor Augen. So hart der Abschied von meinem komfortablen deutschen Dasein für mich auch war, für meine Eltern muss er unendlich viel grausamer gewesen sein.

Ich gebe mich der Suche hin

Als wir im Sommer 2000 mit unserem Mietwagen von Gemünd aus aufbrechen, kommen wir an der Kirche vorbei, blicken in Richtung Dreiborner Straße, wo ich als Kind wohnte, und fragen uns: «Ob dieses polnische Abenteuer sich wohl als Suche nach dem Ende des Regenbogens entpuppen wird?»

Die endlosen detaillierten Informationen, die heute ständig aus unseren Computern sprudeln, standen vor elf Jahren noch nicht zur Verfügung, zumindest uns nicht. «Strasburg» und «Heddesheim», die Namen der Orte, wo mein Vater und meine Mutter geboren wurden, sind verschwunden. Wie sollten wir es anstellen, etwas über ihr Leben in Erfahrung zu bringen?

Eine alte Landkarte

Bei einem kurzen Zwischenstopp auf der Reise von Kasachstan nach Phoenix erkunden wir London. Vor einem Landkartenladen in einer kleinen Gasse in der Nähe des Trafalgar Square steht ein mit Kartons beladener Klapptisch. Ohne etwas Bestimmtes zu suchen, blättere ich in den Kartons herum und ziehe wahllos eine alte Landkarte heraus. Die Karte ist aus einem Atlas herausgerissen worden. Ich lese den Titel: «Preußen». Mit angehaltenem Atem fahre ich mit dem Finger über die Klarsichtfolie, die das brüchige, vergilbte Papier schützt. Ich studiere die in winziger Schrift gedruckten Ortsnamen in dem Gewirr schwarzer Linien, die Straßen, Eisenbahnlinien und Flüsse darstellen. Etwas scheint meine Fingerspitze zu kitzeln. Die Buchstaben formen das Wort «Strasburg», der Herkunftsort meines Vaters, weit im Osten, südlich von Danzig, heute dicht an der russischen Grenze.

Ein polnisches Reisebüro in Phoenix

Jetzt wissen wir, wo die alte preußische Stadt Strasburg liegt. Aber wie lautet ihr heutiger polnischer Name? Wieder zu Hause in Phoenix, suchen wir Stefania Travel auf, ein polnisches Reisebüro. Stefania höchstpersönlich sucht die riesige Karte von Polen ab, die die halbe Wand bedeckt, und notiert «Brodnica» in der Nähe der größeren Stadt Toruń (deutsch Thorn). Sie fügt noch die Adresse und Telefonnummer des Generalkonsulats der Republik Polen am 12400 Wilshire Boulevard, Los Angeles, Kalifornien, hinzu. «Schreiben Sie dorthin», sagt sie, «und erkundigen Sie sich, wo Sie Ihre Familiendokumente finden können.»

Die Spur beginnt in Toruń

Das Generalkonsulat antwortet prompt auf Englisch und auf amtlichem Briefpapier mit Wappen und polnischem Briefkopf. Man rät uns, die Bezirksverwaltung in Toruń aufzusuchen. Mit ungefähr 207.000 Einwohnern ist Toruń das Zentrum der Region. Dokumente für die Einwohner von Brodnica dürften dort zu finden sein. Dass dieses Blatt Papier der entscheidende Schlüssel sein würde, um uns trotz der Sprachbarriere die Türen der lokalen Behörden zu öffnen, konnten wir nicht ahnen.

Am 21. August 2000 erreichen wir die von einer alten Stadtmauer umgebene Stadt Toruń an der Weichsel, gegründet im Jahr 1233 von Rittern des Deutschen Ordens. Die Stadt macht trotz ihrer wechselvollen Geschichte einen heiteren Eindruck. Nach dem Ersten Weltkrieg wurde die preußische Stadt durch den Versailler Vertrag als Teil des Polnischen Korridors Polen zugesprochen. Die Einwohner mussten entweder die polnische Staatsbürgerschaft annehmen oder die Stadt verlassen.[126] Ob die Entscheidung meines Vaters, seine Heimat zu verlassen und vom östlichen Rand des damaligen preußischen Reiches weit in den Westen zu ziehen, bis fast an die belgische Grenze, wohl durch den Versailler Vertrag bedingt war? Die Eisenbahnstrecke zwischen Toruń und Berlin wurde 1861 eröffnet. Ob er wohl aus einem Waggonfenster heraus seinen Eltern auf dem Bahnsteig am Bahnhof Toruń zum Abschied winkte, als er seine Reise antrat, die ihn nach Gemünd führen würde? Wir haben auf dem Weg von Gemünd nach Toruń in umgekehrter Richtung dieselben Landschaften durchfahren.

Früh am nächsten Tag beginnen wir mit unseren Nachforschungen. Wir gehen zur Bezirksverwaltung und legen dort dem Pförtner in seiner Glaskabine gleich hinter dem Eingang den Brief des polnischen Konsulats in Los Angeles vor, zusammen mit unserer handgeschriebenen Notiz: «Markus Zack, geboren in Strasburg, Westpreußen, 24.9.1878.» Höflich werden wir von Büro zu Büro bugsiert. In jedem davon werden unser Brief und der Zettel sorgfältig studiert. Lächeln und Nicken sind unsere einzigen Kommunikationsmittel. Schließlich übergibt man uns einen Zettel mit den Worten «Archiwum Panstwowe ul. Idzikowskiego 6». Wir erkennen das Wort «Archiv» und begreifen, dass die Unterlagen meines Vaters, falls sie noch existieren, nicht mehr in der Bezirksverwaltung bei den regulären Familiendokumenten gelagert werden. Aber wie findet man eine Straße, deren Namen man nicht aussprechen kann? Wir zeigen den

Zettel jedem, den wir auf der Straße treffen, beobachten genau und versuchen, uns die Handsignale der Leute zu merken. Endlich stehen wir vor der Tür des Archiwum Panstwowe, einem bescheidenen Eingang in einer ruhigen Straße.

Anna

Die Tür öffnet sich, und wir treten in das stille Gebäude ein. Die leitende Archivarin erwartet uns bereits. Die Bezirksverwaltung hat angerufen und die Ausländer mit ihrem Suchanliegen angekündigt. Anna ist mittleren Alters und trägt ein seidiges, schwarz-weiß geblümtes Kleid und eine Perlenkette. Ihre Haare hat sie nach europäischer Mode kastanienbraun gefärbt. Sie stellt uns ihren jungen Assistenten Lukas vor, der seine langen, blonden, gewellten Haare hinten zu einem Pferdeschwanz gebunden trägt.

Ich schaue Anna in die Augen und sehe Freundlichkeit, Intelligenz und einen traurigen Ausdruck. Sie spricht Englisch! Unsere Bitte um die Familienunterlagen der Zacks findet ein mitfühlendes Ohr.

Sie erklärt uns die Vorgehensweise. Nachforschungen in polnischen Archiven sind willkommen, und die Regeln sind klar und nachvollziehbar. Man kann sich so viel Zeit nehmen, wie man will, um die Folianten mit den Unterlagen zu durchsuchen, oder man kann die Mitarbeiter dafür bezahlen, dass sie die Suche übernehmen.

Die Unmöglichkeit der Aufgabe überwältigt uns. Wir sind so nahe dran, und doch scheinen konkrete Belege der Familiengeschichte meines Vaters immer noch außer Reichweite zu sein. All die riesigen Bände, jeder davon prall gefüllt mit unzähligen Dokumenten! Und wie sollen wir überhaupt die krakelige, 122 Jahre alte Schrift lesen? Das Archiv macht gleich zu, und Anna schlägt vor, dass wir am nächsten Morgen zurückkommen.

Kommen wir zu früh?

Ob das Archiv schon offen ist? Frisch ausgeruht kommen wir an, voller Tatendrang, die Papierberge zu erklimmen und die unleserlichen Schriften zu entziffern. Anna wartet schon auf uns. Sie kann ihre Aufregung kaum verbergen, als sie uns zu einem Holztisch in der Mitte des Raums führt. «Ich habe gestern Abend ein paar Bände mit nach Hause genommen», sagt sie und deutet auf einen der schweren alten Folianten, der aufgeschlagen auf dem Tisch liegt.

Wir betrachten die alte deutsche Handschrift mit zusammengekniffenen Augen. Dokument Nr. 161 vom 30. September 1878, Strasburg, unterschrieben vom Standesbeamten. Wir erkennen «Markus» und entdecken den Namen meiner Großmutter, «Caroline Zack, geb. Salomon». Mein Großvater Joseph Zack hat statt mit seinem Namen mit einem «X» unterzeichnet. Ein unwirklicher Moment. Ich habe Wurzeln; ich schwebe auf einmal nicht mehr haltlos im leeren Raum.

Da ist noch mehr. Unter den Büchern, die Anna mitgenommen hat, um sie zu Hause zu studieren, waren auch Bände aus dem Jahr 1840, gefüllt mit jüdischen Heiratsurkunden. Sie schlägt Nr. 36 auf, und wir sehen dieselbe geneigte, eckige Schrift vor uns. Meine Großmutter Caroline Salomon wurde am 8. Mai 1856 geboren. Sie heiratete Joseph Zack in Strasburg am 24. November 1877. Sie war also 21 Jahre alt. Joseph wurde am 29. August 1852 in Rypin geboren; er war 25, als sie heirateten. Rypin liegt gleich jenseits der Grenze, nur 23 Kilometer von Strasburg entfernt. Als mein Großvater geboren wurde, gehörte Rypin zu Russland. Er war ein Händler. War mangelnde Bildung der Grund, warum er seinen Namen nicht schreiben konnte, oder beherrschte er vielleicht nur die kyrillische Schrift?

Anna überreicht mir ihre sorgfältig abgeschriebene englische Übersetzung der Heiratsurkunde meiner Großeltern. Von einer Bezahlung will sie nichts wissen; stattdessen vertraut sie uns an, dass sie Klezmermusik liebt und Juden immer gern behilflich ist. Drei Jahre zuvor hat sie ihren Mann durch Krebs verloren, und sie hat selbst ein Buch über Brodnica geschrieben, um geistig aktiv zu bleiben, während sie sich von ihrer eigenen Krebsoperation erholte. «Tschernobyl», sagt sie.

Ich habe immer noch die offizielle handschriftliche Quittung Nr. 118/2000, unterzeichnet von Lukas, für die zwei Złoty, die wir für mehrere Fotokopien bezahlt haben.

Ehe wir Toruń verlassen, schauen wir noch ein letztes Mal im Büro des Archivs vorbei, um den größten Blumenstrauß abzuliefern, den wir finden können.

Strasburg/Brodnica

Auf dem Weg nach Brodnica, 65 Kilometer von Toruń entfernt, unterhalten wir uns über die letzten beiden Tage. Wir sind nach Polen gekommen, um nach einem Schatz zu suchen. Jetzt, wo wir zwei Fotokopien in den Händen halten, sinnieren wir über die Wendungen und Wechselfälle, die uns auf dem Weg zu unserer Entdeckung begegnet sind.

Das etwas außerhalb der Stadtmitte gelegene Hotel Magnat ist unsere Basis. Von dort aus erkunden wir die Stadt, die mein Vater vor vielen Jahren seine Heimat nannte.

Brodnica wurde wie Toruń im Mittelalter von den Rittern des Deutschen Ordens beherrscht. Heute sind ein einsamer, restaurierter Turm und ein Tor, das Teil der Stadtmauer ist, die einzigen Überreste der Befestigungen aus dem Jahr 1320. Die elegante deutsche Architektur im Stadtzentrum und Überbleibsel in zwei Kirchen zeugen von den Jahren der preußischen Herrschaft. Den Hügel über dem Stadtzentrum hinauf ziehen sich Reihen sperriger grauer Betonkästen, die nach der «Befreiung» Brodnicas durch die Rote Armee 1945 erbaut wurden.[127]

Ob hier noch Spuren der jüdischen Einwohner zu finden sind?

Die Juden von Strasburg

Die früheste bekannte Ansiedlung von Juden in Strasburg reicht in die 1770er-Jahre zurück. Etwa um diese Zeit wurde auch ein jüdischer Friedhof angelegt. Eine Synagoge und eine jüdische Schule wurden 1839 gegründet. Mein Vater wurde 1878 geboren. Die jüdische Bevölkerung in Strasburg erreichte 1871 mit 626 Personen ihren Höhepunkt. Während der nächsten fünfzig Jahre wuchs die nicht jüdische Bevölkerung von 5854 auf 6923, während die Zahl der Juden stetig abnahm. In den 1920ern waren nur noch einige wenige jüdische Familien übrig.[128]

Was ging in Strasburg zu Beginn des zwanzigsten Jahrhunderts vor, als Markus Zack das Mannesalter erreichte? Nach dem Ersten Weltkrieg wurde das Gebiet Polen zugeschlagen. Von nun an war Strasburg nicht mehr preußisch. Juden wurden geschlagen; die Dokumente verzeichnen vier Fälle im Jahr 1923. Die Präsidentschaftswahl 1922 verursachte eine Flut antisemitischer Propaganda. Die jüdische Gemeinschaft fühlte sich zunehmend isoliert. Viele wanderten nach Deutschland aus.

Am 1. September 1939 marschierten die Deutschen in Polen ein. Am 29. September wurden die wenigen in Strasburg verbliebenen Juden festgenommen und erschossen, zusammen mit einer Gruppe polnischer Bürger. Am selben Abend wurde die Synagoge niedergebrannt. Der Friedhof wurde geschlossen und die Grabsteine zerstört. Später wurden die Steine verwendet, um die Straßen zu pflastern.[129] Seit der kommunistischen Zeit steht dort, wo sich einst der Friedhof befand, eine Möbelfabrik.[130]

Und was wurde aus dem Grundstück, auf dem Juden hundert Jahre lang Gott angebetet und die Thora studiert hatten?

Im Jahr 2000 wandern wir durch Brodnica auf der Suche nach Hinweisen. Das Einzige, was wir sicher wissen, ist, dass meine Familie irgendwo auf diesem kleinen Fleckchen Erde lebte. An der Wand eines mittelalterlichen Backsteingebäudes, schön, hoch und schlicht, sehen wir ein Schild und lesen darauf das Wort «Museum». Genau in diesem Augenblick öffnet ein junger Mann die Tür. Er ist Student und spricht ein wenig Englisch. Wir kaufen uns Eintrittskarten, schauen uns die wenigen Ausstellungsstücke an und fangen ein Gespräch über die Juden von Strasburg an. Er erinnert sich, von seiner Mutter etwas über die Zerstörung der Synagoge gehört zu haben. «Der Marktplatz ist da, wo früher die Synagoge stand», sagt er langsam und bedächtig. Es ist ihm peinlich, dass es dort keine Erinnerungsplakette gibt.

Auf dem Marktplatz herrscht reger Betrieb. Im Schatten verblichener Markisen und bunter Sonnenschirme werden Gemüse und andere Waren angeboten. Ich gehe zwischen den Ständen umher, aber ich merke gar nichts von dem Lärm und dem lebhaften Treiben ringsum. Mein Blick klebt am Boden. Ich sehe das abgewetzte Kopfsteinpflaster und den aufgeplatzten Beton und sage mir: «Joseph Zack, Caroline Salomon Zack, mein Vater Markus Zack und alle ihre Freunde und Verwandten sind hier entlanggegangen.» Es ist heiliger Boden. Wahrscheinlich werde ich ihrem physischen Leben nie näher kommen als jetzt.

Wir erkunden die schmalen Straßen, die vom Marktplatz abzweigen, und finden winzige alte Häuser, dicht an dicht gebaut. Wir lauschen dem Lärm der Kinder, die auf der Straße spielen. Durch die offenen Fenster können wir das Essen riechen, das ihre Mütter gerade kochen. Könnte hier das jüdische Viertel gewesen sein?

Mein Vater war religiös. Wohnte die Familie Zack in der Nähe der Synagoge, um innerhalb der Distanz zu bleiben, die ein frommer Jude am Sabbat gehen durfte?[131] Ich weiß es nicht.

Ich bleibe ein Weilchen auf der kleinen Brücke stehen und schaue mich um. Unter mir plätschert der kleine Fluss Drwęca dahin. Im Was-

ser spiegeln sich die Wolken am blauen Himmel und das dunkle, üppige Laub grüner Bäume. Ich frage mich, ob mein Vater je auf der kleinen Brücke über dem Flüsschen Urft in der Nähe unseres Hauses in
Gemünd stand. Ob er sich, wenn er dort die Umrisse der Bäume im
Wasser sah, wohl an die Drwęca und seine Heimat in Strasburg erinnerte?

15.
«Leider existiert das Dorf Heddesheim nicht mehr»

ir fahren ins Nahetal hinein, und unsere Blicke wandern über die Weingärten, die von den Gipfeln der umliegenden Berge herabhängen wie das Gewebe eines gewaltigen grünen Gobelins.

Nach hiesiger Überlieferung pflanzten die Römer die ersten Weingärten oberhalb der Nahe, eines Zuflusses des Rheins. Möglicherweise waren es einheimische keltische Stämme, die vor zweitausend Jahren den nährstoffreichen Boden umgruben, die Steine heraushoben und die Terrassen für ihre neuen Herrscher anlegten.[132] Ist dies die Landschaft, die meine Mutter ihre Heimat nannte? Ihr Zuhause? Rannte sie hier mit ihrer kleinen Schwester Johanna die Hügel hinauf und hinab? Rafften sie ihre langen Röcke hoch und jagten einander auf denselben Pfaden, die wir heute hier sehen, zwischen den mit Trauben beladenen Weinstöcken hindurch?

Von Heddesheim ist auf einer modernen deutschen Karte der Naheregion keine Spur mehr zu finden. Der Name der Heimatstadt meines Vaters, Strasburg in Westpreußen, wurde in Brodnica, Polen, geändert. Heddesheim dagegen wurde absorbiert. Am 7. Juni 1969 wurde aus drei Dörfern – Breitenfelser Hof, Heddesheim und Waldhilbersheim – die Gemeinde Guldental.

Als ich während der Vorbereitungen zu unserer Entdeckungsreise versuchte, Heddesheim ausfindig zu machen, und Erkundigungen einzog, wo die Unterlagen für die Familie Schneider zu finden seien, schrieb ich an jede aussichtsreiche Adresse. Eine prompte Antwort erhielt ich von der «Arbeitsgemeinschaft für Pfälzisch-Rheinische Familienkunde e.V.», einem Verein, der Informationen über ortsansässige Familien sammelt. Oskar Pawlak* schrieb mir am 27. Juni 2000 zurück:

«Leider existiert das Dorf Heddesheim nicht mehr. Es ist jetzt eingemeindet nach D-55452 Guldental.»

Heute ist der 14. August 2000, und wir schlendern in der Nachmittagshitze durch das stille Guldental. Unsere Sinne sind gebannt von den Blumen, die hier aus jedem kleinen Spalt sprießen, von ihrem Duft und ihren leuchtenden Farben. Weinranken überspannen die schmalen Gassen. Alles ist so friedlich … so wunderschön …

«Die kleinen Füchse, die die Weinberge verderben»[133]

Mir wird eine Dissonanz bewusst zwischen der idyllischen Szenerie vor meinen Augen und dem Unbehagen, das ich bei dem Namen «Heddesheim» empfunden habe, seit ich 1992 zum ersten Mal den Eintrag auf Seite 352 in dem Buch *Judenverfolgung und Fluchthilfe* gelesen hatte: «Amalia Zack, geb. Schneider (1891 – Holocaust) … aus Heddesheim im Kreise Kreuznach.»[134]

Rosafarbene Geranien ergießen sich über ein Holzrad an einer Straßenecke. Ein Teil der Hausecke ist abgeschnitten, und an der flachen Wand bemerken wir zwei ovale dekorierte Weinfassdeckel. Unter der heißen Sonne beschatten wir unsere Augen mit den Händen und entziffern das kleine Straßenschild: «Judengasse». Sind wir in Guldental, oder befinden wir uns im ehemaligen Heddesheim?

Langsam gehen wir die Judengasse entlang.

Ob meine Mutter wohl in dieser schmalen Gasse gespielt hat? Hörte sie die Stimme ihrer Mutter aus dem Fenster eines dieser kleinen Häuser rufen: «Amalie, Amalie, komm rein, das Essen ist fertig»?

Am Ende der Judengasse verkündet eine Tafel an der Wand klar und deutlich: «Heddesheim».

Wir wandern die Hauptstraße entlang und kommen zu einem aus hellen Backsteinen erbauten zweistöckigen Gebäude. Zwei offene Weinfässer mit rot angemalten Rändern liegen auf der Seite rechts und links neben der steinernen Treppe, die hinauf zu den alten, beschnitzten Holztüren führt. Ich steige die Stufen empor und lese die aufgemalten Buchstaben auf einem weiteren Weinfassdeckel, der oberhalb einer Weinranke an der Wand angebracht ist: «Heimat- und Weinbaumuseum». Ich drücke die Klinke herunter, aber die Türen sind verschlossen. Dann bemerke ich einen handgeschriebenen Zettel mit einer Wegbeschreibung in die Grabenstraße 17, unterzeichnet von Günther Lukas.

«Suchen Sie Günther Lukas?»

Zwei Arbeiter stehen in einer schattigen Gasse neben dem Museum. Vielleicht können sie uns den Weg zur Grabenstraße zeigen. Ich warte auf eine Pause in ihrem Gespräch mit einem weißhaarigen Mann, der einen Stapel Fotos in der Hand hält. Er wendet sich an mich und fragt: «Suchen Sie Günther Lukas? Das bin ich.» Er schließt die Türen auf und winkt uns herein. Als er von meiner familiären Verbindung zu Heddesheim hört, scheint ihn dieselbe Erregung zu packen wie uns. Er führt uns durch Räume voller Landkarten, Bilder, Dokumente, Plakate und antiker Holzwerkzeuge, die an den Wänden hängen und auf den ächzenden Dielen und auf den Tischen stehen – Heddesheimer Geschichte, vermischt mit Weinbau.

Günther Lukas ist ein Banker im Ruhestand, ein bekannter Weinverkoster, lokaler Historiker und Vater des Museums. Im letzten Raum sind eine Wand und ein Tisch den Juden gewidmet, die einst in Heddesheim lebten. Er verlässt seine Rolle als Kurator und seine einstudierte Präsentation und flüstert: «Mein bester Freund aus der Kindheit, ein Jude, starb in einem Konzentrationslager. Noch heute tut es mir von Herzen leid um meinen Freund, und ich möchte das jüdische Andenken lebendig halten.»

Wir gehen zusammen zum Mittagessen in das elegante Restaurant «Kaiserhof». Wir alle trinken um die Wette ein Glas Wasser nach dem anderen nach den langen Wegen in der heißen Sonne. Dann schlendern wir noch einmal durch die Judengasse, diesmal zusammen mit Günther. Er erzählt uns, dass die Straße in der Nazizeit abgeriegelt und in ein Getto verwandelt wurde.

Mit Günther als unserem großzügigen und engagierten Führer erkunden wir sein Heimatdorf. In einer Nachbarstraße treffen wir seinen Cousin, der uns zu einem Rundgang durch den riesigen, kühlen, dunklen Weinkeller der Familie einlädt. Umringt von Reihen von Weinfässern, riechen wir den Wein und würdigen die Geduld, die zur Vergärung der Trauben gehört. Diese Kelterei ist nur einer der 41 Weinbaubetriebe unter den 2900 Einwohnern von Guldental.

Draußen im hellen Sonnenlicht weist uns Günther auf die alte Schule in der Hauptstraße 14 hin, erbaut in den Jahren 1895 und 1896 und äußerlich kaum verändert seit der Zeit, als meine Mutter auf die «neue Schule» ging. Evangelische und jüdische Kinder hatten ihren Unterricht im Obergeschoss, während die römisch-katholischen Schüler ihre eigenen Lehrer im Erdgeschoss hatten. Ob meine Mutter begierig darauf wartete, in die Schule zu kommen, während sie zusah, wie das eindrucksvolle Backsteingebäude allmählich Gestalt gewann?

Hinter der St.-Jakobus-Kirche

Hinter der St.-Jakobus-Kirche in der Hauptstraße 8 gehen wir drei auf ein kleines, eingeschossiges Haus mit gewelltem, überhängendem Ziegeldach zu. Günther eröffnet uns, dies sei das Zuhause der Familie Schneider gewesen!

Der Lärm von Sägen und Hämmern, die lauten Stimmen der Arbeiter, die Musik der Orgelpfeifen und die Geräusche der Prozessionen müssen während jener ersten Lebensjahre meiner Mutter durch die Fenster und Wände ihres Elternhauses gedrungen sein. Der Kirchenbau wurde 1894 vollendet. Damals war meine Mutter drei und Johanna zwei Jahre alt.

Der Mann, der kürzlich das alte Haus unserer Familie gekauft hat, soll, so erzählt man sich im Dorf, ein Russe sein. Wir klopfen zaghaft an die Tür. Stefan, der neue Besitzer, öffnet uns. Er trägt einen Ohrring und mehrere Tätowierungen auf dem Arm. Er kommt aus Norddeutschland. Obwohl wir unangemeldet auf der Matte stehen, heißt er uns willkommen. Wir schütteln einander die Hände, und er bittet uns herein. «Den Namen ‹Schneider› habe ich in der Grundbuchakte gesehen», sagt er, während er sich anschickt, uns herumzuführen.

In der Küche fällt mein Blick auf ein schwarzes, verziertes Eisentablett, das an der Wand angebracht ist. Plötzlich steigt eine lebhafte Erinnerung in mir auf. Ich war vielleicht drei Jahre alt. Ich stehe auf dem Küchentisch, umringt von Leuten, vielleicht von der Familie meiner Mutter, und mein Vater gibt mir einen Klaps auf die Beine, nur ganz leicht. Eine große Ausnahme; ich kann mich nicht erinnern, dass mein Vater mich sonst je gezüchtigt hätte. Er erfüllte mir jeden Wunsch und tröstete mich, wenn ich Wutanfälle bekam. Ich musste wohl etwas sehr Ungezogenes angestellt haben. War es, weil ich auf den Tisch geklettert war? War mein stolzer Vati wegen meines Betragens beschämt, hier vor den Augen der Familie seiner Frau in der engen Küche? Ich erinnere mich deutlich, dass die Gruppe um uns her ihn dafür zurechtwies – ein Schritt weiter zur Entwicklung einer verwöhnten kleinen Prinzessin.

Ehe wir das ehemalige Haus meiner Familie verlassen, führt Stefan uns in den Keller, und ich steige die steile, schmale Treppe hinab und sehe den Eingang zu einem Tunnel. Günther bestätigt die Geschichte, die Stefan uns erzählt. Zwischen 1630 und 1635, als Schweden während des Dreißigjährigen Krieges Deutschland besetzte, wurde dieser lange Tunnel von den Dorfbewohnern als Fluchtweg in die Weinberge gegraben.

Waren meine Großeltern die ersten Juden, die das alte Haus besaßen?

Ich breite die Bruchstücke der Geschichte meiner Mutter vor mir aus, wende sie hin und her und halte sie gegen das Licht, dankbar für jede kleine Einzelheit, die ich herausfinden konnte, und traurig über den Verlust all der fehlenden Teile.

Die Synagoge

Im Jahr 1910 gab es in Heddesheim und im Nachbardorf Waldhilbersheim nur eine kleine jüdische Gemeinschaft. Nach den Aufzeichnungen waren es 1858 noch neunzig Personen gewesen. Durch Auswanderung war diese Zahl bis 1925 auf 29 gesunken.

Die *Allgemeine Zeitung des Judentums* berichtete über die Einweihung der neuen Synagoge in Heddesheim/Waldhilbersheim am 16. September 1910. Politische und religiöse Würdenträger aus der Region nahmen an der Feier teil, die mit einem Gebet für Kaiser und Reich endete. Dann lud Augustus Schneider, der Vorsitzende der Synagoge, alle Anwesenden zu einem gemütlichen Beisammensein ein. [135]

Augustus Schneider war mein Großvater. Er hatte vier Töchter. 1910 war Amalie neunzehn, Johanna achtzehn, Dorothea fünfzehn und Elisabeth dreizehn Jahre alt.

Mutti, hast du damals schöne neue Kleider für dich und deine Schwestern genäht? Die Schneider-Mädchen mussten ja jedem auffallen. Träumtest du davon, unter all den Gästen einem schmucken jüdischen Jungen zu begegnen?

Das Synagogengebäude in der Naheweinstraße 83 ist noch heute zu sehen. Es steht am Rande des Ortes wie eine einfache Scheune. Die Fenster sind zugemauert oder mit Brettern vernagelt.

Günther führt uns zu dem Haus nebenan. Der Nachbar, der gerade im Garten arbeitet, freut sich, uns seine Blumen zu zeigen, all die verschiedenen Arten und bunten Farben. Er gibt Günther den Schlüssel zu dem kahlen Backsteingebäude.

Neben der verschlossenen Tür der ehemaligen Synagoge hängt eine kleine blaue Emailleplakette, dekoriert mit einem weiß gemalten Rahmen, mit vier eingestanzten Löchern für Nägel in den Ecken. Die Nägel halten immer noch die Metallplatte an der Wand fest. In der Mitte des Rechtecks befindet sich ein Loch. Beim Betrachten glaube ich das Echo eines Pistolenschusses aus der Vergangenheit zu hören. Rund um das Loch ist die Emaille von dem rostigen Metall abgeblättert, und auf dem blauen Hintergrund ist nur noch der weiße Buchstabe «f» zu lesen.

In der dunklen Winternacht vom 9. auf den 10. November 1938 wurden zwei Thorarollen, 75 Gebetbücher, silberne Lampen, Becher und Teller, Vorhänge, Tischdecken und ein Ofen gestohlen oder zerstört. Im Januar 1939 wurde das Gebäude verkauft.[136]

Günther hat Mühe, den Schlüssel im Schloss herumzudrehen. Endlich öffnet sich die Tür – teilweise. Irgendetwas blockiert den Zugang. Wir stecken unsere Köpfe hinein. Der Lichtstrahl, der durch die schmale Öffnung hineinfällt, offenbart alte Pferdekutschen, dicht zusammengedrängt in einem Durcheinander aus Rädern und Karossen.

Ich mustere die Decke und die Wände und bemerke die architektonischen Überreste, die von der fröhlichen, gemeinschaftlichen Einweihung im Jahr 1910 geblieben sind. Das fein gearbeitete Muster des Stuckkreises an der Decke fällt mir auf. Eine der verschwundenen Lampen muss aus dem Loch in der Mitte des Kreises herabgehangen haben. An den abblätternden Wänden sind immer noch der ursprüngliche weiße und braune Anstrich und die hellblauen Reliefverzierungen zu sehen. Ich stelle mir vor, wie mein Großvater und seine Freunde, die Häupter mit Gebetsschals bedeckt, sich hier an gewöhnlichen

Sabbattagen zwischen den hohen Festen des jüdischen Jahres tief verneigten und hebräische Worte rezitierten und sich an den frischen, hellen Farben ihrer heiligen Stätte erfreuten.

Die Synagoge bestand nur für 29 kurze Jahre.

Der Friedhof

Ohne einen Führer wäre es schwierig, den jüdischen Friedhof ausfindig zu machen, obwohl er eine offizielle Adresse hat: Auf dem Engelroth, Waldhilbersheim.[137] Günther zeigt uns den Weg in den Wald entlang schmaler, mit Ästen überhangener Gassen, die gerade breit genug für einen Traktor oder ein Auto sind. Nach etlichen Kurven erreichen wir eine kleine Einfriedung. 42 Grabsteine und einige Bruchstücke stehen aufrecht innerhalb des niedrigen Jägerzauns. Die Bäume spenden uns Schatten, eine Wohltat in der heißen Sonne.

Wir öffnen das Tor und sehen den großen schwarzen Marmorstein mit der Aufschrift:

Hier ruhen in Gott
Unsere lieben unvergeßlichen Eltern

… und dann, nach einigen hebräischen Buchstaben:

August Schneider	Flora Schneider, geb. Mayer
geb. 20.1.58	geb. 18.1.64
gest. 19.5.35	gest. 3.4.30

Eine merkwürdige Freude erfüllt mich bei dem Gedanken, dass sie beide eines natürlichen Todes gestorben sind. Und dort auf dem stillen Friedhof geht mir das Herz auf, und ich kann meinen mittleren Namen «Flora» endlich annehmen. Ich habe Flora nie gemocht. «Was für eine komische Namenswahl», dachte ich immer. Ich wusste ja nicht, dass ich nach meiner Großmutter mütterlicherseits so genannt worden war. Unter den Bäumen an diesem vergessenen Ort schloss ich meine Großmutter Flora Schneider in die Arme.

Der Vorfall mit dem Küchentisch im Haus der Familie muss sich wohl ereignet haben, als meine Mutter, mein Vater und ich zur Beerdigung meines Großvaters von Gemünd nach Heddesheim kamen. War ich dann etwa schon einmal hier auf diesem Friedhof, um mit den anderen Trauernden den Sarg in den Wald zu geleiten?

Hatte mein Großvater diesen Stein 1930 in Auftrag gegeben, als seine Frau starb, und einen Platz für seinen eigenen Namen frei gelassen?

Unter den Namen meiner Großeltern steht quer über den Sockel des Steins eine Zeile aus eingravierten Buchstaben, die ein Zitat ergeben, ohne die Quelle zu nennen:

Die Liebe höret nimmer auf

Warum wurde dieser Text – aus dem Neuen Testament, 1. Korinther 13,8, nach der Lutherbibel von 1545 – ausgewählt? Trafen meine Verwandten einfach nur eine Auswahl aus einer Liste, die ihnen ein nicht jüdischer Steinmetz vorlegte? War dieser Ausspruch bei Juden beliebt, ohne dass sie sich seiner Herkunft bewusst waren? Oder sind dies einfach die Worte, die die Sehnsüchte meiner Familie am besten ausdrücken?

Ich lasse meinen Blick flüchtig über die anderen Grabsteine schweifen und verharre vor dem von Amalie Schneider, geb. Schosser, 1821–1890. Bin ich etwa hier zum Grab meiner Urgroßmutter geführt worden?[138] Meine Mutter wurde 1891 geboren und müsste nach der jüdischen Sitte, dem ersten Kind, das nach dem Tod eines Großelternteils geboren wird, denselben Namen zu geben, nach ihrer Großmutter väterlicherseits benannt worden sein – in diesem Fall Amalie Flora.

Ein Rauch seid ihr

Was ist euer Leben? Ein Rauch seid ihr, der eine kleine Zeit bleibt und dann verschwindet.[139]

Meine Großeltern nannten meine drei Tanten Johanna, Dorothea und Elisabeth. Im Alltag wurden sie Hanna, Dora und Lisbet genannt. Geheiratet haben sie nie. Wer waren die Schneider-Mädchen? Ihre Identität, ihr Charakter, ihr Wesen sind verschwunden. Sie haben keine Fotografien hinterlassen; nur ein paar Worte auf einigen Blättern Papier – eine Postkarte von Tante Lisbet, ein Umschlag und ein Brief von Tante Hanna und eine von meiner Mutti beschriebene Seite, die aus einem Poesiealbum herausgerissen wurde. Von Tante Dora nur Schweigen.

Ich versuche, die nebelhafte Erinnerung an sie wieder zum Leben zu erwecken – ich kannte sie ja nur als in mich selbst versunkenes kleines Kind. Tante Hanna sehe ich als eine dunkelhaarige, gut gebaute, starke, intelligente Geschäftsfrau vor mir. Tante Dora hat mattbraune Haare. Sie ist von zierlicher Gestalt, zaghaft und immer mit der Hausarbeit beschäftigt. Tante Lisbet ist geheimnisvoller – sie tritt nur in kurzen, aufregenden Episoden in mein Leben. Ihr Haar ist lockig und dunkel. Sie ist attraktiv und kultiviert, und sie lacht gern.

Ich erinnere mich, wie ich einmal bei Hanna und Dora in ihrer Koblenzer Erdgeschosswohnung im Markenbildchenweg 30 zu Besuch war. Über einem großen, dunklen Holztisch, auf dem eine Schreibmaschine steht, deren Tasten auf Hannas Finger warten, hängt ein prachtvoller Leuchter. Hat sie ihre Fähigkeiten als Geschäftsfrau von ihrem Vater gelernt? Sie trägt ein dunkles, gut geschnittenes Kostüm aus feinem Stoff, etwas streng im Stil.

Dora trägt eine Schürze. Ich folge ihr durch den schmalen, düsteren Korridor in die kleine Küche und setze mich an den Tisch. Es riecht nach Gas. Sie kocht mir ein Ei zum Frühstück. Sie bestreicht das Roggenbrot mit Butter und schneidet es in schmale Streifen, die ich einen nach dem anderen in das genau richtig gekochte, flüssige Eigelb tunken kann. Mit einem sauberen Messerschlag schneidet sie geschickt das Ei auf. Während ich meine Erinnerungen daran niederschreibe, schmecke ich Brot und Ei auf der Zunge und frage mich dann: «Ist das eine echte, akkurate Erinnerung?»

Lisbet wohnte einige Zeit im Südwesten Berlins in der Ernst-Ring-Straße 2 in 14129 Schlachtensee. Ich studiere die Postkarte, die sie mir von dort am 18. Juli 1939 ins Zimmer 154 des Jüdischen Krankenhauses in Köln schickte, wo ich mich von meiner Blinddarmoperation erholte. Lisbets überschwängliche Worte füllen die Rückseite der Postkarte bis an die Ränder aus. Die Zeilen sind gleichmäßig und präzise, aber die einzelnen Buchstaben sind hastig geschrieben. Die «a» und «o» sind nicht geschlossen. Sie schließt mit den Worten: «Grüße Alle und für Dich viele Küsschen von Deiner Tante Lisbet.»

Ich greife nach dem Umschlag und Brief von Tante Hanna vom 2. August 1939 aus Koblenz. Handschriftlich adressierte sie den Umschlag: «An die Dame in England, die das Kind in Empfang nimmt». Der zweiseitige Brief im Innern ist maschinegeschrieben und beginnt mit der Anrede «Sehr geehrte gnädige Frau». Tante Hanna fährt fort: «Da Hannelore das einzige Nichtchen in der ganzen Familie ist, haben die Tanten natürlich eine große Liebe für sie.» Diese Liebe drückt sie durch allerlei praktische Anteilnahme aus, indem sie sich erkundigt, ob es in meinem Gepäck an Kleidung, Bettzeug oder irgendetwas anderem fehlt.

Ich google die Adressen in Berlin und Koblenz. Beide existieren noch heute. Sind das noch die ursprünglichen Gebäude, oder wurden sie bombardiert und wieder aufgebaut?

Kind und Kegel

Meine Eltern gaben mir den Namen Johanna Flora Zack. Wie sehr ich mich von meiner Vergangenheit abgeschottet habe, zeigt sich an meinem neuen Bauchgefühl für den Umstand, dass meine Tante Johanna und ich denselben Namen haben. Natürlich wusste ich das schon vorher, aber erst dadurch, dass ich in diesen Tagen des Schreibens mit der Erinnerung an die Schneiders lebe, ist in mir eine Liebe zu meiner Familie gewachsen, und ich strecke meine Hand nach ihren Schatten aus.

Warum wurde Johanna als erster Vorname für mich ausgesucht? Hat meine Mutter ihre Schwester besonders bewundert? Zu Hause wurde ich Hannelore genannt, doch in England und bis heute nennt man mich Hanna, genau wie Tante Hanna.

Soviel ich weiß, bin ich das letzte noch lebende Mitglied der Familie August Schneider. George und ich sind kinderlos.

Silhouetten

Wie sind sie verschwunden, die Schneider-Schwestern? Wie kann ich ihre kaum sichtbare Spur auffinden und ihrem Leben einen Hauch von Würde geben?

Nach unserem Besuch in Guldental schickte uns Günther Lukas per Mail die Kopie einer Kursarbeit des Guldentaler Gymnasiums aus dem Schuljahr 1994/1995. Sie trägt den Titel «Die ehemalige jüdische Gemeinde in Guldental». Durch Günther ermutigt, die Geschichte der ortsansässigen Juden zu studieren und zu dokumentieren, erwähnt die Schülerin auch den Zwangsverkauf des Hauses Schneider zu einem Preis, der weit unter dem wahren Wert lag. Johanna wickelte den Verkauf ab, und Dorothea wurde mit einem Nervenzusammenbruch in ein jüdisches Krankenhaus eingeliefert.

Am 31. August 2007 erhalte ich einen dünnen Aktenordner, der mir durch Boten von der Geschäftsstelle des Roten Kreuzes in Phoenix ausgehändigt wird. Darin befindet sich die Antwort des International Tracing Service (Internationaler Suchdienst) auf meine Bitte um Informationen über meine Eltern und Tanten. Diese bis 2012 vom Internationalen Roten Kreuz und seit 2013 vom Bundesarchiv betriebene Nachforschungseinrichtung beherbergt in Bad Arolsen, einer kleinen Stadt in Nordhessen, einen riesigen Vorrat an Holocaust-Dokumenten und einiges an persönlichen Gegenständen. Für die Öffentlichkeit zugänglich wurden die dort gesammelten Informationen erst im Jahr 2007.

Ich schlage den schlichten, gelben Ordner auf. Was werde ich darin über meine Familie finden? Die Daten und Orte der Geburt meiner Eltern und ihre letzte Adresse in Köln werden bestätigt. Diese Aufzeichnungen verfolgen ihre letzte Reise nur bis nach Lodz.

Ich nehme den Begleitbrief zur Hand, der die Informationen über meine Tanten vorstellt:

SCHNEIDER, Johanna, geb. in Heddesheim am 23.8.1892
SCHNEIDER, Dorothea, geb. in Heddesheim am 10.8.1895
SCHNEIDER, Elisabeth, geb. in Heddesheim am 22.1.1897

Darunter liegt eine geschwärzte Kopie einer Karte von der Staatspolizei an Elisabeth Schneider vom 9. Juni 1937, auf der ihr ein Pass für eine Reise nach Luxemburg verweigert wird. Wollte sie fliehen?

Die übrigen Papiere in dem Ordner aus Bad Arolsen sind Kopien einer gedruckten Liste, die von der Geheimen Staatspolizei (Gestapo) in Koblenz aufgestellt wurde. Laut Überschrift ist es eine Liste «der am 22. März 1942 aus dem Stadt und Landkreis Koblenz evakuierten Juden». Alles stimmt: ihre Namen, ihre Geburtsdaten und Geburtsorte. Schneider, Dorothea ist Nummer 250; Schneider, Elisabeth Nummer 251, und Schneider, Johanna Nummer 252. In der Spalte «Letzte Anschrift» ist für alle drei die Adolf-Hitler-Straße 15 in Kobern angegeben. Offenbar hatte Dora das Krankenhaus wieder verlassen, und irgendwann war Lisbet aus Berlin zu ihren Schwestern zurückgekehrt.

Sicherlich bestand diese Liste mit den Namen deportierter Juden noch aus etlichen weiteren Seiten, aber ich habe nur die beiden relevanten Seiten mit 96 Namen. Daran fällt mir auf, dass eine Reihe von Familien unter derselben Adresse in einer Handvoll «Judenhäuser» lebte. Vielleicht wurden sie wie meine Eltern gezwungen, zusammen mit anderen Juden in ein Gebäude zu ziehen. Meine Tanten sind die Einzigen, deren Adresse mit Adolf-Hitler-Straße 15 in Kobern angegeben ist. Kobern liegt siebzehn Kilometer von Koblenz entfernt.

Ob sie wohl beim Besteigen des Zuges zu ihrer letzten Reise wie die anderen versuchten, daran zu glauben, sie würden in den Osten geschickt, um dort zu arbeiten? War es ein Trost für sie, dass sie alle drei zusammen waren?

Der Ort ihres Todes ist als Izbica, Krasnystaw, Lublin, Polen angegeben. Neben der Kategorie «Status des Opfers Ende WW2» steht das Wort «vermisst».

Ich bin bestürzt über die sprachlose Vergangenheit.

Izbica

Izbica, ein kleiner jüdischer Ort oder «Schtetl» in der Woiwodschaft Lublin, wurde von den Nazis als Hauptdurchgangsgetto für Juden aus Polen, Deutschland, Österreich und der Tschechoslowakei ausgewählt, weil es günstig an der Haupteisenbahnstrecke zu den Todeslagern in Belzec und Sobibor lag.[140]

Meine Tanten verließen Koblenz am 22. März 1942 vom Güterbahnhof Koblenz-Lützel aus. Sie wurden in den ersten Zug gesteckt, der Juden in den Osten brachte.[141] Zwischen März und Juni 1942 wurden 11.000

bis 15.000 europäische Juden nach Izbica gebracht. Um für diese eintreffenden Transporte Raum in dem kleinen Schtetl zu schaffen, wurden Juden ab dem 24. März 1942 erbarmungslos von dort in die Todeslager Belzec und Sobibor deportiert.

Die Zustände in Izbica waren unerträglich – zu viele Menschen, Hunger, Typhus. Historiker schätzen, dass viertausend Juden auf dem jüdischen Friedhof begraben wurden und dass zweitausend davon zusammengetrieben und erschossen worden waren.[142] Wie seid ihr gestorben, Hanna, Dora, Elisabeth? Am Hunger, an einer Krankheit, an einer Kugel? Oder musstet ihr nackt in Belzec oder Sobibor die Rampe zum Badehaus hinaufrennen?

Ihr habt euch immer um alle meine Wünsche und Bedürfnisse gesorgt. Ich konnte euch nicht einmal ein Glas kaltes Wasser geben.

Drei der Schneider-Schwestern starben in Izbica oder Belzec oder Sobibor in Polen, als im Jahr 1942 das Frühjahr in den Sommer überging. Im selben Jahr starb am 3. Mai ihre große Schwester mit ihrem Mann in Chelmno in Polen. Ich war zehn Jahre alt.

Langenlonsheim

Im Jahr 2000 fand ich die Geburtsurkunden der vier Schwestern im Rathaus Langenlonsheim, wo die Unterlagen für die sieben umliegenden Dörfer gelagert sind.

Als ich versuchte, die undeutliche Schrift zu entziffern, mit der die Felder auf den Kopien der alten gedruckten Dokumente ausgefüllt sind, fühlte ich die Freude meiner Großeltern mit, die sie vier Mal empfanden, wenn sie von Heddesheim nach Langenlonsheim fuhren, um die Geburten ihrer Töchter anzuzeigen. Ab dem dritten Mal schluckten sie dabei vielleicht auch eine gewisse Enttäuschung herunter – schon wieder ein Mädchen.

Was stand da für ein Wort vor dem Namen meines Großvaters? Die über hundert Jahre alten Buchstaben ergeben das Wort «Weinhändler». Mein Großvater war ein Weinhändler!

Und genau in der Mitte der Seite mit der Geburtsurkunde meiner Mutter stand in gestochener Schrift mit dünnen Aufstrichen und fetten, schwarzen Abstrichen der Name «Amalia».

Amalia, Amalie, Milla, Mally

Gleich hinter dem Eingang der St.-Nikolaus-Kirche in Gemünd steht eine verschlossene Vitrine. Unter dem Glas liegt ein geöffnetes Buch auf einem beschnitzten Holzpult. Es ist ein Erinnerungsbuch für die Bürger von Gemünd, und die Seiten werden täglich umgeblättert, um die Namen der Toten und ihre Todesdaten zu zeigen. Vor vielen Jahren hat Willi Kruff sie Buchstabe für Buchstabe sorgfältig eingetragen, beeinflusst von der formellen gotischen Schrift, die in Deutschland in seiner Jugendzeit so beliebt war.

Jedes Jahr am 9. und 10. November wird in dem Buch die linke Seite mit der Überschrift «9.–10. November 1938» aufgeschlagen, und auf der rechten Seite erscheinen unter der Überschrift «Reichskristallnacht» Willis Erinnerungsworte:

> Am Frühmorgen des 10. November wurde die Synagoge in der damaligen Mühlenstraße auf Befehl, unter Feuerwehrschutz für die Nachbarhäuser, in Brand gesteckt. Wir gedenken besonders an diesen Tagen der jüdischen Mitbürger, die in Konzentrations- und Internierungslagern umgebracht wurden.[143]

23 Namen in alphabetischer Reihenfolge nehmen den Rest der beiden Seiten ein. Die letzten drei Namen auf der Liste sind Zack Marcus, Zack Milla und Zack Georg.

Ich kann mich nicht erinnern, je gehört zu haben, wie mein Vater oder sonst irgendjemand meine Mutter «Milla» nannte. Der Name auf ihrer Geburtsurkunde lautet «Amalia», während ihr Name auf der offiziellen Liste der Juden, die am 30. Oktober 1941 von Köln nach Litzmannstadt (Lodz) aufbrachen, als «Amalie» angegeben ist. Vielleicht wurde ein «a» am Ende eines eilig handgeschriebenen «Amalia» falsch gelesen und als «e» eingetippt. Oder vielleicht wurden im täglichen Sprachgebrauch vier Silben zu drei verkürzt, und sie wurde «Amalie» genannt. War «Milla» der Spitzname meiner Mutter? Oder hatte sich Willi in seiner Kindheitserinnerung vertan, als er das schrieb?

Ich kann mich nicht mehr mit Willi zusammensetzen und ihm meine Fragen stellen. An einem düsteren, kalten Sonntag im November 2010 fuhr er mit seinem Auto auf dem Weg zur Kirche gegen eine Wand. Er war sofort tot. Willi war ein vorsichtiger Autofahrer; vermutlich hatte er einen Herzanfall erlitten.

Ein Jahr später, als ich meine Geschichte niederschreibe, denke ich an den Verlust meines Freundes. Dann fällt mir die Seite ein, die Ruth aus ihrem Poesiealbum riss, um sie mir zu schenken. Ich stöbere, bis ich sie gefunden habe. Dort hat meine Mutter in ihrer flüssigen Handschrift am 23. April 1937 einen wohlbekannten Vers eingetragen:

«*Genieße, was Dir Gott beschieden,*
Entbehre gern, was Du nicht hast,
Ein jeder Stand hat seinen Frieden,
Ein jeder Stand hat seine Last.

Zum freundl. Gedenken an Deine Mally Zack»

Ich wiederhole den Namen tonlos: «Mally … Mally …»

Mutti, wer bist du?

Auch wenn das Leben meiner Mutter im Nebel der Vergangenheit verblasst ist, bin ich dankbar für die Lichtschimmer, die unsere Besuche
in Heddesheim zutage gefördert haben. Ich frage mich, ob nicht das
Vermächtnis, das meine Mutter mir hinterlassen hat, in der herrlichen
Umgebung ihrer Kinderjahre besteht – Frieden, Einfachheit, Natür-
lichkeit, Fruchtbarkeit, Fröhlichkeit, Jubel?

Brachte sie eine Mitgift der Herzlichkeit und Freude mit, als sie nach
Gemünd kam? Glich sie die Traurigkeit meines Vaters aus? Er hatte
seine Familie verloren, sein Zuhause in Strasburg und dann seine erste
Frau. Licht, Frieden, Ordnung und Liebe durchtränken meine eigenen
Kindheitserinnerungen an unser Zuhause in der Dreiborner Straße 174
in Gemünd.

TEIL V

EIN HEILIGES ABENTEUER

Notizen auf dem Weg: Frühjahr 2010

Du hast uns berufen, mit den Verlassenen zu gehen,
die zu verstehen, die gelitten haben,
wie du es tatest.

Hans-Peter Lang in einem Gebet
an unserem ersten Abend in Lodz

Ich bin ein Wanderer auf dem Weg zu einer heiligen Stätte,
wo Gott mich in seiner hohlen Hand hält.

Henri J. Nouwen (1932–1996)[144]

✳

16.
Auf ihren Spuren
bis zum bitteren Ende

ls ich im Kokon meines Hauses in Phoenix, umgeben von Stapeln von Büchern und Internetausdrucken, das sechste Kapitel, «Was wurde aus meinen Eltern?», schrieb, war ich erschüttert über die Schilderung ihrer Erlebnisse, als nach unserer Trennung im Juli 1939 die Katastrophe über sie hereinbrach. Ich wollte die Wahrheit wissen, die Einzelheiten. Gleichzeitig fühlte ich mich abgestoßen von dem, was ich entdeckte. Muss ich wirklich noch tiefer graben? Habe ich denn nicht schon vergeben?

Sobald ich mich aus dem Schutz des zeitlichen und räumlichen Abstands hervorwage, drängt es mich, ihren Spuren bis zum bitteren Ende zu folgen.

Mittwoch, 24. März 2010. Wir landen in Frankfurt und nehmen den ICE zum Hauptbahnhof Köln. Die Ankunft dort und der Blick hinauf zum «4711»-Schild ist mir inzwischen so alltäglich geworden, dass ich den Gedanken «Hier haben wir uns getrennt, meine Eltern und ich» nicht mehr unterdrücken muss. Nach Jahren der Verleugnung fange ich an, die Rolle zu akzeptieren, die Köln in meiner Vergangenheit gespielt hat.

Im Jahr 80 n. Chr. erbauten die Römer ein Aquädukt, um Trinkwasser aus der Eifel nach Köln zu transportieren. Es begann in Nettersheim, achtzehn Kilometer von Gemünd entfernt. Von ein paar Brücken abgesehen, wurde das Wasser fast vollständig unterirdisch geleitet. Fast zwei Jahrtausende später, Ende 1938, hinterließ eine kleine jüdische Familie eine schwache Spur zwischen Gemünd und Köln. Tief in den verborgenen Kammern meines Herzens hatte sich die vernachlässigte Erinnerung an unseren Umzug fast aufgelöst.

Unser langjähriger Freund Detlef Wurst erwartet uns auf dem Bahnsteig, um uns zu unserer Wohnung in der Eifel zu bringen. Wir umarmen uns.

Vierzehn Tage später fahren George und ich zurück nach Köln. Unsere früheren Exkursionen aus der Eifel nach Köln laufen nun zusammen und geben uns den Anschub zu einer längeren Reise – einer Pilgerfahrt, die uns weiter in die Vergebung und tiefer in die Heilung führen wird.

Mit Walter in Köln

Mittwoch, 7. April 2010. Pünktlich um zehn Uhr morgens stehen George und ich auf der Schwelle eines kleinen Backsteinhauses in der Kölner Offenbachstraße. Die Tür geht auf, und vor uns steht ein lächelnder Walter Volmer, die Arme zum Willkommen ausgebreitet. Der hochgewachsene, schlanke Mann mit schütteren, blonden Haaren führt uns in ein sonnendurchflutetes Wohnzimmer, wo unsere Blicke von dem schwelgerischen Reichtum von Frühlingsblumen angezogen werden, die in dem gepflegten Garten blühen. Walter bittet uns zu Tisch, wo alles sorgfältig und großzügig für ein herzhaftes deutsches Frühstück vorbereitet ist. Der Kaffee duftet. Gemeinsam entspannen wir uns und genießen die Ruhe und das gute Essen nach den Herausforderungen der einstündigen Fahrt durch Baustellen und Stadtverkehr.

Dies ist unser erstes persönliches Treffen, nachdem wir bisher E-Mails ausgetauscht haben, doch wir alle drei werden sofort warm miteinander. Walter ist inzwischen im Ruhestand. Früher war er Chef der Kriminalpolizei der Stadt Köln. Heutzutage bietet er neben vielen anderen Aktivitäten Stadtführungen mit Schwerpunkt auf der Vergangenheit Kölns an. In unserer Korrespondenz habe ich ihm die spärlichen Informationen mitgeteilt, die ich über die Zeit meiner Eltern in Köln habe aufstöbern können, beginnend kurz nach den Ereignissen der Kristallnacht im November 1938 bis hin zu ihrer Deportation am 30. Oktober 1941. Anhand meiner wenigen Fakten hat Walter dann gründlich nachgeforscht und unseren gemeinsamen Tag geplant. Ich komme mir vor wie in einem Traum und staune über dieses große Geschenk gerade zur richtigen Zeit.

Ganz, ganz langsam ist, seit ich erstmals den Ausdruck las, den mir Barbara Becker-Jakli im März 2009 im EL-DE-Haus übergab – dem zufolge meine Eltern im Getto Lodz lebten, bevor sie im Mai 1942 in Chelmno vergast wurden –, in mir der Eindruck gewachsen, dass ich etwas tun sollte, um die Erinnerung an meine Eltern wachzuhalten und ihnen Ehre zu erweisen. Heute, dreizehn Monate, nachdem mir diese kalten, bitteren Fakten bekannt wurden – wo sie starben und wie sie starben –, habe ich die bittere Medizin geschluckt und bereite mich auf die Reise vor, ihren Spuren von Gemünd nach Köln, Lodz und schließlich Chelmno zu folgen.

In drei Wochen, am 28. April, wird die Reise nach Polen beginnen. Ich bin ein wenig entmutigt darüber, dass es mir trotz aller Bemühungen nicht gelungen ist, genau herauszufinden, welche Route ihr Zug von Köln nach Lodz genommen hat. Dennoch bin ich überzeugt davon, dass wir ihrem Weg so genau wie möglich folgen sollten. Ich erzähle Walter von meinem Wunsch, herauszufinden, auf welcher Route die Kölner Juden nach Lodz gelangt sind.

Inzwischen sind wir schon seit mehreren Stunden zu Fuß durch die Straßen von Köln unterwegs, und ich muss eine Toilette finden. Öffentliche Toiletten sind nirgends zu sehen, aber wir sind nicht weit vom EL-DE-Haus, wo ich erfahren hatte, dass meine Eltern nach Lodz deportiert und in Chelmno vergast worden waren. Walter schlägt vor, dass wir dort Station machen. Hinter dem Tresen in dem winzigen Empfangsbereich steht ein freundlicher, älterer, belesener Herr mit schwarzer Baskenmütze und sagt zu George, er sei erstaunt über den erbitterten Ton, der in der amerikanischen politischen Szene herrsche. Er bittet um Hilfe dabei, sich einen Reim auf die neuesten Äußerungen aus dem Fernsehen zu machen.

Inzwischen durchstöbern Walter und ich die wenigen wissenschaftlichen Bücher, die zum Verkauf angeboten werden. Wahllos greift
Walter nach dem Buch von Dieter Corbach – *6.00 Uhr ab Messe
Köln-Deutz. Deportationen 1938–1945* –, das ich in Phoenix zurückgelassen habe. Er schlägt das Buch auf, und siehe da, auf der Rückseite des Buchdeckels befindet sich eine Karte, die deutlich die verschiedenen Routen der Deportationszüge von Köln nach Riga,
Minsk, Lublin, Theresienstadt und Lodz zeigt! Verdattert lesen wir
die sorgfältig recherchierten und präzisen Informationen. Wie oft
hatte ich dieses Buch aufgeschlagen, ohne die Karten auch nur anzusehen. Ich spüre die sanfte, starke Hand meines himmlischen Vaters, der mich führt, und fühle mich gestärkt für das Dunkel, das vor
mir liegt.

Ein Haufen Schuhe

Sonntag, 11. April 2010. Wir sind wieder in Köln, vier Tage nach unserem Rundgang mit Walter, diesmal mit unserem Freund Thomas Cogdell aus Austin, Texas, der unsere Reise aufmerksam verfolgt hat. Er ist
auf Geschäftsreise in Europa und schiebt einen kurzen Wochenend-
besuch in der Eifel ein.

Keinem von uns dreien ist bewusst, dass heute der Holocaust-Ge-
denktag ist, doch welcher Tag könnte besser dazu passen, meinen
Eltern auf dem schwankenden Boden zu folgen, den sie beschreiten
mussten. Wir nehmen denselben Weg, den George und ich mit Walter gegangen sind. Gleich um die Ecke vom EL-DE-Haus treten wir
vor eine ausladende Skulptur, die aus dem Pflaster emporzuwachsen
scheint und die Geschichte von Edith Stein illustriert – ein stilles
Zeugnis für die jüdische Karmeliterin, die 1942 in Auschwitz den
Märtyrertod starb, zur Mahnung an die Autofahrer und Fußgänger,
die daran vorbeikommen. Wir umrunden die Skulptur mit versunke-
nen Blicken und nehmen die Geschichte in uns auf, die sie uns
erzählt.

Unmittelbarer, als es Worte je könnten, symbolisiert die Skulptur die
Qualen des Eintritts in den Abgrund. Ich betrachte die schweren Ge-
setzestafeln, die schief aus dem Boden aufragen, taumelnd unter dem
Gewicht eines überquellenden Haufens getragener Schuhe. Ich
trauere um das grausame Unrecht, das Edith Stein und den anderen
sechs Millionen angetan wurde, darunter auch Markus und Amalie
Zack. Mein Blick kehrt zu dem stummen Schrei zurück, der da aus
dem Beton aufsteigt, und ich bemerke die tief eingesunkenen Abdrü-
cke nackter Füße, die nach vorn getrieben werden. Ich schaue genauer
hin. Zwischen diesen Füßen sind zwei, die in die entgegengesetzte
Richtung weisen. Sie sind durchbohrt. Jesus war da, als Edith Stein,
ihre Schwester Rosa und all die anderen ihre letzten Schritte in die
Gaskammern von Auschwitz taten.

Wie eine sanfte Brise spüre ich den Trost Gottes – keine Erklärung,
aber eine Zärtlichkeit, die mich zu der bitteren Wirklichkeit hinzieht,
den letzten Fußspuren meiner Eltern zu folgen, die in der Qual des
Gaswagens in Chelmno endeten.

Mit der Chewra Kadischa in Gemünd

Mittwoch, 28. April 2010. Werden wir den Weg finden, den meine Eltern auf der letzten Etappe ihrer Reise von Lodz nach Chelmno zurücklegten? Kann ich diesen Plan zu Ende bringen? Die Aktivitäten
der Vorbereitung haben meine ängstlichen Gedanken beruhigt. Heute
beginnt unsere Reise; die Vorbereitung ist vorüber. Wir fahren von
Dahlem durch eine beschwichtigende, wellige Felderlandschaft voller
frischer grüner Bäume und gelber Löwenzahnblüten. In Gemünd che-
cken wir im Kurparkhotel ein, unserem dortigen Versammlungsort unter den Fittichen von Detlef, dem stämmigen, herzensguten Hotel-
besitzer. Er ist uns schon seit Jahren ein lieber und treuer Freund.

Nach und nach treffen wir alle ein – Ryan und Megan, ein amerikanisches Paar aus Phoenix; Verena und Hans-Peter, Österreicher aus Wie-

selburg; Julia, eine Britin aus Berlin; und Jutta, eine Deutsche aus dem
Westerwald auf der anderen Seite des Rheins. Den Briten David und
die Holländerin Greetje werden wir unterwegs in Berlin treffen. Wir
werden zu zehnt sein – ein *Minjan*.[145] Unsere kleine, zusammengewür-
felte Gruppe besteht aus Katholiken, Lutheranern, Anglikanern, Frei-
kirchlern und messianischen Juden. Vom Alter her überspannen wir
Generationen, von Mitte zwanzig bis 78.

Ich wage es kaum, die Liebe und Fürsorglichkeit anzunehmen, mit denen mich George und diese lieben Freunde überschütten, die mich auf
meiner Reise begleiten werden, und die der anderen, die unsere
Schritte aus der Ferne aufmerksam verfolgen. Ich sehe in ihnen meine
Helfer – die Chewra Kadischa, die in der jüdischen Tradition ehren-
amtlich den Trauerprozess begleiten, den Toten die Ehre erweisen
und sich um die Trauernden kümmern.[146]

Wir begrüßen unsere Mitreisenden, und nachdem sich alle in ihren
behaglichen Zimmern eingerichtet haben, begeben wir uns ans obere
Ende der Dreiborner Straße, einer Fußgängerzone und Einkaufsstraße
in Gemünd. Es ist ein sonniger Tag, und wir sitzen vor dem türkischen
Restaurant an Straßentischen und lassen uns Döner Kebab schmecken. Auf der anderen Straßenseite steht, klar zu sehen, das gelbe
Wohnhaus, das auf dem Fundament meines früheren Zuhauses errichtet wurde. Breite Stufen führen empor zu der verglasten Haustür
zwischen zwei großen Fenstern, die bis auf die Straße hinabreichen.
Darin sind teure, modische Frauenkleider und Accessoires ausgestellt.
Während ich meine Journalnotizen durchlese, erscheinen die beiden
Fenster, in denen mein Vater Porzellan und alles andere präsentierte,
was eine Hausfrau vor achtzig Jahren brauchen oder sich wünschen
konnte, wie ein Traumbild vor meinen Augen.

Ich habe keine wirkliche Erinnerung an das Geschäft meines Vaters
selbst, das doch sicherlich eine zentrale Rolle im täglichen Leben meiner Familie spielte. Doch ich erinnere mich sehr gut an Willis Erzäh-
lung von einem zerbrochenen Milchkrug. Er war sieben oder acht

Jahre alt, und er hatte den kleinen Gießer, der ein wichtiger Bestandteil des Kaffeeservices seiner Mutter war, zerbrochen. Also raffte er die wenigen Pfennige zusammen, die er besaß, kam über die Straße gelaufen und suchte mit ängstlichem Blick nach einem kleinen Krug unter den Schätzen, die hinter den Glasscheiben zu sehen waren. Mein Vater stand wie immer auf der Eingangstreppe und führte Willi hinein. Dort fand er einen passenden Krug, der zufällig genauso viele Pfennige kostete, wie Willi gerade in seiner Hand hielt.

Wir gehen weiter die Straße entlang und machen alle mit den Freuden von italienischem Eis bekannt. Dann holen wir die zwölf weißen Rosen ab, die wir im Blumenladen bestellt haben. Um sechzehn Uhr stehen wir mit sechs dieser Rosen vor dem Kurparkhotel. Einige unserer Freunde aus der Eifel stoßen zu uns. Wir überqueren den Marienplatz und kommen zurück ans obere Ende der Dreiborner Straße. Unsere bunt gemischte Gruppe wächst immer mehr zusammen. Wir sind ein bisschen vorsichtig, aber ganz sicher, dass wir unser Vorhaben umsetzen sollen. Obwohl wir einer geplanten Route folgen, ist uns bewusst, dass wir uns ins Unbekannte begeben. Was denken wir, während wir einen Fuß vor den anderen setzen? Ich persönlich stelle mir die Frage, ob ich imstande bin, mit den emotionalen Auswirkungen fertigzuwerden, die mich sicherlich erwarten.

In der Einleitung zu einem Augenzeugenbericht über das tägliche Leben im Getto Lodz bemerkt Allen Adelson, dass «eine schleichende, stufenweise individuelle Erniedrigung … für eine Vielzahl der Juden Europas dem massenhaften Tod vorausging».[147] Diese Erniedrigung begann für unsere Familie in Gemünd. Darum ist es nur angemessen, dass unsere Reise zur Vergebung und Versöhnung genau hier beginnt.

Wir wollen an Orten, die mit dem Leben meiner Eltern zu tun hatten, zwei weiße Rosen niederlegen, eine für jeden von ihnen. Wo sollen wir anfangen? Unsere Gruppe fällt auf in dieser europäischen Kleinstadt. Wenn wir uns vor unserem früheren Zuhause und Geschäft versammeln, wird das den Familien, die dieses gelbe Haus heute ihr Zuhause nennen, Segen oder Bedrängnis bringen? Eine Idee kommt auf: Maria Schmitz-Schumacher wartet darauf, gleich nebenan vor ihrem Haus in der Dreiborner Straße zu uns zu stoßen. Ihre Eltern waren unsere Nachbarn, als ich geboren wurde, und ihre Mutter, Frau Schmitz, zeigte mir das einzige Überbleibsel aus meiner Kindheit – den Apfelbaum –, als wir sie 1992 besuchten.

An diesem warmen Frühlingstag ergießen sich Zweige und Blätter über die Mauer des schmitzschen Gartens auf das frühere Grundstück der Zacks. Maria und ihr Mann Dieter sind jetzt im Haus der Familie zu Hause. Es ist ihr Platz, hier gehören sie hin, und sie laden uns freundlich in ihren Garten ein. Wir legen unsere beiden Rosen zwischen dem Fuß des Baumes und dem Zaun auf die Erde. Im Halbkreis um den alten Baum stehend, erinnern wir uns an Amalie und Markus Zack und die damaligen Juden von Gemünd und beten für die Heilung der Vergangenheit.

Maria kommt begeistert mit, als wir über die Brücke gehen und an der Ampel die Straße überqueren. Wir betreten die winzige, schmale Mühlengasse, wo vom 27. Februar 1874 bis zum 9./10. November 1938 das Zentrum der jüdischen Gemeinschaft stand, die Synagoge.[148] Auf dem Fundament der Synagoge steht heute eine kleine, schmuddelige Reparaturwerkstatt mit knallblau gestrichenen Fenster- und Türrahmen. Durch die offene Tür ergießen sich Räder und Fahrzeugteile hinaus auf die Straße. Als heutiger Besucher hat man Mühe, sich vorzustellen, dass hier früher ein geliebtes Gotteshaus dem jüdischen Jahreslauf seinen Rhythmus gab.

Auf der Rückseite, hinter der geschäftigen Fassade, stützen unter einer Decke aus Brombeeren und Unkraut die 1874 gelegten ursprünglichen Grundsteine das Nachkriegsgebäude. Das bescheidene Gebäude schmiegt sich dicht an den Fuß eines schräg abfallenden Hanges. Mit zwei Rosen in der Hand gehen George und ich durch einen schmalen, offenen, gepflasterten Bereich zwischen der Werkstatt und dem Nachbarhaus nach hinten. Wir steigen die uralten, brüchigen Steinstufen empor und treten vorsichtig über das wuchernde Unkraut. Ob wohl die Männer, die die Synagoge niederbrannten, ihr Benzin auch diese Stufen emportrugen? Ich möchte die Rosen so nahe wie möglich an dem einzigen Überrest des Ortes hinterlassen, an dem ich dicht neben meinem Vater saß, mit den Beinen baumelte und beobachtete, wie aus der Thora vorgelesen wurde.

Die Gruppe wartet auf der anderen Seite der schmalen Straße. Maria folgt uns zu dem gepflasterten Bereich. Zu unserer Rechten strahlt die Sonne hell, und ich erkenne undeutlich die Umrisse einer Nachbarin, die ich nicht kenne. Sie beugt sich über ihr Balkongeländer. Ich spüre, wie mir ihre Missbilligung unter die Haut geht, als wir vorsichtig die Stufen erklimmen. Sind wir nicht befugt, dieses Gelände zu betreten? Maria verwickelt sie in ein Gespräch, und George und ich werfen unsere Rosen im hohen Bogen zwischen die Unkräuter am Sockel des Gebäudes.

Während wir alle weiter die Mühlengasse entlanggehen, erzählt uns Maria die Geschichte ihrer Großmutter, die am Hang hinter der Synagoge gewohnt hatte. Als nicht jüdisches Kind war sie gebeten worden, die Lichter in der Synagoge auszuschalten. Indem sie mit ihrem Finger den Schalter betätigte, konnte der jüdische Sabbat, an dem nicht gearbeitet werden durfte, eingehalten werden. Marias Unterhaltung mit der Nachbarin hat eine neue Information zutage gefördert: Nach dem Zweiten Weltkrieg wurden die Trümmer der Synagoge benutzt, um Häuser in der Nähe wieder aufzubauen.

Unser Weg zum jüdischen Friedhof, unserer letzten Station, führt hinter dem Bahnhof vorbei, von wo aus wir zweifellos nach der Kristallnacht Gemünd verlassen haben. Der stillgelegte Bahnhof ist ein melancholischer, verwahrloster Ort. Das niedrige Metalltor öffnet sich mit einem Klicken. Die friedliche Atmosphäre auf dem jüdischen Friedhof, der unter städtischer Obhut säuberlich gepflegt wird, ist wie Balsam für uns.

George und ich ziehen zwei Tallitot (Gebetsschals) und eine Kippa (Kappe) aus einer großen, gelben Plastiktüte. Die Tallitot, einer für einen Mann und einer für eine Frau – neu und weiß, mit den vorgeschriebenen hängenden Fäden an den Ecken –, sind uns aus Baltimore geschickt worden. Chris und Lisa, ein Paar, das unsere Reise aus der Ferne genau verfolgt, hatten den Impuls, die Schals in einem Geschäft für orthodoxe Juden in ihrer Nähe zu kaufen. Nachdem der Ladenbesitzer bei der Auswahl eines Tallits für einen Mann behilflich gewesen war, machte er ein verdutztes Gesicht, als Lisa nach einem zweiten Tallit fragte, passend für eine Frau. Schließlich kam eine kleinere Version aus einem Karton ganz oben im Regal zum Vorschein, eine Stola, wie sie ein Mädchen zu ihrer Bat-Mizwa[149] tragen würde. Die beiden Tallitot kamen mit der Bitte, wir möchten sie anlegen, wenn wir an Orten, die mit meinen Eltern zu tun hatten, beten. Die Kippa, ein kleines, rundes, blaues Satinkäppchen, hatte George bei einem feierlichen Gottesdienst zum Abschluss des Treffens zum siebzigsten Jahrestag des Kindertransports in London bekommen. Beim Packen in Dahlem hatte ich die Kippa ganz unten in einem Korb entdeckt und die kleine blaue Scheibe spontan in unseren Koffer geworfen.

Nach jüdischem Brauch trägt ein Mann einen Gebetsschal um die Schultern und bedeckt seinen Kopf mit einer Kippa, wenn er vor den heiligen Gott tritt, um zu beten. Wir beide stehen dicht nebeneinander, in unsere Gebetsschals gehüllt, George mit seiner Kippa, vor dem Gedenkstein für meine Eltern. Wären sie eines gewöhnlichen Todes gestorben, so lägen sie hier tatsächlich begraben. Unsere Zeit auf dem Friedhof endet damit, dass wir ein paar kleine Steine auswählen, die wir mit in den Wald in der Nähe von Chelmno nehmen wollen.

Als wir ins Kurparkhotel zurückkehren, werden wir bereits von unseren geladenen Gästen erwartet: Willi Kruff und Helmut Scheler, ein alter, liebenswürdiger evangelischer Pfarrer im Ruhestand, und dessen Frau. Als große Gruppe sitzen wir zusammen und nehmen eine einfache Mahlzeit aus Suppe und Salat zu uns. Willi ist 89, braucht einen Stock zum Gehen und fühlt sich einsam nach dem Tod seiner Frau Annemarie, aber er kann immer noch mit Anmut und Humor eine Geschichte erzählen. Wir stacheln ihn an, und wieder einmal gibt er die Geschichte zum Besten, wie er als viereinhalbjähriger Steppke die Vorhänge in Brand setzte und mein Vater ihm zu Hilfe eilte. Wie könnte man einen solchen Tag besser beenden?

Mit der Chewra Kadischa in Köln

Donnerstag, 29. April 2010. Nach dem Frühstück packen wir unsere reichhaltigen Lunchpakete ein, nehmen die restlichen sechs weißen Rosen aus dem Wasser, wickeln ihre Stiele ein und machen uns auf den Weg, um den Frühzug nach Köln zu nehmen. Den heutigen Tag werden wir zu Ehren der etwa 23 Monate begehen, die meine Eltern dort gelebt haben. Alle zusammen stehen wir in Kall, zehn Minuten mit dem Auto von Gemünd entfernt, auf dem Bahnsteig. Detlef hat sich uns angeschlossen. Walter erwartet uns am Hauptbahnhof. Er wird unser Führer sein.

Unsere erste Station ist der Rathenauplatz 14, wo das Haus stand, an das ich mich undeutlich erinnere, als die Adresse noch Horst-Wessel-Platz 14 lautete. Wir versammeln uns auf der grünen Insel gegenüber dem Gebäude. Hinter uns ragt ein massiver neoromanischer Bau auf, die Synagoge in der Roonstraße, die wiederhergestellt wurde und wieder in Funktion ist. Wo sollen wir die beiden Rosen ablegen? Eine Frau hat uns von ihrem offenen Fenster im zweiten Stock beobachtet und wendet sich abrupt ab. Wir beschließen, die Rosen aufrecht auf der Türschwelle gegen die Wand zu lehnen, als Akt der Erinnerung für die Juden, die einst in diesem «Judenhaus» gewohnt haben, und als Ausdruck des Segens für die, die heute dort leben.

Unter Walters umsichtiger Führung fahren wir als Nächstes mit der Straßenbahn nach Müngersdorf, sechseinhalb Kilometer weiter westlich. Im Herbst 1941 wurden meine Eltern gezwungen, ihre Wohnung am Horst-Wessel-Platz 14 zu verlassen und in das Internierungslager umzuziehen, das dort für die jüdischen Bürger Kölns eingerichtet worden war. Ich halte einen Moment inne und stelle meine Reise der von meiner Mutti und meinem Vati gegenüber. Sie lebten unter unsäglich schweren Bedingungen, und ihre Reise wurde ihnen aufgezwungen. Wir dagegen wandern hier an einem warmen Apriltag unter Walters Führung im Sonnenschein Pfade entlang, die sich zwischen Gräsern und Bäumen in ihren herrlichsten Frühlingsgrüntönen hindurchschlängeln. Müngersdorf ist Teil des «grünen Rings» um die Stadt, der als Naherholungsgebiet dient. Wir treten unter eine Baumgruppe und bleiben vor einem großen Felsen stehen. Walter deutet auf eine kleine Metallplatte, den einzigen sichtbaren Hinweis auf die Zeit, als meine Eltern vor ihrer Deportation hier gefangen gehalten wurden. Wir lesen die Inschrift:[150]

Zur Erinnerung an die Toten und als Mahnung für die Lebenden

Im ehemaligen Fort V und im angrenzenden Bereich befand sich während des 2. Weltkrieges das sogenannte Judenlager Müngersdorf. Hier wurden die aus ihren Häusern und Wohnungen vertriebenen Juden konzentriert und in die NS-Vernichtungslager abtransportiert.

Rat der Stadt Köln 1981

Es fällt schwer, eine Geschichte von Krieg und Grausamkeit mit diesem friedlichen, wohltuenden Ort in Verbindung zu bringen. Doch genau hier erbauten 1874 die Preußen als Verteidigungsanlage gegen die Franzosen das Fort V, eines von zwölf Forts, die die Stadt Köln umringten wie Perlen an einer Halskette. 1941 wurde der Bereich der alten Kasematten (der Schutzgewölbe des Forts V)[151] ausgewählt, um dort in aller Eile Baracken zu errichten.[152]

Wie soll man das furchtbare Elend begreifen, das meine Eltern erdulden mussten, dicht zusammengedrängt mit all den anderen Juden hinter Stacheldraht in den feuchten, dunklen, kalten Baracken?

✳

Walter ist schon zwei Tage zuvor nach Müngersdorf gekommen, um nach greifbaren Hinweisen auf die Vergangenheit zu suchen. Er traf eine Frau, die ihren Hund spazieren führte, und erkundigte sich, ob sie von irgendwelchen Ruinen des Forts wüsste. Sie nickte und wies mit dem Finger die Richtung. «Da im Wald, gleich neben uns.» Zum Abschluss unseres Besuchs am Standort des Internierungslagers im alten Fort überreicht Walter mir eine Schachtel. Ich mache sie auf und finde darin einen rostroten Steinklumpen, ein Stück von dem alten Fort. Dazu gibt er mir ein unterzeichnetes Echtheitszertifikat. Woher wusste er, dass ein kleines materielles Bruchstück der Vergangenheit mir so viel bedeuten würde? Meine Eltern hatten wirklich existiert; all dies war ihnen wirklich passiert.

Fünf Deutsche – Walter, Detlef, Jutta, Maria Jonas und ich – stehen zusammen neben dem Stein mit der Gedenkplakette und beten um Gottes Erbarmen für Opfer und Täter.

Als Nächstes besteigen wir die Straßenbahn und fahren die 7,3 Kilometer zum Bahnhof Köln-Deutz (Tief) entlang der Route, die die Kölner Juden im Oktober 1941 zurücklegten. Walter erinnert uns daran, dass diese Masse von Männern, Frauen und Kindern, die jeder einen gelben Stern trugen und ihr Gepäck mitschleppen mussten, stundenlang unter den Augen der Kölner Bürger hier entlangmarschierten.

Wir setzen uns auf die Stufen am Rhein. Es ist sonnig und heiß. Schweigend trinken wir unser Wasser und essen unser Obst und unsere Sandwiches – für uns ist es eine willkommene Erholungspause, bevor wir uns der düsteren Szene stellen, die sich vor 69 Jahren auf dem Bahnsteig fünf des Tiefbahnhofs abspielte.

Walter führt uns über den Rhein, und wir schauen hinab auf den Fluss, während wir die Brücke überqueren. Nahmen Amalie und Markus Zack das Wasser unter ihnen überhaupt wahr, während sie in der Menge der verängstigten Juden vorwärtsgetrieben wurden, oder hatten sie nur Sinn für ihre Erschöpfung? Während unsere Gruppe gemeinsam ihrem Weg folgt, führe ich ein inneres Gespräch mit meinen Eltern.

«Mutti und Vati, mein Herz war für euch verschlossen, als ihr vor vielen Jahren diesen Weg gegangen seid. Aber heute bin ich mit Freunden gekommen, um an euch zu denken.»

Ich spüre das Kopfsteinpflaster, das sich gegen meine Fußsohlen presst.

«Waren eure Schuhe abgetragen? Taten euch die Füße weh? Waren eure Koffer schwer? Habt ihr geweint? Oder hattet ihr all eure Tränen schon geweint? Nahm euer Grauen zu, als ihr ins Dunkel des unterirdischen Bahnsteigs hinabstiegt? Vati, hast du Muttis Hand gehalten?»

Wir folgen dem ursprünglichen, kurzen Kopfsteinpflasterpfad, der sich an der Seite des Bahnhofs entlangzieht.

«Mutti, hast du an mich gedacht?»

Auf der anderen Straßenseite stehen die Messehallen. Das alte Innere ist unter den renovierten Fassaden verborgen. Sie dienten während der Deportationen oft als Sammelpunkt. Wurden meine Eltern in diesen Gebäuden abgefertigt? Sicher kann man das nicht wissen.

Ohne Frage aber standen sie am 30. Oktober 1941 unten auf dem dunklen, verborgenen Bahnsteig in der Tiefe inmitten der Menschenmenge – gejagt, gestoßen, beschimpft, geschlagen und dann in die uralten Eisenbahnwaggons gestopft. Schließlich hörten sie, wie die Türen zugeschlagen und von außen verriegelt wurden.

«Heute bin ich mit meinen Freunden hergekommen, um mich an euch zu erinnern.»

Unsere kleine Gruppe ist aus freien Stücken hier. Wir sitzen oder stehen allein im Schatten – in der Stille. Dann werfen George und ich zwei weiße Rosen auf die Gleise.

17.
Die Räder rollen nach Osten

**reitag, 30. April 2010.** Es ist 7.42 Uhr morgens, und wir brechen von Kall über Köln nach Berlin auf. Ich versuche, die Gedanken festzuhalten, die in meinem Kopf durcheinanderpurzeln, als ich im Zug sitze und fieberhaft in mein neues orangefarbenes Notizbuch im Taschenformat schreibe. Es ist der 30. April, ein sonniger, grüner, glitzernder Tag. Wir wurden freundlich verabschiedet und mit Lunchpaketen versorgt, unser Gepäck wurde eingeladen, und dann fuhren uns Detlef und seine Leute zum Bahnhof Kall. Während wir in Richtung Köln rollen, umgibt uns das leise Gemurmel deutscher Stimmen. Als meine Eltern und ich Gemünd verließen, hatten wir unsere Würde und unseren Besitz verloren und waren allgemeiner Verachtung ausgesetzt. Doch hier bin ich nun, 72 Jahre später, umarmt und geliebt von meinen Gemünder Freunden, liebevoll umgeben von meinen Reisegefährten und dem starken Schutz meines Mannes. Könnte es einen krasseren Gegensatz geben?

Wahrscheinlich fuhr ich nach der Kristallnacht Ende 1938 mit Vati und Mutti diese Bahnstrecke entlang, als wir Gemünd verließen, um uns unter Gefahren in Köln niederzulassen. Redeten sie unterwegs miteinander oder mit mir? Oder waren sie stumm vor Trauer, Verzweiflung und Niedergeschlagenheit? Hatten wir irgendetwas von unseren Sachen mitgenommen? Was war mit unseren schönen Möbeln, dem Geschirr, den Töpfen und Pfannen und der Kleidung? Ich habe keine Erinnerung an diese Reise. Wir ließen alles zurück, was mein Vater aufgebaut hatte, jedes sichtbare Zeugnis seiner Mühe und Kreativität. Seit 1933 wurde seine Identität systematisch und teuflisch auseinandergenommen und abgeschält, während die alten Nachbarn wegschauten – manche voller Kummer, manche voller Angst, manche gleichgültig und andere in unverhohlenem Einverständnis.

Herr Arntz hat uns geschildert, was er in Gemünd während der Recherchen zu seinem Buch *Judenverfolgung und Fluchthilfe im deutsch-belgischen Grenzgebiet* erlebte. Er besuchte ältere Leute in ihren Häusern, und nachdem sie sich ein oder zwei Stunden lang miteinander unterhalten und das eine oder andere Glas guten deutschen Weins miteinander geleert hatten, lösten sich die Zungen vom Alkohol und öffneten verborgene Türen in die Vergangenheit. «Sehen Sie das hier? Das stammt von dieser oder jener jüdischen Familie.» Oh Herr, vergib! Hilf mir vergeben!

Wenn man so durch die Eifel rollt und die blühenden Bäume sieht, die sanft geschwungenen Hügel, die blitzblanken Häuser, die frisch umgegrabenen Gärten und die gelben Rapsfelder, stellt man sich unwillkürlich die Frage: «Ist das alles wirklich passiert?» Alles erscheint hier so normal. Wie kann eine solche Verderbtheit so sehr überfließen, dass ein ganzes Volk darin untergeht?

Lag es am «Frosch im Kochtopf»-Syndrom? Das Wasser wird ganz allmählich erhitzt, von kalt über warm bis zu kochend, und der Frosch bleibt darin sitzen und merkt gar nichts von der veränderten Temperatur. Jahrelang wurden Seelen mariniert in Verachtung, Hass, Machtgier und dem Verlangen danach, zu den «Insidern» zu gehören. Selbst Martin Luther legte sein Holz mit auf den Scheiterhaufen, den einige der frühen Kirchenväter begonnen hatten.[153] Hitler brauchte nur noch eine kleine brennende Kerze, und der ganze Haufen ging in lodernde Flammen auf, dass die Funken zum Himmel stoben. Das Feuer, prophezeite er, würde tausend Jahre lang brennen. Nur zehn Jahre später lagen Deutschland und seine Menschen niedergestreckt in schwelenden Ruinen.

In Köln schaffen wir es, in der äußerst knappen Zeit in den ICE nach Berlin umzusteigen und uns auf unsere reservierten Plätze sinken zu lassen, zwei Vierergruppen an zwei gegenüberliegenden Tischen. Eine sanfte, aufgezeichnete Stimme heißt uns auf Deutsch und Englisch willkommen und wünscht uns eine angenehme Reise.

Wieder sehen wir durch den Bogen der Hohenzollernbrücke, über die wir schon gestern den Spuren meiner Eltern gefolgt sind, den Rhein unter uns liegen, als der Zug Köln verlässt. Ich sehe die Hunderte von Vorhängeschlössern am Gitter des Geländers – ein hiesiger Brauch von Verliebten. Gestern erwähnte Walter, die Behörden seien besorgt, ihr Gewicht könnte irgendwann das Geländer zusammenbrechen lassen. Ich lehne mich auf meinem Sitz zurück und denke an den Gegensatz zwischen dem eingeschränkten Leben in Köln in den 1930ern und 1940ern und der heutigen Freiheit, in aller Öffentlichkeit einer schrägen Modemarotte zu frönen.

In Hamm hat der Zug neun Minuten Aufenthalt. Was haben meine Eltern wohl hier gesehen? Ihre Reise fand im Herbst statt. Ich sehe Fliederbäume in voller Blüte in Hülle und Fülle. Für einen Moment bringt der wunderbare Duft mein Gedächtnis in Bewegung und erinnert mich leise an meine Mutter. War unsere traute Welt vom Fliederduft erfüllt, als wir beide uns eng beisammen in unserem Garten fotografieren ließen?

Berlin

Jetzt stehen wir zu zehnt mit unserem ganzen Gepäck auf dem Bahnsteig des Berliner Hauptbahnhofs: Megan, Ryan, Verena, Hans-Peter, Julia, David, Greetje, Jutta, George und ich. David und Greetje sind hier zu uns gestoßen. Von hier aus werden unsere Züge der tatsächlichen Route der Judendeportation von Köln über Berlin, Frankfurt (Oder), Poznań (Posen) nach Lodz folgen. Kirstin, eine Berlinerin, ist für die kurzen Momente dazugekommen, die wir brauchen, um auf einen anderen Bahnsteig zu wechseln und umzusteigen, nur um uns zu umarmen und uns dabei zu helfen, unser Gepäck die Treppen hinab- und hinaufzuschleppen. Wir haben uns einen merkwürdigen Tag ausgesucht, um in Berlin zu sein. In dieser Stadt setzte am 30. April 1945 gegen halb vier Uhr nachmittags Hitler seinem Leben ein Ende.

✳

Er saß auf einer Couch neben seiner frisch angetrauten Frau. Sie befanden sich in seinen Privaträumen im Innern des Führerbunkers, fünfzehn Meter unter der Reichskanzlei. Er wusste, dass die sowjetischen Bodentruppen nur noch einen Straßenblock weit entfernt waren. Mit den Zähnen zermalmte er die Glashülle der Zyanidkapsel; gleichzeitig jagte er sich eine Kugel in den Kopf.

Sein letzter Wille und Testament, abgefasst und unterzeichnet am 29. April 1945 um vier Uhr morgens, endet mit diesen Worten: «Vor allem verpflichte ich die Führung der Nation und die Gefolgschaft zur peinlichen Einhaltung der Rassegesetze und zum unbarmherzigen Widerstand gegen den Weltvergifter aller Völker, das internationale Judentum.»[154]

✳

Wir winken zum Abschied Kirstin zu, die allein auf dem Bahnsteig am Berliner Hauptbahnhof zurückbleibt. Von jetzt an werden wir mit langsameren Regionalzügen unterwegs sein. Der Computerausdruck listet die Stationen auf, an denen wir haltmachen werden, bevor wir später am Abend Poznań erreichen. Ich zähle sie nach: Es sind 33!

Ob der Zug, der meine Eltern fortbrachte, auch an all diesen Orten hielt? Oder wurden sie so anonym wie möglich durchgeschleust? Hielten sie stattdessen auf irgendwelchen Nebengleisen an, fernab von Dörfern und Städten? Saßen sie vielleicht viele Stunden lang dicht gedrängt zusammen, ohne irgendwelche Informationen, Essen oder Wasser zu bekommen?

Auf dem Weg nach Poznań

Gleich außerhalb von Berlin unterbrechen Bauarbeiten an der Strecke den normalen Verkehrsfluss, so dass wir in Erkner schon wieder umsteigen müssen. Wir gehen, den Schildern nach Poznań folgend, inmitten einer kleinen Schar von deutschen und polnischen Reisenden den Bahnsteig entlang und erklimmen mit unserem Gepäck eine steile Treppe. Als wir schon glauben, wir hätten die Stelle erreicht, wo der weiterführende Zug halten wird, warnen uns einige der anderen Reisenden, wir seien auf dem falschen Bahnsteig. Also zurück zu dem Bahnsteig auf der anderen Seite der Gleise. Ein Bahnangestellter ist nirgendwo in Sicht. Unsicher schließen wir uns der Mehrheit an und lassen einen Überrest zurück. Die beiden Gruppen sehen einander über die Gleise hinweg an. David geht zum Stellwerk und schaut hinauf. Er ruft dem Angestellten, der dort oben sitzt, seine Frage zu. Die Antwort ist unklar. Werden wir den Zug verpassen? Mir kommt der Gedanke, ob unsere Gefühle der Hilflosigkeit uns enger mit der Reise der Juden verbinden, die ja von Unsicherheit und der Suche nach Fakten inmitten von Andeutungen und Gerüchten geprägt war.

Endlich sind wir wieder unterwegs. Dreißig Minuten später erreichen wir Frankfurt an der Oder, das noch in Deutschland, aber dicht an der Grenze zu Polen liegt. Wieder müssen wir umsteigen. Wir gehen los, um etwas Heißes zu trinken aufzutreiben, während Hans-Peter und Verena beschließen, auf unserem Abreisebahnsteig zu bleiben und das ganze Gepäck im Auge zu behalten. Sie lehnen sich auf einer Bank zurück und genießen es, sich ein wenig von der ständigen Bewegung zu erholen. Eine hochgewachsene, anmutige junge Frau kommt näher und setzt sich schweigend neben sie. Nach einigen Minuten der Stille fangen sie ein Gespräch an. Joanna ist Polin und verlässt gerade Frankfurt an der Oder nach einem kurzen Besuch für ein Vorstellungsgespräch. Sie ist Wissenschaftlerin und steht kurz vor dem Abschluss an der Universität Dublin. Wie sie den beiden anvertraut, hat sie Gott angefleht, ihr bei den richtigen Entscheidungen für ihre Zukunft zu helfen. Soll sie die angebotene Stelle annehmen? Hans-Peter und Verena hören ihr zu und erzählen ihr von unserer Reise.

Als wir andern zu der Bank zurückkommen, merken wir gleich, dass unsere Begegnung mit Joanna etwas Außergewöhnliches ist. Mit leuchtenden Augen berichtet sie uns, Gott habe ihr Gebet erhört, als sie sich neben Hans-Peter und Verena setzte und sie miteinander ins Gespräch kamen. Als unser Zug einfährt, tauschen wir noch schnell unsere E-Mail-Adressen aus. Wir verabschieden uns, als wären wir eine Familie.

Wir suchen uns Plätze, und während der Zug abfährt, geht uns allen nach, was gerade geschehen ist. Es kommt uns so vor, als wären wir in eine Begegnung geführt worden und sollten diese kurzen Momente mit Joanna wie ein zerbrechliches Kunstwerk aus mundgeblasenem Glas bewahren, um es zu hegen und im Licht zu drehen, damit wir es in seinen vielen Farben erstrahlen sehen.

Als unser Zug drei Stunden später Poznań erreicht, sind wir alle müde. Wir zerstreuen uns in alle Richtungen und suchen uns Transportmöglichkeiten zum Hotel Royal in der Stadtmitte. Endlich lassen George und ich unsere Köpfe auf die Kissen sinken und denken an all das Gute, das wir im Lauf des Tages erlebt haben. Zugleich aber ist uns ein bisschen unbehaglich bei dem Gedanken an die Spannung, die in unserer Gruppe zutage trat, als wir über die Bezahlung der Hotelrechnung sprachen, kurz bevor wir uns trennten, um in unsere Zimmer zu gehen. Wir haben Poznań erreicht, und Lodz und Chelmno erwarten uns drohend. Wie können wir uns in das Tal der Todesschatten wagen, wenn wir es nicht gemeinsam und im Reinen miteinander tun? …

Samstag, 1. Mai 2010. Unser Zug wird zeitig abfahren. Nach dem Frühstück im Hotel treffen wir uns, um zu beten und einen der Wallfahrtspsalmen zu lesen. Die alten Israeliten sangen die Psalmen 120 bis 134 auf ihrer Pilgerfahrt nach Jerusalem, und wir wissen tief in unserem Innern, dass auch unsere Reise ein heiliges Abenteuer ist. Zuerst jedoch reden wir ganz offen über den letzten Abend, bitten uns gegenseitig um Entschuldigung und sprechen uns die Vergebung zu.

28 Haltestellen und vier Stunden bis Lodz

Wir befinden uns in Polen mitten in einer vierzigtägigen Staatstrauer. Am 10. April 2010 flogen Präsident Lech Kaczyński, seine Frau und über neunzig führende Persönlichkeiten des Landes zu einer Gedenkveranstaltung anlässlich des siebzigsten Jahrestages eines Massakers. Im Jahr 1940 waren 20.000 Angehörige des polnischen Elite-Offizierskorps und der polnischen Führungsschicht in einem Wald bei dem Dorf Katyn von der russischen Geheimpolizei erschossen worden. Das Flugzeug mit Kaczyński und den anderen Persönlichkeiten stürzte ganz in der Nähe dieses berüchtigten Waldes ab. Wir begegnen einer Nation, der soeben genau an der Stelle einer alten Narbe eine frische Wunde geschlagen wurde. Durch die Parallele der Zeit und des Ortes ist ihr Verlust umso schmerzlicher. Wie ein kleines amerikanisches Kind, das am 4. Juli geboren ist und das Feuerwerk zum Unabhängigkeitstag für seine Geburtstagsfeier hält, bin ich bewegt von der landesweiten Trauer um mich her, die sich mit meinem eigenen Verlust verbindet. Auch ich kehre zu einem düsteren Ort zurück, um den Jahrestag von zwei Menschenleben unter sechs Millionen zu begehen, die vor der Zeit gewaltsam beendet wurden.

Der 1. Mai ist in Polen der Tag der Arbeit. Der 3. Mai ist Nationalfeiertag. Dazwischen liegt ein Sonntag. Die ganze Bevölkerung ist unterwegs. Als wir unser Gepäck in den Zug hieven und hinterherklettern, stellen wir fest, dass er brechend voll ist. Wir lassen alle Taschen und Koffer hoch aufgestapelt in der Nähe der Tür und stellen uns in die dicht gedrängte Menge der anderen Passagiere. Es sind drei Stunden bis Lodz.

Durch alle Zwischenhalte und Abfahrten hindurch steht David ganz entspannt neben unserem Gepäck. Mir fällt auf, wie häufig ich das «Gepäck» erwähne, als ich meine Journalnotizen durchlese. Warum bin ich immer so besorgt um die Koffer? Ich denke zurück an den Juli 1939, als ich in der riesigen Halle versuchte, mein Gepäck ausfindig zu machen, und erinnere mich an meine Angst und Sorge. Ein tiefer Abgrund tat sich in jenem Moment für mich auf. Auf der einen Seite der Schlucht war immer alles liebevoll für mich getan worden. Ich hatte keine Erinnerung daran, wie die Koffer für mich gepackt worden waren. Ich wusste nicht, was darin war, und nicht einmal, wie sie aussahen. Plötzlich war ich verantwortlich, auf mich allein gestellt, unvorbereitet und untüchtig. Wie ein unerwarteter Schlag mit einem schweren Hammer auf meine unvorbereitete Kinderseele wurde mir der Verlust meiner Eltern, ihrer Liebe und ihrer schützenden Hand in Gestalt meines unauffindbaren Gepäcks bewusst.

Neben mir hebt eine Frau ihr kleines Kind vom gegenüberliegenden Sitz hoch, setzt es sich auf den Schoß und winkt mir, mich zu setzen. Allmählich lerne ich die Vorzüge weißer Haare zu schätzen. Bemüht, nicht zu aufdringlich hinzustarren, beobachte ich das etwa drei Jahre alte Mädchen mit seiner Stoffpuppe in der Hand, eingeschmiegt in die Arme seiner Mutter, wie es all die liebevolle Aufmerksamkeit, mit der es überschüttet wird, hinnimmt wie sein gutes Recht. Aus der großen, pinkfarbenen Plastikhandtasche der Mutter kommt ein Bilderbuch zum Vorschein, und sie lesen zusammen. Eine Saftpackung erscheint und dann ein süßes Stückchen, dessen Krümel behutsam weggefegt werden. Die Frau lenkt die Aufmerksamkeit ihrer kleinen Tochter auf die Sehenswürdigkeiten, die draußen vor dem Fenster vorbeihuschen. Sie erinnert mich an eine jüdische Mutter. Ihre Küsse, ihre geflüsterten Worte und ihr sanftes Streicheln sind wie die Klavierbegleitung zu einem Liebeslied.

Warum sitze ich auf diesem Platz im Zug? Warum hat diese Polin Platz für mich gemacht? Warum bekomme ich einen Platz in der ersten Reihe, um die Liebe einer Mutter zu beobachten? Obwohl wir keine gemeinsame Sprache sprechen, erfahre ich, dass das kleine Mädchen Patricia heißt. Die Mutter deutet auf den Anhänger, den ich trage, einen stilisierten Fisch aus Silber, verschlungen mit einer Menora, und gibt mir zu verstehen, dass sie weiß, was das Symbol bedeutet. Ich spüre eine Traurigkeit tief in ihr. Was mag ihre Geschichte sein? Ich wende mich meiner eigenen Geschichte zu. Verschafft mir Patricias Mutter einen Blick darauf, wie Amalie Zack, meine Mutter, mit ihrer kleinen Tochter Hannelore umging? Schließlich beugt sich diese polnische Mutter hinab und nimmt mit einem Papiertaschentuch alle Krümel vom Boden auf, und sie gehen, ohne eine Spur zu hinterlassen.

Die Räder rollen weiter nach Osten, und nach und nach finden wir alle einen Sitzplatz. Ich glaube, das junge Pärchen am Fenster, das bis nach Pabianice will – nur eine Station vor Lodz –, hat sich, während ich ganz gebannt von der Mutter und ihrem Kind war, seine Gedanken über mich gemacht! Wir fangen an, uns auf Englisch zu unterhalten. Sie heißen Marzena und Chris. Sie hat Politikwissenschaft studiert und arbeitet jetzt als Empfangsdame, und er ist Fechttrainer. Er schreibt seinen Namen mit drei gekreuzten Degenpaaren in mein kleines Buch. Sie fragen, warum unsere Gruppe ausgerechnet nach Lodz will; warum nicht nach Krakau, wo es so schön ist? In Lodz gibt es doch nichts zu sehen.

Als wir an dem winzigen Bahnhof Zduńska Wola halten, deuten sie aufgeregt auf ein großes Transparent und übersetzen mir die Aufschrift: «Hier wurde 1894 Maximilian Kolbe geboren.» Ein Jahr zuvor hatten George und ich den «Hungerbunker» in Auschwitz besucht, wo Kolbe 1941 gestorben war. Maximilian Kolbe war ein Franziskaner und trug als Gefangener die Nummer 16670. Als der brutale Lagerkommandant zehn Männer auswählte, um sie als Bestrafung für das Verschwinden eines Gefangenen in den Hungerbunker zu stecken, rief einer von ihnen laut: «Meine Frau, meine Kinder!» Daraufhin erbot sich Kolbe, seinen Platz einzunehmen.

Dort in dem finsteren Bunker tief unter der Erde starben die Männer einer nach dem anderen. Kolbe war einer der vier letzten Überlebenden. Als sie mit Phenolspritzen kamen, hob er seelenruhig seinen linken Arm, um die Injektion zu empfangen. Der vermisste Gefangene wurde tot auf der Latrine gefunden. Der Mann mit der Familie überlebte. Und der Name Maximilian Kolbes und des Herrn, dem er folgte, wird hoch gepriesen.[155]

18.
Endlich Litzmannstadt[156]

er Zug hält. Wir steigen die Waggonstufen hinab auf den Bahnsteig und machen uns auf den Weg zum Taxistand. Das Ibis-Hotel am oberen Ende der Hauptstraße, der ulica Piotrkowska, ist für uns gebucht. Wir können drei Taxis nehmen, auch wenn es mit all unserem Gepäck vielleicht ein bisschen eng wird …

Meine Eltern brachen am 30. Oktober 1941 von Köln nach Lodz auf.[157] Wie war das für sie, als ihre Füße die harten, grauen Steine betraten und sie den Güterbahnhof Radegast erblickten?

Ein paar Wochen nach der Rückkehr von unserer Reise entdecke ich das Buch *The Diary of Dawid Sierakowiak – Five Notebooks from the Lodz Ghetto*, geschrieben zwischen dem 28. Juni 1939 und dem 15. April 1943 und erschienen 1996. Darin schildert der Autor seinen Alltag als polnisch-jüdischer Jugendlicher im Getto.[158] Als das Getto im Januar 1940 in Baluty, dem ärmsten und heruntergekommensten Teil der Stadt, eingerichtet wurde, zwang man alle dort lebenden Nichtjuden zum Umzug. Nahezu fünf Jahre später befreiten die Russen die Stadt, und der ursprüngliche Besitzer der Wohnung der Familie Sierakowiak kehrte zurück. Auf dem Herd fand er einen Stapel Notizbücher. Diese Tagebücher lenken meine widerstrebende Aufmerksamkeit auf die düstere Realität des Gettolebens.

Dawid schildert in seinen Tagebucheinträgen aus dem Oktober 1941 das Wetter, in dem meine Eltern Lodz erreichten. Am 14. Oktober schrieb er: «Obwohl der Schnee vom Sonntag fast verschwunden ist, ist es schrecklich nass, kalt und scheußlich.» Die Ankunft der österreichischen, tschechischen, deutschen und luxemburgischen Juden erzeugte enormen Druck in dem ohnehin schon überfüllten Getto.

Bild 1: Der Gemünder Schützenverein 1929 oder 1930. Mein Vater steht rechts am Ende der Reihe. In der Mündung jedes Gewehrs steckt eine Blume.

Bild 2: Wir treffen uns wieder: Lisbet und ich im Jahre 1992. Foto: George Miley.

Bild 3: Unsere Freund-
schaft geht weiter:
Lisbet einige Jahre
später in ihrem Zu-
hause. Foto: George
Miley.

Bild 4: Frau Schmitz und ich nach dem Abendessen, 1992. Foto: George Miley.

Bild 5: Annemarie und Willi heißen uns am 7. August 2001 in ihrem Haus willkommen. Foto: Willi Kruff.

Bild 6: Maria, Dieter, George und ich neben den letzten Überbleibseln meiner
Kindheit.

Bild 7: Da gab es wirklich so ein Dirndl. Ich war fünf Jahre alt – hier mit meinem Holzroller im Garten hinter unserem Haus.

Bild 8: Mein Versuch, das Alphabet in der alten Sütterlin-Schrift abzuschreiben.

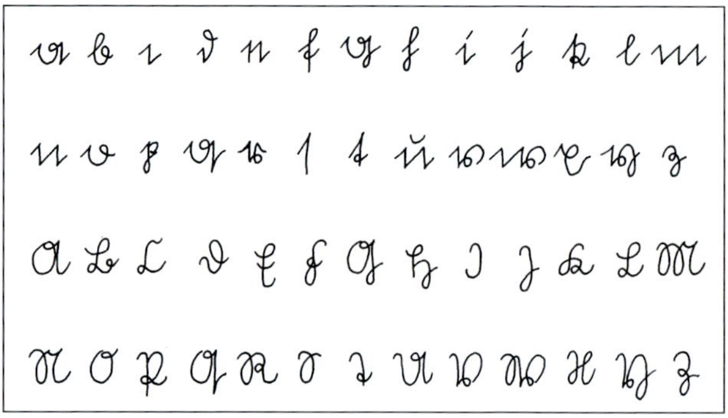

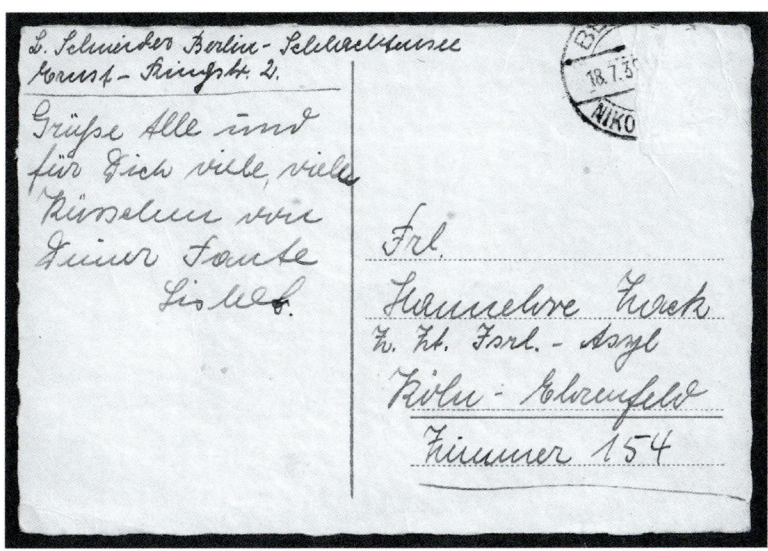

Bild 9: Meine Tante Elisabeth (Lisbet) schickte mir am 18. Juli 1939 aus Berlin eine Postkarte in mein Krankenzimmer. Wer mag die Briefmarke entfernt haben, und warum?

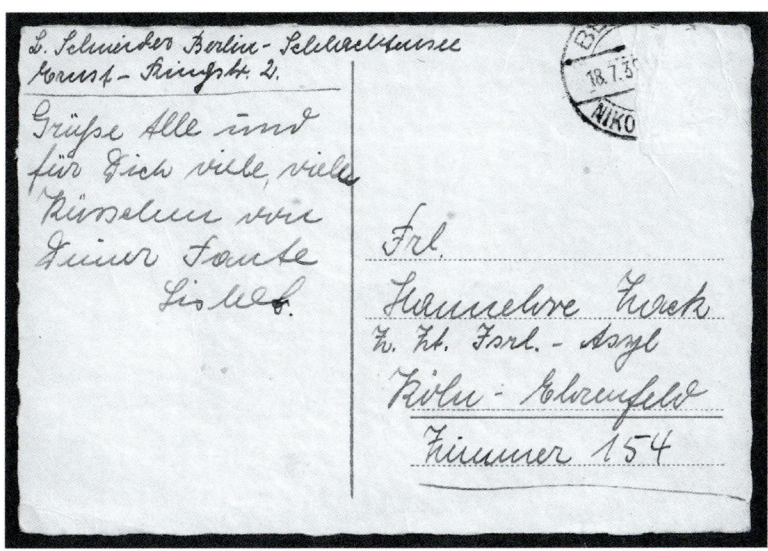

Bild 10: Auf Tante Elisabeths Karte steht: «Meine liebe süße Maus, ich habe mich mit Deinem Gruß sehr gefreut. Bald wirst du ja wieder gesund sein. Jetzt bin ich bald bei Dir und ich kann Dich ganz viel knutschen. Das ist doch fein, dass Du genauso operiert worden bist wie ich. Schreibe mir mal, was ich Dir mitbringen soll. – Ist Tante Hanna noch bei Dir? Sie soll mir bald wieder schreiben. – Hast Du viel Besuch gehabt? Grüße alle und für Dich viele, viele Küsschen von Deiner Tante Lisbet.»

Bild 11: Mein deutsches Visum, ausgestellt am 20. Juli 1939.

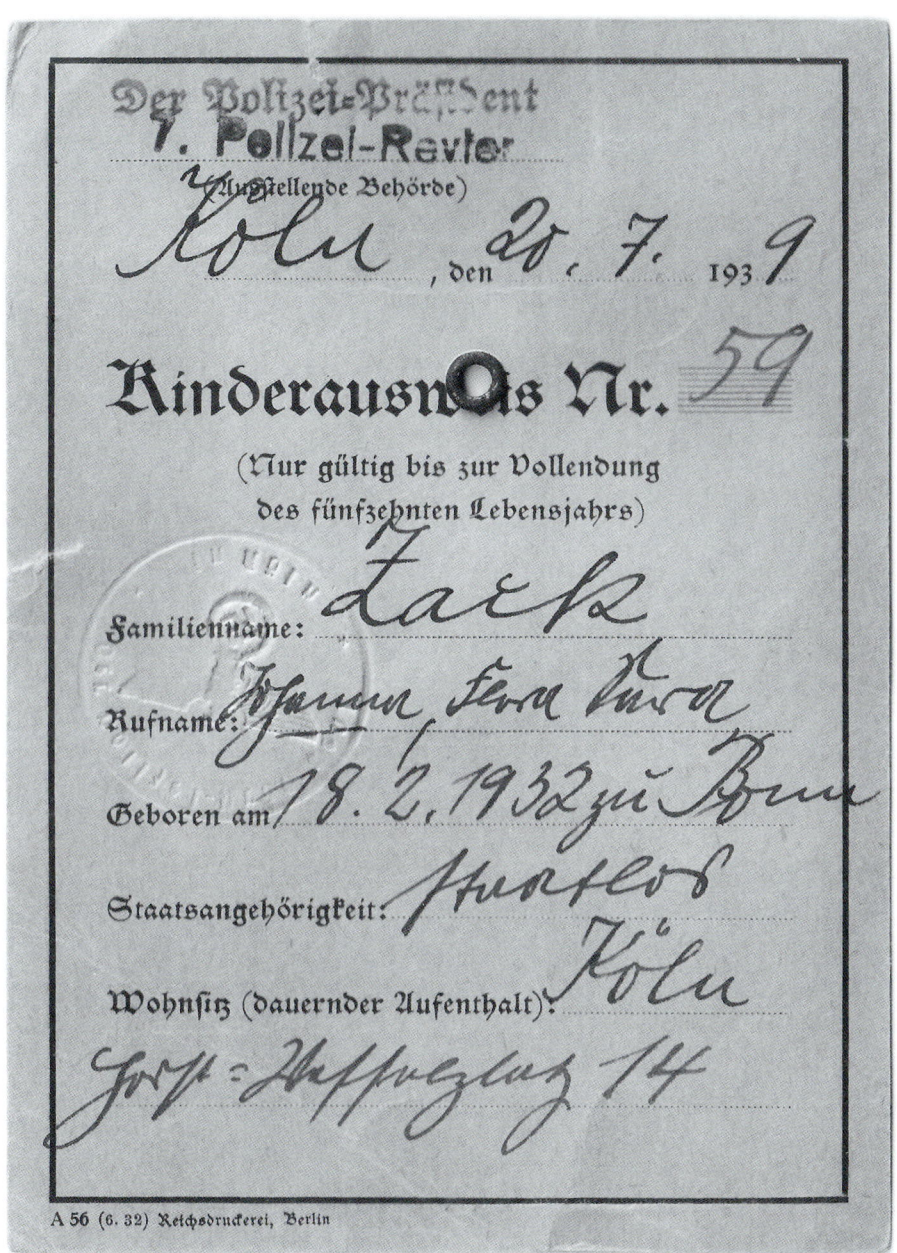

Bild 12: Nach dem gedruckten Wort «Staatsangehörigkeit» ist handschriftlich
«Staatlos» eingetragen.

Bild 13: Kurt, war das
dein Foto fürs Visum?

Bild 14: Die Rückseite von Kurts Foto.

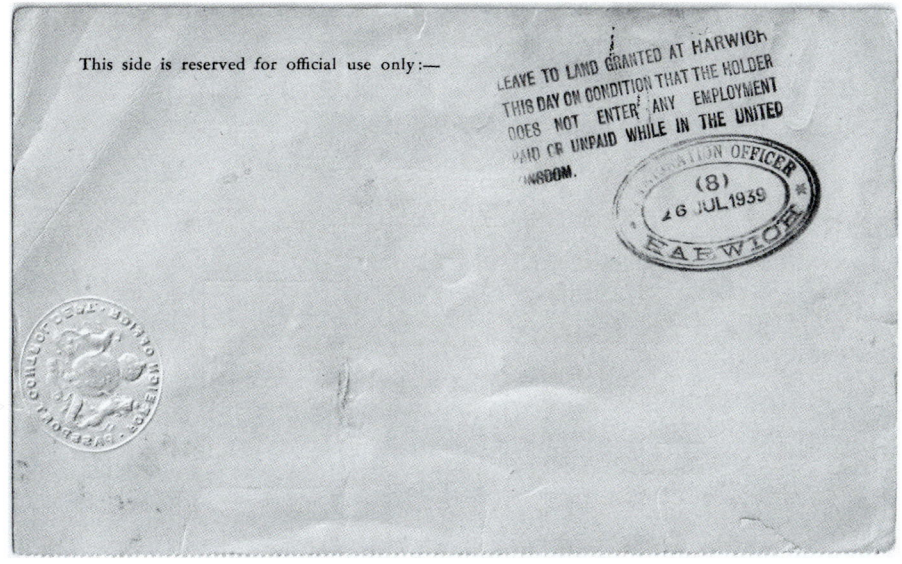

This document of identity is issued with the approval of His Majesty's Government in the United Kingdom to young persons to be admitted to the United Kingdom for educational purposes under the care of the Inter-Aid Committee for children.

THIS DOCUMENT REQUIRES NO VISA.

PERSONAL PARTICULARS.

Name ZACK JOHANNA FLORA

Sex FEMALE Date of Birth 18.2.32

Place BONN

Full Names and Address of Parents
ZACK Markus & Amalie
14, Horst Wesselplatz
KOELN

PHOTOGRAPH

8814

Hosp

5958

17. Juli 1939

Bild 15: Reisedokument Nr. 8814, ausgestellt von der Regierung Seiner Majestät am 17. Juli 1939. Beachten Sie die mit Bleistift eingetragene Abkürzung «Hosp» (Hospital), die etwas unbeholfen in der Mitte des oberen Randes schwebt.

This side is reserved for official use only :—

LEAVE TO LAND GRANTED AT HARWICH THIS DAY ON CONDITION THAT THE HOLDER DOES NOT ENTER ANY EMPLOYMENT PAID OR UNPAID WHILE IN THE UNITED KINGDOM.

IMMIGRATION OFFICER
(8)
26 JUL 1939
HARWICH

Bild 16: Die Rückseite des Reisedokuments.

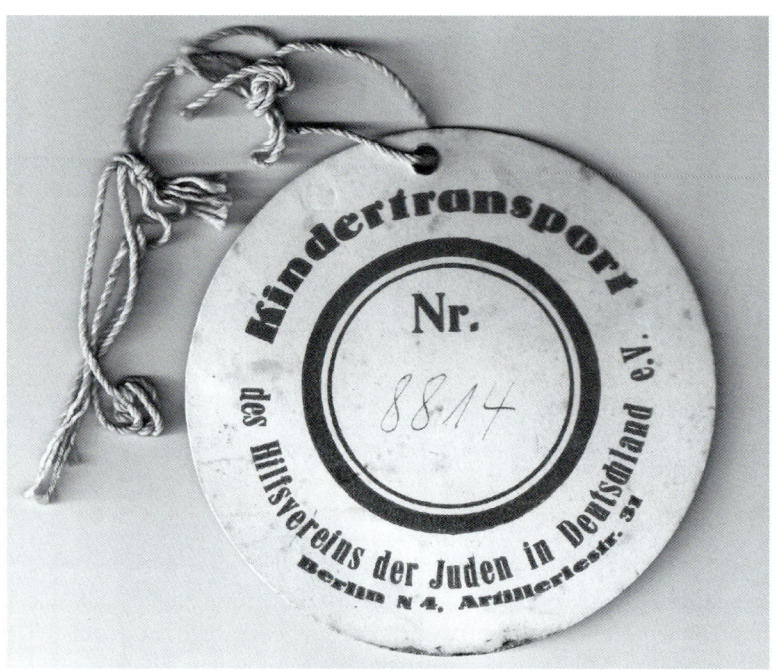

Bild 17: Die Kennmarke, die meine Eltern mir um den Hals hängten.

Bild 18: Die Rückseite der Kennmarke. Die Schnur hängt immer noch daran.

Bild 19: Meine Mutter schickte dieses Bild an die Familie Teller und schrieb auf die Rückseite: «Hannelore Zack, 4 Jahre alt.»

Bild 20: Eric Hertz, der kleine Junge am Ende der Bank, gab mir dieses Foto.
Ich sitze ganz links. Auf die Rückseite schrieb er: «Circa 1936, aufgenommen im
Garten der Familie Zack.» Ich glaube, die Erwachsenen und das andere kleine
Mädchen müssen Verwandte von ihm gewesen sein.

Bild 21: Die Worte auf der Rückseite dieses Fotos – «29. August 1936, Hannelore Zack mit Mutter» – wurden vermutlich von meiner Mutter geschrieben. Sie schickte das Bild an die Familie Teller nach Israel, und Gisela gab es mir zurück.

Hanna Schneider
Koblenz/Rhein
Markenbildchenweg 3o.pt.   2.August 1939.

Sehr geehrte gnädige Frau,

Von meiner Schwester, Frau Zack- Köln, erhielt ich den Brief von
Frau Luise Kohn. Ich kann Ihnen nicht sagen, wie glücklich wir
über diesen lieben Brief waren, und ich als Hannelores Tante will
nicht verfehlen, auch herzlichst zu danken, für Ihre grosse Güte
und Liebe, die Sie Hannelore geben wollen. Sie können sich denken
welche Sorge wir bei der Abreise des Kindes hatten und wir glücklich wir mit den Eltern waren, als der erste Brief ankam.
Hoffentlich geht es Hannelore weiter gut, und fühlt sie sich in
ihrem neuen Heime glücklich, und wir hoffen besonders, dass Hannelore artig und, lieb ist, und Ihnen nicht gar so viel Arbeit, und
auch etwas Freude macht. - Wir hatten gerade in der letzten Zeit
sehr viel Aufregung und die Abreise des Kindes kam so unerwartet
schnell, dass wir gar nicht wissen, ob wir für Hannelores Gepäck
alles richtig besorgt haben. Ich denke, dass die 2 Koffer und
1 Kiste mit Spielsachen gut angekommen sind. Ich habe in den le
ten Tage vor der Abreise des Kindes das Gepäck besorgt. Falls
nun irgend etwas an Kleidung, Wäsche etc. fehlt, so bitten wir
Sie, uns dies nur mitzuteilen, auch, wenn Sie Bettwäsche oder
sonst irgend etwas wünschen sollten. Wir werden versuchen, diese
Sachen noch nachsenden zu können.- Ich weiss nicht, ob Hannelores Mutter dieserhalb schon geschrieben hat, aber vorsorglich
will ich danach fragen und dafür sorgen, dass die Eltern noch
alles nachsenden, was gewünscht wird.- Es ging ebense alles so
schnell, dass möglicherweise einige Sachen fehlen.
Wir waren auch dadurch noch beunruhigt, dass Hannelore erst kurz
vor der Abreise eine Blinddarmoperation hatte und wir hoffen, dass
der Arzt, der sie inzwischen untersuchte, für gesund gehalten hat,
und dass sie sich weiter wohl fühlt.- Ich habe heute Hannelore
eine Karte gesandt, ich denke, dass sie antworten wird. Wenn
Frau Luise Kohn noch bei Ihnen weilt, wird sie vielleicht so
lieb sein und ihr bei der Antwort helfen, da sie ja deutsch
schreibt und spricht.- Wir hatten vor einigen Monaten auch mit
englisch-lernen begonnen, doch seit 2 Monaten gab es so viel
Ereignisse, dass wir nicht mehr zum lernen kamen. Ich denke aber,

Bild 22: Der vollständige Brief, den meine Tante der «gnädigen Frau» in England
schickte (Teil 1).

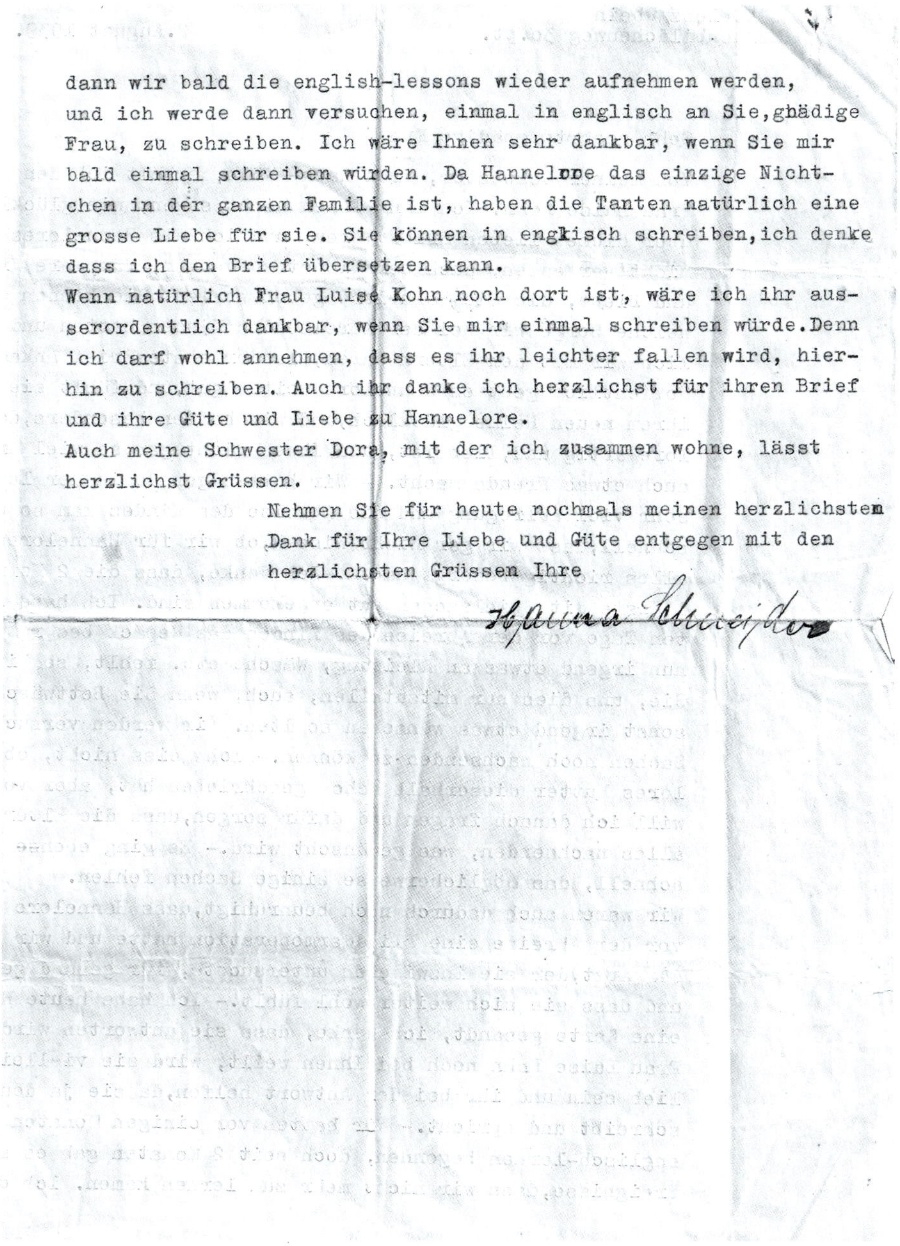

dann wir bald die english-lessons wieder aufnehmen werden,
und ich werde dann versuchen, einmal in englisch an Sie,ghädige
Frau, zu schreiben. Ich wäre Ihnen sehr dankbar, wenn Sie mir
bald einmal schreiben würden. Da Hannelore das einzige Nichtchen in der ganzen Familie ist, haben die Tanten natürlich eine
grosse Liebe für sie. Sie können in engkisch schreiben,ich denke
dass ich den Brief übersetzen kann.
Wenn natürlich Frau Luise Kohn noch dort ist, wäre ich ihr aus-
serordentlich dankbar, wenn Sie mir einmal schreiben würde.Denn
ich darf wohl annehmen, dass es ihr leichter fallen wird, hierhin zu schreiben. Auch ihr danke ich herzlichst für ihren Brief
und ihre Güte und Liebe zu Hannelore.
Auch meine Schwester Dora, mit der ich zusammen wohne, lässt
herzlichst Grüssen.
    Nehmen Sie für heute nochmals meinen herzlichsten
Dank für Ihre Liebe und Güte entgegen mit den
herzlichsten Grüssen Ihre

Hanna Schneider

Bild 23: Der zweite Teil des Briefes meiner Tante.

Bild 24: Kath und Jack Calcott, wahrscheinlich im Herbst 1939 aufgenommen.

Bild 25: Roddy und ich kurz nach meiner Ankunft.

Bild 26: Hätten nur Mutti und Vati dieses Foto von mir sehen können …

Bild 27: Auf dem Rasen vor dem Vogelbad, aufgenommen wahrscheinlich im Sommer 1940. Von links nach rechts: Lauries Mutter; Laurie, die mit Cyril verheiratet war, dem Sohn von Mr. und Mrs. Dodd; Susan, ihr erstes Kind, Auntie und ich.

Dr. Stefan Jaroschy
  Prague XIX
na Dionysce 9

Prague August 28th. 1939

Dear Mrs. Dodd,

thank you very much for your letter /to my wife/ of the 21. august. We are always looking forward to your letters which are really comforting in our sad situation. The feeling that you fully understand what it signify to separe us from the children and perhaps to separe the children from each other is already a consolation to us. And the hope that your efforts in finding a home for Stephen would be successfull prevents us to lose courage.

In the meantime we were informed that Erikas transport will sart the 30th. august at midnight. The committee asked for a few document and promised to settle the rest. Last wednesday we were anew informed that the German authorities do not agree with this proceeding and that everybody has to ask personally for the permit and that the children too are to be presented. I won't to inform you wath happened, I remark only that once my wife waited at the office from 10 to 7 and the next day from 7 to 1. At the same time the luggage had to be prepared and delivered to the custom-office, where it rests till the transports departs. By this reason there was naturally not time enough to prepare all as we wanted. Besides, we got very strict new orders concerning good which are not allowed to export and in this way the possibility of fitting out the children is quite limited.

I am also sorry because I had the intention of sending you with Erika a little present as souvenir from Bohemia. My father was a collectioner of Bohemian curiosities a we have several cabinets containing Bohemian old glassware, china and other works of art. Now it is strictly forbidden to take such things along.

Just now I am told, that it is still all in the air whether the transport will start the 30. August.

Bild 28: Brief von Inis Vater an die Dodds (Teil 1).

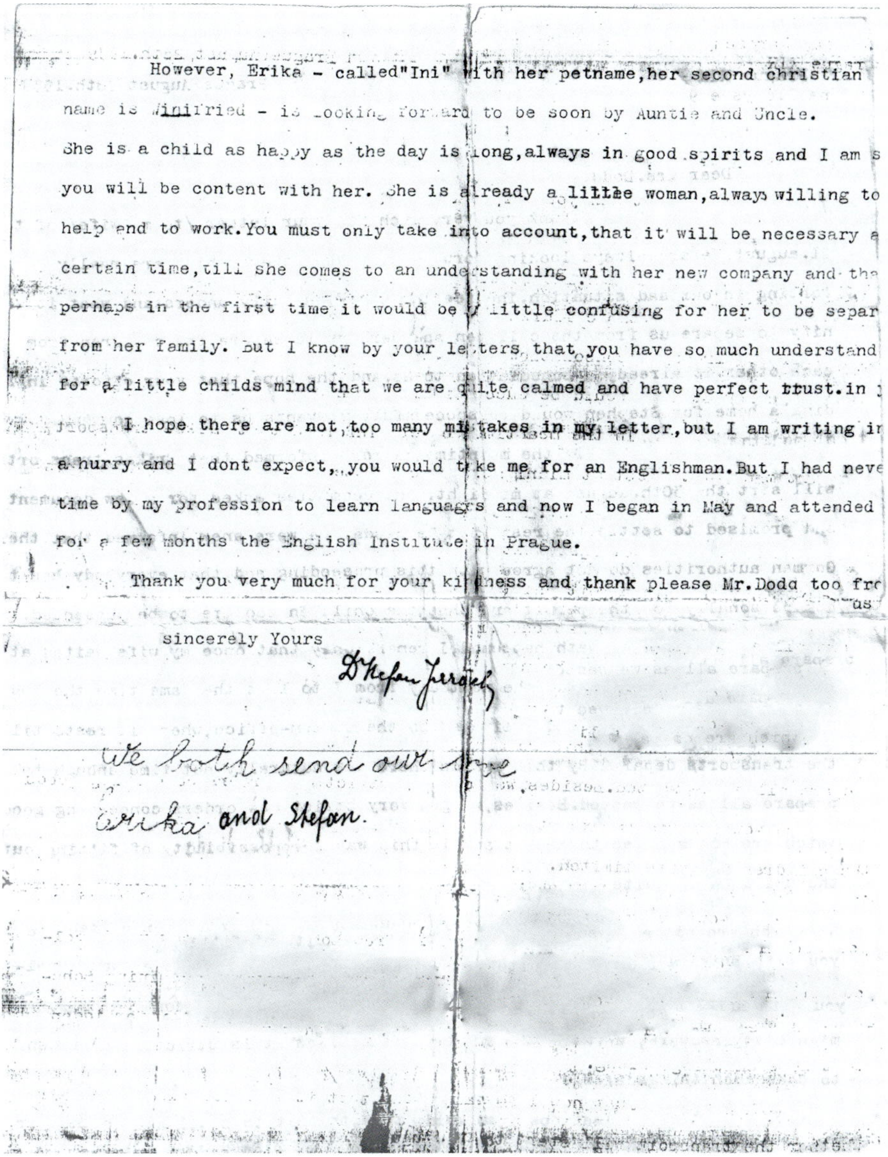

However, Erika – called "Ini" with her petname, her second christian
name is Winifried – is looking forward to be soon by Auntie and Uncle.

She is a child as happy as the day is long, always in good spirits and I am s
you will be content with her. She is already a little woman, always willing to
help and to work. You must only take into account, that it will be necessary a
certain time, till she comes to an understanding with her new company and the
perhaps in the first time it would be a little confusing for her to be separ
from her family. But I know by your letters, that you have so much understand
for a little childs mind that we are quite calmed and have perfect trust in
I hope there are not too many mistakes in my letter, but I am writing in
a hurry and I dont expect, you would take me for an Englishman. But I had neve
time by my profession to learn languages and now I began in May and attended
for a few months the English Institute in Prague.

Thank you very much for your kindness and thank please Mr. Doda too fro
as

sincerely Yours

D. Stefan Jerroch

We both send our love

Erika and Stefan.

Bild 29: Der zweite Teil des Briefes von Inis Vater.

Bild 30: Auntie und Uncle im Urlaub am Meer, wahrscheinlich 1951 oder 1952.

Happy Memories

Bild 31: Mein erstes Schulfoto, 1941.

Bild 32: George und ich
in viel jüngeren Jahren!

Bild 33: Zeit zum Erholen außerhalb der Stadt.

Bild 34: Mit George und im traditionellen Sari, dem fünf bis sechs
Meter langen Tuch, in Bombay (heute Mumbai).

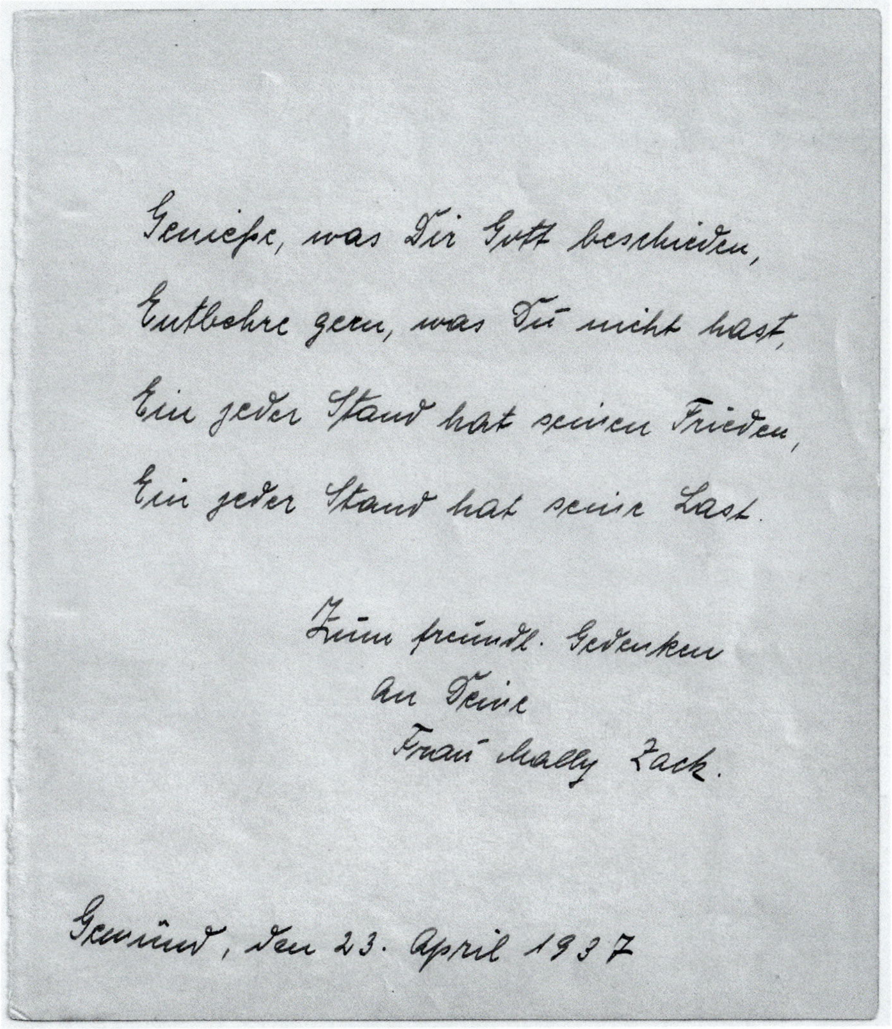

Genieße, was Dir Gott beschieden,

Entbehre gern, was Du nicht hast,

Ein jeder Stand hat seinen Frieden,

Ein jeder Stand hat seine Last.

Zum freundl. Gedenken
an Deine
Frau Mally Zack.

Gemünd, Den 23. April 1937

Bild 35: Eine Seite, die meine Freundin Ruth aus ihrem Poesiealbum riss, unterzeichnet von meiner Mutter.

Bild 36: Freunde aus der Eifel begrüßen den Minjan. Foto: Ryan Thurman.

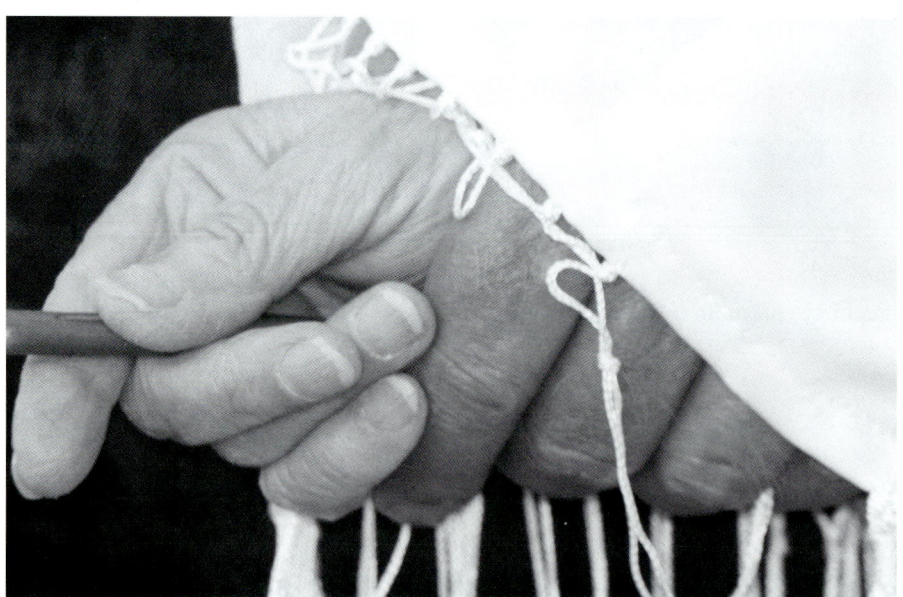

Bild 37: Betende Hände. Foto: Ryan Thurman.

Bild 38: Fünf Deutsche nach dem Gebet an der Gedenktafel. Foto: Ryan Thurman.

Bild 39: Das Bet Tahara (Begräbnishaus). Foto: Ryan Thurman.

Bild 40: Im Innern des Viehwaggons ... Foto: Ryan Thurman.

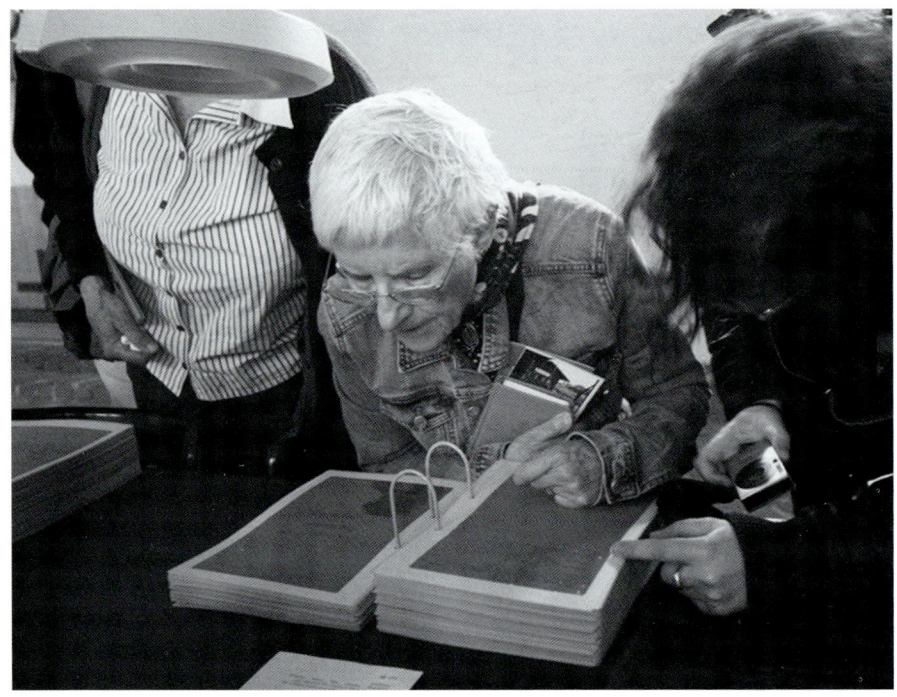

Bild 41: Die Suche. Foto: Ryan Thurman.

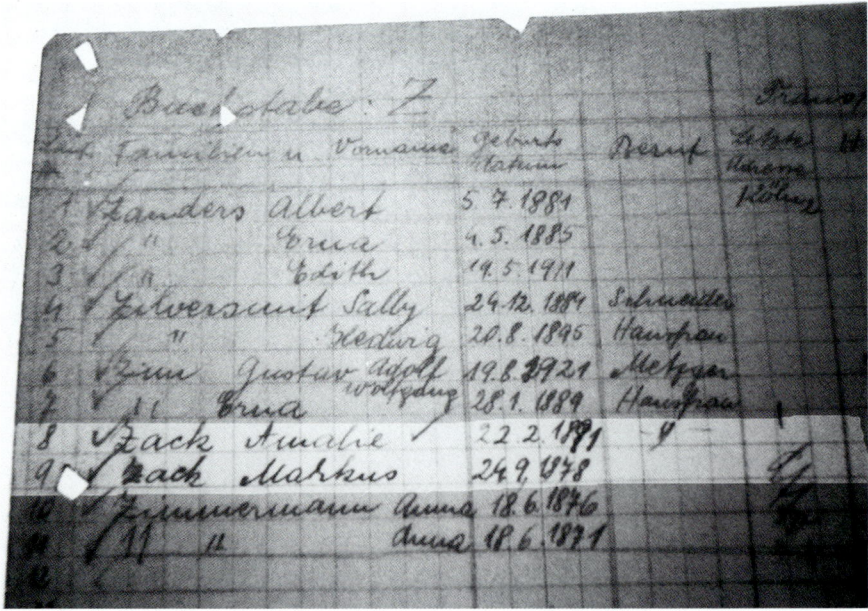

Bild 42: Und da finden wir sie: Zack Amalie und Zack Markus stehen auf der Liste. Foto: Ryan Thurman.

Bild 43: Mein Finger auf ihren Namen ... Foto: Ryan Thurman.

Bild 44: Ein rustikaler Altar. Foto: Ryan Thurman.

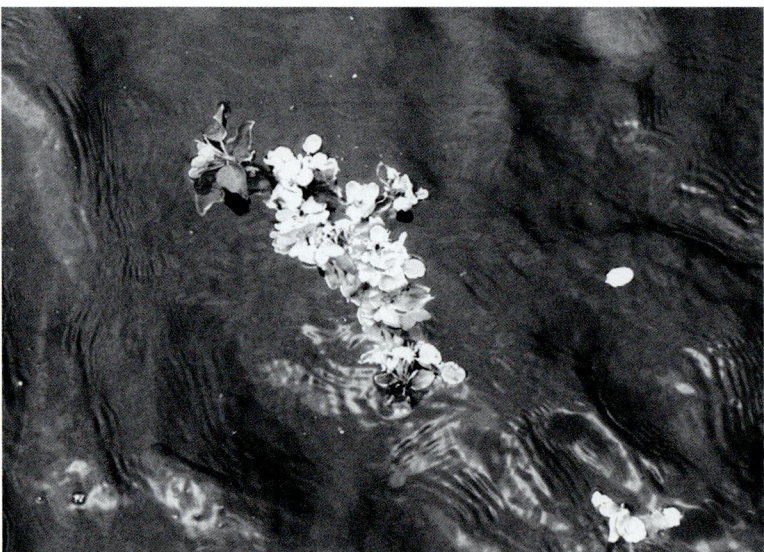

Bild 45: Schmuck und frische Apfelblüten statt Asche, gemäß Jesaja 61,3–4 (Luther): «... dass ihnen Schmuck statt Asche, Freudenöl statt Trauerkleid, Lobgesang statt eines betrübten Geistes gegeben werden, dass sie genannt werden ‹Bäume der Gerechtigkeit›, ‹Pflanzung des Herrn›, ihm zum Preise. Sie werden die alten Trümmer wieder aufbauen und das, was vorzeiten zerstört worden ist, wieder aufrichten; sie werden die verwüsteten Städte erneuern, die von Geschlecht zu Geschlecht zerstört gelegen haben.» Foto: Ryan Thurman.

Bild 46: Der Fluss, ein neuer Schössling und ich. Foto: Julia Stone.

BUNDESREPUBLIK DEUTSCHLAND

Einbürgerungsurkunde

Vorname(n), Familienname, Geburtsname

Johanna Flora MILEY geb. Zack

geboren am	in
18. Februar 1932	Bonn/Deutschland

Wohnort

Phoenix, Arizona / USA

hat mit dem Zeitpunkt der Aushändigung dieser Urkunde die deutsche Staatsangehörigkeit durch Einbürgerung erworben.

Die Einbürgerung hat sich nicht auf Kinder des/der Eingebürgerten erstreckt.

Ort, Datum

Köln, den 26. Februar 2004

Bundesverwaltungsamt

III A 6 - M 76 732

Im Auftrag

S c h u l z

(Dienstsiegel)

Ausgehändigt am
APR 1 2 2004

Honorarkonsul
der Bundesrepublik Deutschland
Phoenix

Art.-Nr. 10 001

⊕ Bundesdruckerei

Bild 47: Wiederherstellung der deutschen Staatsbürgerschaft, 2004.

Bild 48: So bin ich heute ...

Bild 49: ... erfüllt von der Hoffnung, dank der Liebestat Gottes einen Dienst der Versöhnung anbieten zu können.

Bild 50: Die «Reise» meiner Eltern in den Tod. Sie begann in Gemünd und endete im KZ in Litzmannstadt (dem heutigen Lodz). Karte: Cheri Beckenhauer und George & Hanna Miley.

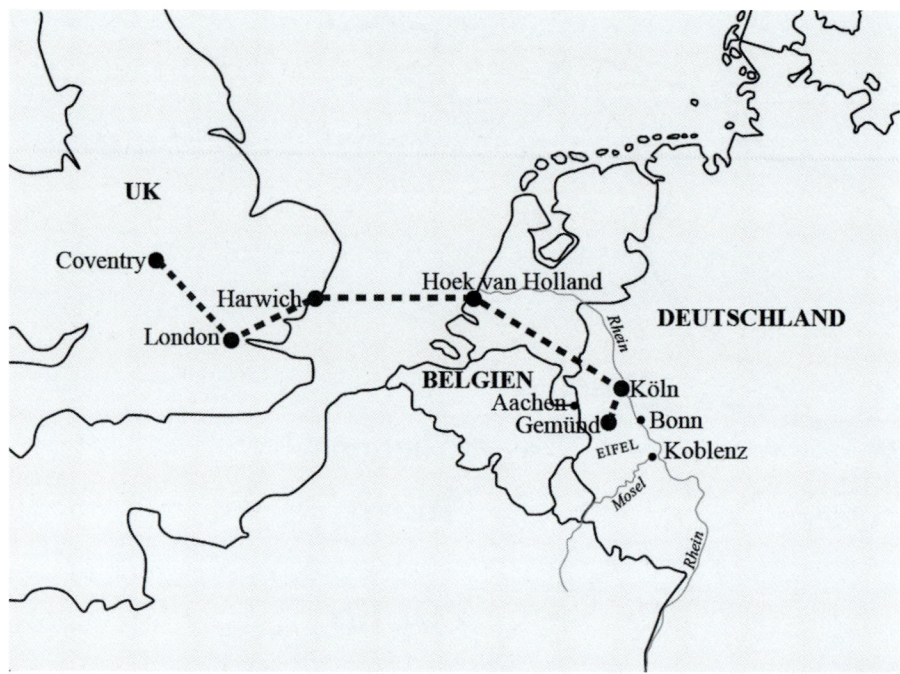

Bild 51: Das war meine «Reise» ins Leben: Von Gemünd über Köln und London bis Coventry… Karte: Cheri Beckenhauer und George & Hanna Miley.

Bild 52: Beim Holocaust Memorial in Berlin. Foto: Thomas Cogdell.

Zwischen dem 24. Oktober 1941 und dem 17. März 1942 klafft eine Lücke in den Tagebüchern – die Zeugnisse aus vier Monaten gingen für ein paar Augenblicke der Wärme in Flammen auf. Das Notizbuch für die Zeit vom 18. März bis zum 31. Mai 1942, in der meine Eltern im Getto lebten, trägt den Titel «Wir leben in ständiger Furcht». Ich kann nicht mehr mitzählen, wie oft er das Wort «Hunger» gebraucht. Was ich hier lese, sind die Worte eines Augenzeugen jener Hölle, die meine Eltern im November 1941 betreten sollten.

Lodz winkt

Als wir am 1. Mai 2010 in Lodz ankommen und auf die Türen zugehen, die uns zum Taxistand führen werden, bemerken wir zu unserer Linken das Wort «Information». Das Büro sieht geschlossen aus. Wir spähen hinein und probieren die Tür aus. Ein kleiner, dunkelhaariger Mann mit offenem, freundlichem Gesicht empfängt uns fast so, als hätte er unsere Ankunft erwartet. Mag sein, dass er sich über jeden Touristen freut, der seine Stadt besucht. Da das Büro für uns alle zehn zu klein ist, erzählt ihm Verena von unseren Plänen, während wir anderen draußen warten. Sie kann telefonisch Monika erreichen, eine offizielle englischsprachige Führerin, und wir vereinbaren, uns am nächsten Morgen, einem Sonntag, zu einer Führung durch das «jüdische Lodz» mit ihr zu treffen. Ermutigt treten wir mit Bündeln von Gettoliteratur und Straßenkarten unter dem Arm hinaus in die Stadt.

Zum Abschluss des Tages beten wir zusammen. Wird es eine bedeutsame Berührung mit meinen Eltern geben? Wir kommen uns vor wie Archäologen, die einen größeren Bereich ausgraben. Werden wir auf dem Weg von Lodz nach Chelmno authentische Stätten ausfindig machen? Über das Getto Lodz gibt es nur spärliche Informationen. Hans-Peter betet: «Du hast uns berufen, mit den Verlassenen zu gehen, die zu verstehen, die gelitten haben, wie du es tatest.»

Sonntag, 2. Mai 2010. Allmählich wache ich auf und werde mir meiner Umgebung bewusst. Ich liege in einem bequemen Bett neben George, eingekuschelt unter Federbetten. Mein Blick wandert durch das große, schlichte, moderne Zimmer. Ich steige unter die chromblitzende Dusche, schließe die runde Glastür, drehe den glänzenden Hahn auf und schwelge unter dem kräftigen, warmen Wasserstrahl. Ich lasse mir Zeit für die Erfrischung, ungeachtet des Hinweisschildes mit der polnischen und englischen Aufschrift «Bitte Wasser sparen».

Der extreme Gegensatz zwischen dem körperlichen Wohlbehagen, das ich hier in Lodz genieße, und den Entbehrungen, die meine Eltern in dieser Stadt sechs Monate lang Tag für Tag erduldeten, wird mir drastisch bewusst. 1942 war jeder Quadratkilometer des Gettos von 42.587 Menschen bewohnt. Meine Eltern dürften in dem Abschnitt des Gettos, der für Juden aus Deutschland bestimmt war, in einem überfüllten Wohnhaus mit sechs bis sieben Seelen je Zimmer gelebt haben – mit primitiven sanitären Einrichtungen, schwierigem Zugang zu Wasser, oft in bitterer Kälte und ohne jeden Komfort.[159] Wie kann ich da die Fülle genießen, die mich umgibt?

Hungrig betreten wir das Hotelrestaurant und stehen vor dem Büfett. Wie sucht man sich da etwas aus, ohne sich der Völlerei schuldig zu machen? Ich drücke die Taste für meine zweite Tasse Kaffee. Soll ich diesmal einen Cappuccino nehmen oder noch einen Milchkaffee?

Mich packt die Erkenntnis des Leidens meiner Eltern an diesem Ort. Meine kleine Mutter, die so gern schöne Dinge schuf und sich vielleicht daran erinnerte, wie sie mit ihren Schwestern auf den Weinbergen rund um das von Blumen überquellende Heddesheim gespielt hatte, und mein facettenreicher Vater, der Kraft aus seinen unternehmerischen Tätigkeiten schöpfte, der frei durch die Berge der Eifel wanderte und die reine, heilsame Luft atmete – wie konnten sie die bedrückenden Zustände voller Hässlichkeit und Gestank in Litzmannstadt ertragen?

Monika, unsere Führerin in die Vergangenheit

Monika erwartet uns im Hotelfoyer. Sie steht mit ihrem Schirm bereit. Sie ist klein, vielleicht in den Dreißigern und eine einfühlsame Seele. Sie wird uns in fließendem Englisch die Vergangenheit eröffnen. «Möchten Sie Ihren Rundgang mit dem größten jüdischen Friedhof in Europa beginnen?», fragt sie uns. Mein erster Gedanke ist: «Ich würde mich lieber auf die Orte konzentrieren, die etwas mit meinen Eltern zu tun haben, und die wurden nicht auf diesem Friedhof begraben.» Aber dann lasse ich mich auf ihren Vorschlag ein.

Wir folgen einem schmalen Pfad entlang der Friedhofsmauer, und als wir das kleine Tor erreichen, bemerken wir einen älteren, untersetzten Mann, der links von uns auf einer Bank sitzt. Wir grüßen ihn, und unsere Blicke werden von einem imposanten Backsteingebäude zu unserer Rechten angezogen. Monika erklärt: «Niemand darf dort hinein. Das ist das ursprüngliche Begräbnishaus, wo noch heute Leichname für die Beerdigung vorbereitet werden.»

Wir gehen weiter zum nahen Denkmal für die Opfer des Gettos Lodz – einer großen, massiven Skulptur, die sich von einer steinernen Plattform erhebt. Schweigend lassen wir die Symbolik auf uns wirken: ein hoher Obelisk, der einem Schornstein ähnelt, eine abgebrochene Eiche und eine Menora – das jüdische Volk, durch Feuer niedergemäht. Zu hören ist nichts als das Knirschen unserer Füße auf dem Kies. Auf halbem Weg zu dem Denkmal hören wir einen lauten Ruf: «Hey!» Wir drehen uns um und sehen, dass der Mann von seiner Bank aufgestanden ist und jetzt auf der obersten Stufe vor der Tür des *Bet Tahara* (des Begräbnishauses) steht. Mit einem Schlüssel in der einen Hand winkt er uns mit der anderen, zu ihm zu kommen. Wir folgen seiner Einladung, und er öffnet die Tür.

Bet Tahara – das Begräbnishaus

Langsam, als bewegten wir uns durch eine Traumlandschaft, treten wir einer nach dem anderen in den ersten von zwei großen Räumen ein. Ob der alte Leichenkarren, der diagonal darin steht, wohl von Pferden gezogen wurde, wenn er die Toten aus dem Getto an diese heilige Stätte brachte? Oder wurde der Leichenwagen von ausgehungerten Männern gezogen? Später werde ich Antworten auf meine Frage in drei Augenzeugenberichten finden, die in Büchern enthalten sind, die erst nach meiner Rückkehr nach Phoenix in meinen Besitz gelangen, und dann werde ich mehr erfahren, als ich wissen will.

❋

Das Buch *With a Camera in the Ghetto*, erschienen beim Verlag Schocken Books, enthält siebzig erhalten gebliebene Bilder, die von Mendel Grossman während der ersten Jahre des Gettos Lodz heimlich fotografiert wurden.[160] Ein unscharfes Foto auf Seite 56 vom 4. August 1941 zeigt einen mit Brot beladenen Karren und die Flanke eines Pferdes. Auf Seite 61 wird ein anderer mit Brot beladener Karren von zwei Männern gezogen, die zwischen den Deichselarmen eingeschirrt sind. Sie sind klapperdürr und stemmen sich mühsam nach vorn.

Die fünf erhalten gebliebenen Notizbücher aus *The Diary of Dawid Sierakowiak* enthalten eine so ehrliche, nüchterne Schilderung, dass es zu qualvoll ist, mehr als ein oder zwei Seiten davon auf einmal zu lesen. Am 6. März 1943 beschreibt Dawid, wie sein Vater nach vier Jahren äußerster Entbehrungen im Getto inmitten großer Ungleichheit und fürchterlicher Spannungen in der Familie an Hunger und Krankheit stirbt. Auf Seite 243 findet sich unter seinem Eintrag für den 28. Dezember 1942 ein Schwarz-Weiß-Bild eines Leichenwagens. Ist es derselbe, der heute in dem Begräbnishaus steht? Ich glaube, der Boden ist schneebedeckt. Eine Frau schaut zu, wie zwei Männer einen steifen, in weiße Tücher gehüllten Leichnam tragen, die Füße auf den Leichenwagen gerichtet. Zwischen den Deichselarmen steht ein Pferd.

Unter dem Bild stehen die Worte: «Der schwarze Leichenwagen wird wieder äußerst beliebt.»[161]

Sara Zyskind ist die dritte Augenzeugin. Sie ist die einzige Überlebende der drei Stimmen aus der Vergangenheit, die bei meiner Suche nach meinen Eltern zu mir sprechen. In ihren Memoiren *Stolen Years* schildert sie die Transportmittel innerhalb des Gettos.[162] Sara erinnert sich, dass 1942 nur noch fünf Pferde übrig waren. Eines davon wurde von Chaim Rumkowski benutzt, dem Judenältesten. Ein weiteres stand dem jüdischen Tierarzt Dr. Leider zur Verfügung, der deutsche Tiere behandelte. Die übrigen drei zogen Wagen für den öffentlichen Gebrauch: einen Brotwagen, einen Krankenwagen und den Leichenwagen. Sie schreibt: «Darum waren die Insassen gezwungen, ihre eigenen Pferdestärken beizusteuern, indem sie Menschen vor die Wagen schirrten. … Auch unser Müll und Abfall wurde mit von Menschen gezogenen Karren abtransportiert, da das Abwassersystem des Gettos schon seit langer Zeit nicht mehr funktionierte.»

Wie wurden meine Eltern damit fertig? Mir kommt ein seltsamer Gedanke. Ihr brutaler Tod am 3. Mai 1942 – könnte es so etwas wie eine harte Gnade gewesen sein, dass sie dieser Hölle vor dem bitteren Winter 1942 entkamen? Zwischen 1940 und 1944 starben im Getto 43.000 Menschen an Hunger und Krankheit und wurden auf dem Friedhof begraben.

✳

Wir gehen weiter in den geräumigen, sauberen, kahlen Innenraum des Begräbnishauses. Mir ist unbehaglich in der leeren Stille. Wir könnten uns auch in einem primitiven Operationssaal befinden. Hier in diesem Raum werden Leichen fürs Begräbnis vorbereitet. Eine massive graue Marmorbank beherrscht den Raum. Darüber ist ein Schlauch für das reinigende Wasser und darunter ein Rost, durch den das Wasser abfließen kann. Ich bin gepackt von der Realität des Todes und gleichzeitig

von der Sorgfalt und Ehrerbietung, die bei der jüdischen Begräbnis-
praxis dem Leichnam zugewendet werden.

Vor meinem geistigen Auge flackern Bilder auf – Menschen mit Plas-
tiktüten in den Händen, die zertrümmerte Straßen durchstreifen und
nach Leichenteilen suchen – Israel in den Abendnachrichten nach einem Bombenanschlag. Selbst der kleinste Fetzen verdient Respekt.
Die Entweihung der Leichname meiner Eltern wird mir bewusst: Sie
wurden nicht ehrenhaft begraben. Bis zu diesem Moment hier im Begräbnishaus habe ich mir das Ende unserer Reise so vorgestellt, dass
wir im Rzuchowski-Wald eine *Yahrzeit* begehen, einen Gedenkgottesdienst am Jahrestag des Todes meiner Eltern an der Stelle, wo ihre Leichen in eine vorbereitete Grube geworfen und später wieder ausgegra-
ben und verbrannt wurden. Noch verschwommen steigt ein Gedanke
in mir auf, als ich vor der Reinigungsbank stehe. Sollten wir morgen
unseren geplanten Gedenkgottesdienst mit einer Zeremonie zu Ehren
ihrer Leichname und der Leichname ihrer Leidensgenossen verbinden
– einem symbolischen Begräbnis? Vorher jedoch erwarten uns heute
in Lodz noch weitere Erlebnisse.

Umschlagplatz in Lodz

Auf dem Fußweg vom jüdischen Friedhof zum Bahnhof Radogoszcz
(auf Deutsch Radegast) befinden wir uns am nordöstlichen Rand des
früheren Gettos, eines Viertels, das damals Marysin hieß. Wir sehen
nur wenige Fahrzeuge oder Menschen. Mir fällt auf, dass kaum ein Geräusch zu hören ist, und ich empfinde eine Atmosphäre der Leere.
Oder ist das nur meine überladene Fantasie?

Heute ist der Bahnhof Radegast ein stilles Denkmal. Stacheldraht umgab den schlichten Güterbahnhof, als 1940 dort in aller Eile Baracken
für Güter und Menschen errichtet wurden.[163] Lebensmittel, Brennstoff
und Rohmaterialien für die Herstellung von Kleidern, Schuhen und
Uniformen für die deutsche Wehrmacht trafen hier ein. Fertige Güter

wurden von hier versandt. Das eingeschlossene Getto der Juden von Lodz wurde zu einem produktiven Zwangsarbeitslager. Zwischen 1941 und 1942 wurden etwa 20.000 Juden aus Westeuropa, weitere 20.000 polnische Juden aus der Umgebung und über 5000 Sinti und Roma aus Österreich hierhergebracht.[164]

«Umschlagplatz» ist der Ausdruck, mit der auf der offiziellen Website www.lodz-ghetto.com der Bahnhof Radegast bezeichnet wird, «der Ort, wo die Leute unmittelbar vor ihrem Abtransport – in den meisten Fällen, um zu sterben – gesammelt wurden». Der Abtransport von Juden von Radegast aus begann am 16. Januar 1942. Ihr Ziel? Das nordwestlich gelegene Chelmno-nad-Nerem (auf Deutsch Kulmhof). Der letzte Zug von dort brach am 29. August 1944 auf, um seine menschliche Fracht Richtung Südwesten nach Auschwitz/Birkenau zu bringen.[165]

Ich schreibe «Umschlagplatz» und spreche es leise mit. Ich nehme das Wort «Umschlag» auseinander und schaue im deutschen Wörterbuch nach, was der Bestandteil «schlag» genau bedeutet – Schlag, Hieb, Knall, Schreck, Aufprall. Ob wohl meine Mutter und mein Vater, als sie die Aufforderung erhielten, sich zur Deportation einzufinden, das Wort «Umschlagplatz» gebrauchten? Oder eher einen anderen häufigen Ausdruck: «der Verladebahnsteig in Marysin»? Beide Namen hatten einen bedrohlichen Beiklang.

68 Jahre später, am Sonntag, dem 2. Mai 2010, sehe ich drei leere Güterwaggons aus den 1940ern vor mir, die offen auf den Originalschienen stehen. Unsere Füße betreten die originalen Steine des Verladebahnsteigs, und wir folgen den verängstigten Schritten meiner Eltern in einen Viehwaggon. Wir zehn und Monika stellen uns in dem entmenschlichenden Kasten im Kreis auf und beten. Als wir uns zum Gehen anschicken, fügt Monika sichtlich betroffen einige der grauenhaften Details hinzu, die sie bei ihrer Ausbildung als Stadtführerin gelernt hat. Sie spricht von menschlichen Körpern, die so dicht in die Waggons gepresst wurden, dass die Toten, immer noch aufrecht stehend, erst bei der Ankunft entdeckt wurden.

Eine Klaustrophobie überkommt mich. Wie leicht hätte auch ich, eingezwängt zwischen meinen Eltern, dort stehen können. Ich wäre damals zehn Jahre alt gewesen. Ich steige aus, nur weg von dieser erstickenden Luft. Ich möchte das Bild wieder loswerden, weit von mir wegschieben. Das Wissen, dass wir auf dem originalen Bahnsteig stehen, macht meine innere Not noch größer. Neben unserem Viehwaggon sehen wir die alte, dunkle, schwere Dampflokomotive, gleich denen, die damals menschliche Seelen erbarmungslos ins Verderben zogen, auf den Originalschienen stehen. Sie ist mit dem Namen «Krupp» gekennzeichnet.

Zu unserer Rechten steht eine schlichte Holzbaracke mit einem neuen weißen Schild und dem Wort «Radegast» in alter, schwarzer deutscher Schrift. Der ursprüngliche Schuppen hatte bis zum Wiederaufbau 2002 zerstört dagelegen. Wir haben die genaue Stelle erreicht, wo meine Eltern abgefertigt wurden. Als ich eintrete, bin ich mir der offenen Türen bewusst. Der Freiheit, ein- und auszugehen in einem Gebäude, das früher abgeriegelt war und nur einen Ausgang hatte. Dort in dem einzigen Raum des wieder aufgebauten Gebäudes stehen in gleichmäßigen Abständen Reihen langer, rechteckiger Tische mit Leselampen. Auf den Tischen liegen schwere Aktenordner. Manche sind aufgeschlagen und offenbaren Seiten mit Listen in Klarsichthüllen – die Namen der Passagiere.

Wir alle stürzen uns darauf und beginnen hektisch zu suchen. Ich fühle mich überwältigt. Wir suchen zwei Nadeln in einem Heuhaufen. Ich will unbedingt Amalie und Markus Zack finden, doch gleichzeitig möchte ich mich am liebsten hinter der altvertrauten Tür verkriechen und mir die furchtbare Vergangenheit vom Leib halten.

Meine Finger berühren die Folie

Die Atmosphäre knistert vor Intensität. Julias Blick wandert eine Seite hinunter. Sie zieht mich vor. Meine Finger berühren die Folie.

In einer alten deutschen Handschrift lese ich dort: «Zack Amalie», und in der Zeile darunter: «Zack Markus». Meine Gedanken überschlagen sich. Es hat sie wirklich gegeben! Konnte es daran überhaupt irgendeinen Zweifel geben? Bestürzt erkenne ich, wie absurd meine Gedanken sind. Jahrelang hatte ich die Erinnerungen an meine Eltern ausgesperrt und sie als bloße Hirngespinste betrachtet. Und jetzt bin ich überwältigt von diesem Beweis ihres Daseins. Der erste Anblick ihrer Namen lässt in meinem eingeschrumpften Herzen Liebe aufflammen.

Ryan fotografiert den Moment der Entdeckung, mit meiner Hand auf einer Seite als eines der winzigen Details. Das karierte Papier half dem deutschen Beamten, die Seite in säuberliche, handgezeichnete Spalten einzuteilen. Die Spaltenüberschrift lautet «Buchstabe Z», wobei ein kleiner Balken den Schrägstrich des «Z» kreuzt. Mir fällt wieder ein, wie ich in der deutschen Schule lernte, das «Z» genauso zu schreiben.

Die Überschrift der ersten Spalte ist «Lauf. Nr.», und meine Eltern sind die Nummern 8 und 9. Hinter ihren Namen stehen ihre korrekten Geburtsdaten. Standen sie voller Elend vor dem Beamten, der an einem Tisch saß und sorgfältig und genau ihre Gegenwart registrierte? Unter «Beruf» sind die Felder für Nr. 8 und 9 leer; nicht einmal «Hausfrau» steht dort wie bei der Nr. 7. Unter «letzte Adresse Köln» gibt es bei keiner der elf Personen, die auf dieser Seite aufgelistet sind, einen Eintrag. Dies muss die Aufzeichnung ihrer Ankunft in Lodz sein. Eine Liste, die ihre Deportation nach Chelmno im Mai 1942 dokumentiert, konnten wir nicht finden.

Als wir den Bahnhof Radegast verlassen, ragt hinter uns ein hoher Ziegelschornstein in den Himmel auf. Wir werfen einen letzten Blick zurück, und selbst aus der Ferne können wir die Worte an der Tafel lesen, die auf dem Schornstein angebracht ist. Dort steht auf Hebräisch, Polnisch und Englisch: DU SOLLST NICHT TÖTEN.

Ulica Piotrkowska

Wir verabschieden uns von Monika und gehen die ulica Piotrkowska entlang. Sie ist mit großartigen Neorenaissance- und Art-nouveau-Gebäuden gesäumt, von denen einige wieder neu in ihrer früheren Pracht erstrahlen. Wir suchen unter den vielen Läden und Restaurants nach einem geeigneten Platz zum Mittagessen. In ihrem Buch *Stolen Years* erinnert sich Sara Zyskind, wie sie im September 1939 als Elfjährige auf der Bordsteinkante saß und zusah, wie deutsche Soldaten die ulica Piotrkowska entlangmarschierten. «Der Wald von Hakenkreuzfahnen, der die im Stechschritt marschierenden Soldaten begleitete, vertiefte den Eindruck militärischer Übermacht und ließ mich vor Furcht erzittern.»[166] Wenige Tage später wurde es den Juden verboten, die ulica Piotrkowska entlangzugehen, obwohl viele der Geschäfte dort Juden gehörten. An diesem Tag jedoch, dem 2. Mai 2010, genießen wir die Ferienatmosphäre, erholen uns von dem Drama am Bahnhof Radegast und ahnen nichts von den Übergriffen gegen Polen und Juden an dieser Hauptverkehrsstraße von Lodz.

Vorbereitung für morgen

Beim Mittagessen in einem «traditionellen», rustikalen polnischen Restaurant fangen wir an, über den nächsten Tag nachzudenken.

Fast unmittelbar neben unserem Hotel befindet sich die glitzernde *Galeria Lodska*. Dort suchen Jutta, Julia, Megan und ich nach einem Glas, einem Holzbrett und einem Strauß weißer Rosen – eine Einkaufsliste, die für ein so elegantes Kaufhaus viel zu schlicht ist. Nachdem wir eine Weile zwischen den blendenden Attraktionen gesucht und in einem schwedischen Laden das eine oder andere T-Shirt gekauft haben, finden wir endlich ein Trinkglas und ein Brotschneidebrett bei Tesco, einem britischen Lebensmittelmarkt im Untergeschoss. Doch in der Blumenabteilung gibt es keine weißen Rosen – nur pinkfarbene. Sollen wir so weitermachen, wie wir es in Gemünd und Köln getan haben, oder die Idee mit den weißen Rosen aufgeben? Welches Symbol könnten wir sonst benutzen, wenn wir entlang der Spur, die meine Eltern hinterlassen haben, unsere Gebete sprechen?

Verena hatte mir am ersten Tag unserer Reise an dem Gedenkstein auf dem jüdischen Friedhof in Gemünd eine dicke, rubinrote Rosenknospe gegeben. Wir hatten beide das Empfinden, dass ihre Geste etwas «Richtiges» an sich hatte, aber wir verstanden nicht, warum. Als wir Gemünd verließen, wickelte ich die Knospe in feuchte Papiertücher und steckte sie in eine Plastiktüte. An diesem Morgen in Lodz war die weit gereiste Rose immer noch geschmeidig, und ich zupfte mehrere Blütenblätter heraus und verstreute sie auf dem Boden des Bet Tahara und im Innern des Viehwaggons. Als wir nun, am Vorabend des Jahrestages des Todes meiner Eltern, überlegen, wie wir ihnen Ehre erweisen können, stellt Hans-Peter die Frage: «Wie wär's, wenn wir Apfelblüten nehmen?» Vor meinem geistigen Auge sehe ich den alten Apfelbaum auf dem Nachbargrundstück des Hauses meiner Eltern, die einzige verbliebene greifbare Verbindung zu unserem Leben in Gemünd.

19.
Licht schimmert in der finstersten Nacht

 **ontag, 3. Mai 2010.** Es ist neun Uhr morgens, und wir sitzen zu neunt in einem Kleinbus vor dem Ibis-Hotel an der Al. Pilsudskiego 11. Wir wirken gelassen und ruhig, doch innerlich fühlen wir uns wie Astronauten, die dem Countdown vor der Zündung lauschen. Heute werden wir meine Eltern am Jahrestag ihres Todes begleiten. Wir starten ins Unbekannte. Der Verlauf der Reise wird nicht in unserer Macht stehen. Wir sind ängstlich und aufgeregt.

Hans-Peter und der Fahrer sind an der Hotelrezeption. In unserer Zehnergruppe sprechen wir Deutsch, Holländisch, Mandarin und Englisch, aber kein Wort Polnisch. Unser Fahrer dagegen spricht nichts als seine polnische Muttersprache. Wir lösen unser Kommunikationsproblem mithilfe einer detaillierten Karte der Warthegau-Region[167] und der Hotelangestellten, die dem Fahrer unsere Route für den Tag übersetzen.

Hans-Peter setzt sich neben den Fahrer, der den Zündschlüssel herumdreht und sich dann in den Morgenverkehr einfädelt. Unser Kleinbus ist bequem, die Straße ist in gutem Zustand, und die Fahrt verläuft glatt.

Der Fahrer schaltet die schrille Musik ab, die anfangs durch den Bus dröhnte. In der Stille finden wir zu unseren Gedanken.

Wir schauen hinaus auf die stillen Dörfer in ihrem prächtigen Frühlingsschmuck, strotzend vor Blumen und blühenden Obstbäumen. Ob unter den alten Leuten hier noch manche sich daran erinnern, wie in ihrer Kindheit ihre Nachbarn verschwanden und der Warthegau für «judenrein» erklärt wurde?

Kolo

Wir haben Kolo erreicht. Hans-Peter zeigt uns die Eisenbahnlinie auf der Karte. Unser Fahrer spricht mit einem Passanten, fragt wohl nach dem Weg zum Bahnhof, vermuten wir. Kolo ist eine Stadt, nicht das Dorf, das ich mir vorgestellt habe.

Nachdem wir mehrmals abgebogen und an dem ungereimten Anblick eines McDonald's-Restaurants vorbeigekommen sind, sehen wir zu unserer Erleichterung einen kleinen Bahnhof vor uns. Wir parken und gehen nach hinten zur Rückseite des Gebäudes. Wir wollen physisch den Boden berühren, wo an diesem Tag oder nahe an diesem Tag vor 68 Jahren meine Eltern aus dem prall gefüllten Viehwaggon geholt wurden. Gestern am Bahnhof Radegast hat Monika uns erzählt, dass die Juden, die von Lodz nach Chelmno deportiert wurden, unter Umständen zwei bis drei Tage ohne Wasser, Nahrung und Toiletten unterwegs waren, obwohl nur 70,5 Kilometer zwischen den beiden Orten liegen.

1942 endete die normale Eisenbahnlinie von Lodz in Kolo. Hier, an diesem Bahnhof, wurde die menschliche Fracht auf kleinere, offene Viehwaggons umgeladen, die für die Schmalspurgleise konstruiert waren, die die vollen Ladungen immer näher zu ihrem endgültigen Bestimmungsort brachten. Ich stelle mir vor, wie meine Eltern aus dem Viehwaggon kamen, inmitten einer großen Schar erniedrigter, benommener, hungriger, durstiger Seelen, die über den Bahnsteig taumelten.[168]

Heute suchen wir nach Überresten der alten, aufgegebenen Schmalspurgleise, irgendwo in der Nähe der heute noch genutzten Schienen.

Ich bin überrascht, als ich meinen ersten Blick auf das Hauptgleis erhasche. Ich steige von dem verlassenen Bahnsteig hinab, um es mir näher anzuschauen. Trügen mich meine Augen?

Blumen zeigen sich auf der Erde

Denn siehe, der Winter ist vergangen, der Regen ist vorbei und dahin.
Die Blumen sind aufgegangen im Lande,
der Lenz ist herbeigekommen,
und die Turteltaube lässt sich hören in unserm Lande.
Der Feigenbaum hat Knoten gewonnen,
und die Reben duften mit ihren Blüten.

Schir ha-Schirim (Hoheslied)[169]

Ich stehe auf dem Hauptgleis und bin umringt von Wildblumen in voller Blüte. Ich bücke mich und pflücke einen Strauß Vergissmeinnicht. Die Vögel fallen mir auf, deren Lieder in Harmonie miteinander verschmelzen. Ich spüre die Wärme der Sonne. Es überwältigt mich, hier, an einem Ort, wo mein Volk mit grausamer Ungerechtigkeit entlanggetrieben wurde, solche Schönheit zu finden.

Die Gruppe hat inzwischen weiter vorn ein grünes Fleckchen erreicht, und sie winken mir zu kommen. Sie haben die Schmalspurgleise entdeckt, die sich verschämt unter einem Wildgarten von Pflanzen und Bäumen versteckt hatten. Gemeinsam gehen wir an der alten Strecke entlang, und plötzlich erscheint vor unseren ungläubigen Augen, angetan mit einem Kleid herrlicher Blüten, ein mannshoher Apfelbaum!

«Wie viele Zweige sollen wir abschneiden?», fragt Hans-Peter. «Ist das denn erlaubt?», fragte ich zurück. Er erklärt mir: «Diese Obstbäume wurden von den Vögeln auf öffentlichem Boden gepflanzt.» Ich zupfe ein paar rote Blütenblätter von der Rose, die ich in Gemünd am Gedenkstein auf dem jüdischen Friedhof bekommen habe, und verstreue sie auf dem Eisenbahngleis. Schweigend kehren wir mit fünf blühenden Apfelzweigen und einem Strauß Vergissmeinnicht zu unserem Bus zurück. Unser polnischer Fahrer erwartet uns geduldig. Ob er sich schon überlegt, wie er seinen ungewöhnlichen Auftrag schildern soll, wenn er heute Abend nach Hause kommt?

Die Mühle

Meine Mutter und mein Vater verbrachten ihre letzte Nacht einge-
schlossen in einer Mühle in dem Dorf Zawadka. Konnten sie überhaupt schlafen, als sie da auf dem staubigen Fußboden lagen? Die
Schmalspurgleise hatten sie bis zum Bahnhof Powiercie gebracht. Von
dort waren sie anderthalb Kilometer durch den Wald bis Zawadka zu
Fuß gegangen.[170]

Wir parken inmitten einer kleinen Häuseransammlung. Zawadka ist
winzig. Ob die Mühle noch zu finden ist? Existiert sie überhaupt noch?
Ich empfinde ein dringendes Verlangen, an diesem Ort der Qual eine
Verbindung zu meinen Eltern zu finden. Ich stehe mitten auf der Straße. Soll ich an irgendeine Tür klopfen, obwohl ich nicht einmal weiß,
wie «Mühle» auf Polnisch heißt? In diesem Augenblick nimmt ein
Hund Anstoß daran, dass ich so ratlos hier herumstehe. Er fängt laut
und beharrlich an zu bellen. Ich bekomme Angst.

Eine Frau tritt aus ihrer Haustür. Sie hat ein freundliches Gesicht, und,
angespornt von meinem dringenden Wunsch, fange ich an, mit den
Armen im Kreis zu rudern wie ein sich drehendes Mühlrad. Auf Englisch sage ich zu ihr: «Wir suchen die Mühle.» Ich sehe ihrem Gesicht
an, dass sie mich versteht. Sogleich führt sie mich zielstrebig zu einem
grünen Hügel und zeigt mir einen Haufen alter Backsteine, die unter
der Fülle des Unkrauts deutlich zu sehen sind. Im gleichen Moment
taucht Hans-Peter auf, der wusste, dass die Mühle am Wasser gestan-
den haben muss, und deshalb am Flussufer entlang gesucht hat. Er
erreicht die Überreste des Fundaments, die gleich jenseits des Schutt-
haufens immer noch hinaus in den Fluss ragen.

Wir versammeln uns alle und stehen dicht beisammen. Einer von uns
deutet auf einen alten Baumstumpf, der in der Nähe des Mühlenfun-
daments im Boden wurzelt. Der Stumpf ist gespalten. Aus dem klaf-
fenden Spalt in dem trockenen, toten Baum wächst ein kräftiger junger Schössling, die Zweige hoch emporgereckt und voller leuchtend

grüner Blätter. David holt eine kleine Bibel aus seiner Tasche. Spontan liest er laut die Worte aus Hiob vor:

> Denn ein Baum hat Hoffnung,
> auch wenn er abgehauen ist; er kann wieder ausschlagen,
> und seine Schösslinge bleiben nicht aus.
> Ob seine Wurzel in der Erde alt wird
> und sein Stumpf im Boden erstirbt,
> so grünt er doch wieder vom Geruch des Wassers
> und treibt Zweige wie eine junge Pflanze.[171]

Ohne zu überlegen oder uns abzusprechen, brechen George und ich zwei Zweige von den blühenden Apfelästen ab, legen sie behutsam in den Bach und sehen zu, wie sie sich im Kreis drehen, bevor sie davongetragen werden.

Ein einsamer Angler am anderen Flussufer steht auf, reckt sich und wendet seine Aufmerksamkeit wieder seiner Leine zu.

Chelmno

> Am 7. Dezember 1941, als die ersten siebenhundert Juden ins Todeslager Chelmno deportiert wurden, griffen japanische Flugzeuge in Pearl Harbor die Flotte der Vereinigten Staaten an. Weder die Alliierten noch die Juden Europas ahnten zu dieser Zeit, dass Roosevelts Tag, der «in Schande überdauern» würde, zugleich der erste Tag der «Endlösung» war.[172]

Wieder im Bus, spüre ich auf der kurzen Fahrt von den Ruinen der Mühle nach Chelmno, wie mir die Kehle eng wird. Werde ich es bis zum Ende schaffen?

Zum ersten Mal hörte ich den Namen Chelmno (oder Kulmhof in der NS-Zeit) im April 2009 aus dem Mund von Dr. Barbara Becker-

Jakli, der Historikerin in Köln, die mir die ausgedruckten Unterlagen aus ihrem Computer überreichte. Amalie und Markus Zack starben am 3. Mai 1942 in Chelmno. Der Name Kulmhof/Chelmno ist mir zuwider. Ihm haftet für immer der Geruch übelster moralischer Verkommenheit an. Hier wurden heute vor 68 Jahren meine Eltern erstickt, ermordet. Ich möchte den grausamen Widerhall in mir verscheuchen.

*

Beim Schreiben dieses Kapitels, vier Monate nach der Reise nach Polen, lese ich mein Journal und durchlebe die Ereignisse vom 3. Mai 2010 von Neuem. Wieder empfinde ich die Angst. Ich mache eine Pause und schneide Tomaten fürs Mittagessen. Ungefragt kommt mir ein Gedanke: «Bei meinen Eltern an dem Ort zu sein, wo sie ermordet wurden, ist doch nur ein ganz kleines Geschenk, das ich ihnen machen kann.» Dann frage ich mich: «Wie hätte ich es ertragen, wenn ich 1942 mit ihnen dort gewesen wäre?»

Am Tor

An diesem ruhigen Sonnentag im Mai 2010 kommt eine festlich gekleidete Menschenmenge aus der Kirche neben dem früheren Herrenhaus. Wir halten in der Nähe eines schmiedeeisernen Tores. Wir sind die einzigen Besucher. Das Gelände ist durch die Metallstreben des Tores gut einzusehen, und wir erkennen die Anlage von den Internetfotos wieder, die wir studiert haben. Alles, was von dem unheilvollen Herrenhaus übrig geblieben ist, ist eine große, sauber gefegte Betonplatte zwischen zwei Hütten, umgeben von einer Fläche aus Erde und kleinen Steinen. Am 7. April 1943 sprengten die Deutschen das Gebäude, in dem ihre Opfer ihre letzten Habseligkeiten hatten hergeben müssen – Uhren, Eheringe, Kleidungsstücke – und dann rasch mit Rufen und Schlägen über eine Rampe in den Gaswagen getrieben wurden, der auf dem umzäunten Hof wartete.[173]

Wir drücken die Klinke herunter. Das Tor ist verschlossen. Auf dem Gelände ist niemand zu sehen. Unschlüssig verharren wir in der plötzlichen Leere. Da kommt aus einem Haus zu unserer Rechten neben dem Tor ein älterer Mann auf uns zu. Unser Fahrer redet mit ihm, aber natürlich verstehen wir nichts von ihrem Gespräch. Erkundigt sich der Fahrer für uns, wie wir hineinkommen? Was auch immer er gesagt hat, der polnische Nachbar des Todesmuseums will daraufhin unbedingt mit mir kommunizieren. Wir fangen an, uns mit Händen und Füßen zu unterhalten und in den Staub zu schreiben! Ich erfahre, dass er 84 Jahre alt ist. Er muss etwa sechzehn gewesen sein, als meine Eltern am 3. Mai 1942 diesen Hof betraten. Wie er mir zu verstehen gibt, hat er sein ganzes Leben lang im selben Haus gelebt. Ich schreibe mit dem Finger «1942» in den Staub und sage: «Mama, Papa.» Ich glaube, er versteht mich.

Plötzlich fährt ein großer Reisebus vor und parkt am Tor. Eine Schar attraktiver, lebensprühender junger Juden strömt heraus. Sie sind mit einem energischen Rabbi auf einer Rundreise zu jüdischen Stätten in Polen. Es tut gut, sich von ihrer jugendlichen Begeisterung umwehen zu lassen. Ich lese die Übersetzung der hebräischen Worte auf dem Rücken ihrer Sweatshirts, die in Form einer Kerzenflamme angeordnet sind:

> Denn
> du hast uns
> versprochen
> bei deinem
> heiligen Namen,
> dass unser Licht
> niemals
> erlöschen
> wird.

Die polnische Reiseführerin, die die Gruppe begleitet, versucht per Handy eine Lösung für das Problem mit dem verschlossenen Tor zu finden. Doch all unsere Hoffnungen zerschlagen sich, als sie verkündet, dass das Museum in Chelmno den ganzen Tag über geschlossen ist, weil der 3. Mai der polnische Nationalfeiertag ist. Es ist unmöglich, hineinzukommen. Der sichtlich frustrierte Rabbi versammelt die Gruppe um sich, stellt sich mit dem Rücken zum Tor und hält einen kurzen Vortrag über die Geschichte von Chelmno. Dann steigen alle wieder in den Bus, und wir bleiben zurück.

Wir sind genau am Jahrestag des Todes meiner Eltern in Chelmno angekommen. Was sollen wir jetzt machen? Meine Hände umfassen die Gitterstäbe des verschlossenen Tores; mein Gesicht presst sich gegen die Metallbarriere, die mich daran hindert, meinen Verlust dort zu betrauern, wo meine Eltern ihre letzten Atemzüge taten. Mir wird bewusst, dass ich mich zwischen Verena aus Österreich und Jutta aus Deutschland befinde und dass wir alle drei am Tor auf den Knien hocken. Ein Schluchzen dringt in meine Versunkenheit. Verena lässt ihre Trauer durch Reuetränen heraus, die tief aus ihrem Innern kommen.

Verena ist 1944 geboren. Ihr Vater war während der Naziherrschaft in Österreich Zweitkommandierender unter dem Gauleiter in Salzburg. Als Politiker hatte er mitgeholfen, einen Landeplatz für Hitlers Invasion in Österreich vorzubereiten. Während der letzten zwanzig Jahre war Verena in der «Schule der Vergebung», in der sie lernte und übte, für das Unrecht ihrer Familie Buße zu tun und ihrem Vater zu vergeben. Jutta betet, zerbrochen unter dem Gewicht der Grausamkeit ihres Volkes. Ein heiliger Moment. Die Härte meines eigenen Herzens während all dieser Jahre wird mir greifbar bewusst, und ich bitte Gott, mir zu vergeben.

In der Stille kommen Worte aus meinem Mund: «Verena, der Herr hat deine Tränen gesehen und dein Bekenntnis gehört, und er hat dir vergeben. Und Jutta, der Herr hat die Last der Schuld weggenommen.» Welches Recht habe ich, so zu sprechen? Wie kann ich als Jüdin überhaupt so etwas sagen? Die alten Worte, die der Prophet Jesaja vor vielleicht 2700 Jahren sprach, werden heute auf seltsame Weise gegenwärtig und lebendig:

Fürwahr, er trug unsre Krankheit
und lud auf sich unsre Schmerzen.
Wir aber hielten ihn für den, der geplagt
und von Gott geschlagen und gemartert wäre.

Aber er ist um unsrer Missetat willen verwundet
und um unsrer Sünde willen zerschlagen.
Die Strafe liegt auf ihm, auf dass wir Frieden hätten,
und durch seine Wunden sind wir geheilt.

Wir gingen alle in die Irre wie Schafe,
ein jeder sah auf seinen Weg.
Aber der HERR warf unser aller Sünde auf ihn.[174]

Und was tat der Rest der Gruppe, während Verena, Jutta und ich am Tor niederknieten? Sie knieten hinter uns.

Wir rappeln uns wieder auf, werfen einen letzten Blick auf das verschwundene Herrenhaus und kehren in die Gegenwart zurück. Das Krähen eines Hahns zerreißt die Stille.

20.
Rzuchowski-Wald:
«Hier haben sie Leute verbrannt»

ach nur vier Kilometern Fahrt von Chelmno erreichen wir das Waldlager. Zu Fuß gehen wir in den Rzuchowski-Wald. Von 1941 bis 1945 war das Waldlager von einem hohen Holzzaun umgeben, bewacht von Vorposten der SS (eine Abkürzung für «Schutzstaffel»).[175] Wie viele Leichen wurden in diese Gruben geworfen? Wie viele Leichen wurden hier verbrannt? Alle verlässlichen Daten wurden ebenso wie die Unterlagen über die Eisenbahntransporte vernichtet. Die Schätzungen schwanken: 400.000,[176] 340.000[177] oder mindestens 152.000.[178] Nur sieben Juden entkamen.

Als ich an diesem verhängnisvollen Montag im Mai den Standort des Waldlagers betrete, weiß ich, dass ich jederzeit wieder wegkann. Aber werde ich eine Wunde an meiner Seele tragen, wenn ich wieder gehe?

Unter den dunkelgrünen Kiefern, die weit und breit hoch über uns aufragen, spüren wir, wie klein wir sind. Was haben die ältesten, höchsten Bäume gesehen und gehört, als sie hier dicht beisammenstanden wie Zuschauer in einem römischen Amphitheater? Werden sie das ständige Rumpeln der grauen Lastwagen je wieder los? Können sie je den Tag vergessen, an dem ein Bolzen gelöst wurde, die Hecktüren der mobilen Gaskammer sich öffneten und nackte Leichen auf die Erde herabfielen?

Erschauern sie im Wind?

Erinnern sie sich an den 19. Januar 1942, als Szlamek Bajler (auch Yakov Grojanowski genannt) – ein Junge aus Izbica Kujawska, einem 132 Kilometer von hier gelegenen Dorf – seine dramatische Flucht gelang? Er war aus der Menge, die in Chelmno eintraf, herausgefischt und wie andere starke junge Männer ausgewählt worden, um im Waldlager zu arbeiten, was sein Leben für vielleicht einen Tag … eine Woche … einen Monat verlängern würde. In den Anfangstagen des Tötungsprogramms wurden den Zwangsarbeitern noch keine Fußketten angelegt. Bajler sprang aus dem kleinen Fenster des Busses, der die Gruppe von Zwangsarbeitern von Chelmno zur Arbeit in den Wald brachte. Er kam mit seinem Bericht über das Gemetzel im Wald nach Warschau, doch er lebte nur noch bis zum April 1942; dann wurde er in Belzec vergast.[179]

Furcht und Faszination

Seit uralten Zeiten haben Wälder in der Vorstellung der Deutschen zugleich Furcht und Faszination ausgelöst. Ihre Stämme rodeten die Bäume, um ihre Siedlungen anzulegen. Für sie waren Wälder gefährliche, feindselige Orte, in denen Wölfe und andere Raubtiere lauerten.

Meine erste Begegnung mit den Geschichtensammlungen der Brüder Grimm hatte ich im Israelitischen Krankenhaus in Köln, kurz bevor ich Deutschland verließ. Ich war sieben Jahre alt, und ich weiß noch, wie ich im Bett lag und mir die zauberhaften Illustrationen in einem Märchenbuch für Kinder anschaute. Die Geschichten sprechen elementare Ängste an, und oft spielt die Handlung in einem Wald. Zwei Kinder, Hänsel und Gretel, verirren sich in einem dichten Wald, nachdem sie während einer Hungersnot von ihrer Stiefmutter und ihrem Vater ausgesetzt wurden. Hungrig, wie sie sind, werden sie durch ein Haus, das aus lauter Kuchen und Süßigkeiten besteht, angelockt und von einer bösen Hexe hereingelegt. Die Geschichte endet damit, dass die Hexe selbst in dem Ofen verbrennt, den sie im tiefen Wald für die unschuldigen Kinder angeheizt hat. Ein anderes Kind, Rotkäppchen, geht durch den Wald, um seiner kranken Großmutter, die in ihrer Hütte allein im Bett liegt, etwas zu essen zu bringen. Diesmal ist der Betrüger ein Wolf, der zu gerissen ist für das Kind und die alte Frau, die er gefressen hat.

Weniger bekannt als «Hänsel und Gretel» und «Rotkäppchen» ist die Nummer 110 in Jacob und Wilhelm Grimms Sammlung von 210 Märchen in der Ausgabe der *Kinder- und Hausmärchen* von 1857. Der Titel der Geschichte lautet «Der Jude im Dorn». Auf dem Weg durch den Wald begegnet unser Held einem alten Juden. Mit seiner neu erworbenen Zauberkunst lässt er den Juden in den Dornen tanzen und sagt: «Du hast die Leute genug geschunden, nun soll dir's die Dornenhecke nicht besser machen.» Die Quälerei hat erst ein Ende, als der Jude ihm einen Beutel voll Gold übergibt. Das Märchen endet in einem Dorf in der Nähe, wo der Held dem Tod durch Hängen entrinnt, indem er mit Schlauheit und Zauberei das Urteil gegen ihn aushebelt. Stattdessen wird der Jude schuldig gesprochen und am Galgen aufgehängt.[180]

Was die Brüder Grimm sammelten und aufzeichneten, waren Geschichten, die sich die Leute schon seit Jahrhunderten erzählt hatten.[181]

«Die Schlupfwinkel des Landes sind voll von Stätten der Gewalttat»[182]

Im Rzuchowski-Wald ist die Mordgeschichte kein Märchen. Grausame und gewaltsame Tode gab es hier in einer unvorstellbaren Größenordnung.

In der Nähe des Eingangs zum Waldlager ragt über uns ein massives Mausoleum auf wie eine Brücke, die für einen Riesen gebaut ist. Die Skulptur wurde am 27. September 1964 enthüllt, 25 Jahre nach dem Ausbruch des Zweiten Weltkrieges. Heute ist der 3. Mai 2010, und ich lege meinen Kopf in den Nacken und versuche, die Symbolik des Monolithen zu erfassen. Was sich da vor mir auftürmt, erinnert an sozialistischen Realismus. Eine Prozession von Kindern, Frauen und Männern taumelt über den massiven, grauen Stein. Wir stehen darunter neben den mächtigen Säulen, die ihre schwere Last zum

Himmel emporheben, und spüren das erdrückende Gewicht der Vergangenheit.

Meine Eltern konnten ihre Geschichte nie erzählen. Nach dem 24. Juli 1939 herrschte nur Schweigen zwischen uns. Es gab keinerlei Kommunikation, und meine Auseinandersetzung mit der Vergangenheit begann erst vor ein paar Jahren. Ich bin erschüttert über diese plötzliche, dramatische Begegnung mit ihrem Ende hier im Wald.[183]

Vor dem gewaltigen Mausoleum markiert ein kleineres Denkmal den Ort, wo im September 1939 prominente polnische (nicht jüdische) Intellektuelle, Fachleute und Geschäftsleute hingerichtet wurden.[184] Wir bleiben stehen und schauen durch das kreuzförmige Loch, das aus dem Herzen der kleinen, aufrecht stehenden Steinplatte ausgeschnitten ist. Durch dieses «Fenster» hindurch sehen wir einen Ausschnitt des großen, grauen Monuments mit der Reihe der todgeweihten jüdischen Kinder, Frauen und Männer, nun umrahmt von der Form eines Kreuzes.

Wir folgen dem glatten, gepflasterten Weg durch die leere Stille zu unserem Ziel. Werden wir den Ort finden, wo sich die Gruben und die Verbrennungsanlagen befanden? Ohne Karte oder Wegweiser gehen wir dicht beisammen weiter. Auf einer anderen Lichtung finden wir einige Grabsteine, einen winzigen Friedhof. Ein Schild mit dem Namen «Turek» ist hier aufgestellt. Turek war ein Schtetl im Warthegau, aus dem die Juden mitten aus ihrem Alltag – aus ihren Häusern, vom Markt, aus der Synagoge – herausgerissen und in der ersten Testphase in Chelmno vergast wurden. Nach unserer Rückkehr aus Chelmno finde ich im Internet Geschichten und Fotos der jüdischen Familien aus Turek und des ursprünglichen Friedhofs vor den Tagen der Zerstörung.[185]

Die Namen auf den Grabsteinen gehören zu Leuten, die vor 1940 eines natürlichen Todes gestorben und auf dem jüdischen Friedhof von Turek begraben worden waren. Die Steine wurden hierher in den Wald gebracht, wo die Mehrzahl ihrer Nachkommen unterging – ein stummes Zeugnis vom Verschwinden einer ganzen Gemeinde.

So viele Denkmäler. So viele Tote. Wir kommen zu einer weiteren Rodung und einem weiteren Denkmal, diesmal zu Ehren der 70.000 ermordeten Juden aus dem Getto Lodz.

Wir setzen unseren Weg fort. Der von Bäumen gesäumte Pfad unter dem dunkler werdenden Himmel kommt uns endlos vor. Dann erreichen wir das Ende der Spur. Später würde ich über dieses Erlebnis schreiben:

Unsere Seelen begegnen aufgerührter Erde …
der Wind in den Bäumen klagt
über tote, nackte, ausgemergelte Leiber …
Feuchtigkeit in der Luft.

An diesen leeren Ort brachte der Sonderwagen Amalie und Markus Zack.

Ein Überrest

Der Genozid in Chelmno vollzog sich in zwei getrennten Phasen. Nur fünf Juden entkamen im ersten Stadium vom 7./8. Dezember 1941 bis zum 7. April 1943: Szlamek Bajler, Abram Roj, Mordechai Podchlebnik, Yitzhak Justmann und Yerachmiel Widawski. Szlamek Bajler hat, wie zu Beginn dieses Kapitels geschildert, nicht überlebt. Abram Roj, der Erste, dem die Flucht gelang, wanderte schließlich nach Amerika aus, wo er am 10. Juni 1975 starb. Von Yitzhak Justmann wird angenommen, dass er sich in Chicago niederließ. Yerachmiel Widawski fand ein neues Zuhause in Antwerpen in Belgien und starb 1986 im Alter von 72 Jahren.[186]

Mordechai Podchlebnik, ein Lederarbeiter aus Kolo, wurde als 38-Jähriger im Januar 1942 festgenommen, während er in dem nahe gelegenen Dorf Bugaj Zwangsarbeit verrichtete.[187] Bei seiner Ankunft auf dem Hof des Herrenhauses in Chelmno wurde er für die Zwangsarbeit ausgewählt. Drei Tage später erkannte er unter den Leichen, die er im Wald aus den Gaswagen entlud, seinen siebenjährigen Sohn, seine fünfjährige Tochter und seine Frau. Er legte seine Frau in die Grube und flehte, man möge ihn erschießen und ihn zu seiner Familie legen. Der Wärter versetzte ihm einen Hieb und sagte: «Du bist stark genug, du kannst arbeiten.»[188]

Tage später kehrte Podchlebniks Lebenswille zurück. Früh am Morgen verließ der «normale» Lastwagen das Herrenhaus, um die Zwangsarbeiter zu einem neuen Arbeitstag in den Wald zu bringen. Während der Laster den Waldweg entlangholperte, bat Podchlebnik den SS-Wachmann um eine Zigarette, und als ihm die Bitte erfüllt wurde, wandte er sich ab, um sie sich anzuzünden. Als seine Gefährten den Wärter daraufhin ebenfalls um etwas zu rauchen bedrängten, durchschnitt Podchlebnik rasch mit einem kleinen Küchenmesser die Plane und sprang aus dem fahrenden Lastwagen. Während er in den Wald rannte, begann der Wachmann zu schießen, doch die Kugeln verfehlten ihn. Nachdem er sich zwei Tage lang in einer Scheune versteckt gehalten hatte, kam er zu einem Haus, wo ihm ein polnischer Landarbeiter etwas zu essen und einen Hut gab, ihn rasierte und ihm den Weg nach Grabow zeigte. Da er in Kolo daheim war, kannte er diese Gegend, und er hatte vor, bei den verbliebenen Juden in Grabow Zuflucht zu suchen. Von dort aus zog er weiter aus der Gegend von Chelmno fort und hielt sich versteckt.

Podchlebniks Augenzeugenbericht über die Ereignisse in Chelmno war von entscheidender Bedeutung, weil Hitler und sein innerster Führungskreis die komplette Vernichtung aller Beweismittel bei der Umsetzung und den Nachwirkungen der Endlösung angeordnet hatten.[189] Die Vergasungen, Massenbegräbnisse und Verbrennungen sollten geheim gehalten werden. Die deutschen SS-Offiziere und Polizei-

beamten, die die Operation durchführten, verpflichteten sich schrift-
lich zum Stillschweigen.[190]

Nach dem Krieg, am 9. Juni 1945, wurde Podchlebnik als Zeuge vor
den Zentralausschuss zur Untersuchung deutscher Verbrechen in
Polen gerufen.[191] Widerstrebend sagte er auch am 5. Juni 1961 in
der 65. Sitzung des Prozesses gegen Eichmann in Jerusalem aus.
Sein Auftritt in Claude Lanzmanns Film *Shoah* 1985 zeigt den bitteren Schmerz, mit dem seine Erinnerungen behaftet sind. Als
Podchlebnik zu sprechen beginnt, lächelt er, doch als er dann Fragen über die Vergangenheit beantwortet, entgleisen ihm die Ge-
sichtszüge, und er weint.

Podchlebniks Überleben und seine Aussagen über die erste Phase des
Massenmordes entzündeten ein Licht in der Dunkelheit und machten
die Wahrheit über die Vergangenheit sichtbar.[192]

Die zweite, kürzere Phase der Operation dauerte vom 23. Juni bis zum
14. Juli 1944. Zu dieser Zeit galt Chelmno als ineffizient, und die letzten verbliebenen Juden aus dem Getto Lodz wurden nach Auschwitz
gebracht.[193]

Eine deutsche Sondereinheit und 47 jüdische Zwangsarbeiter arbeiteten weiter im Rzuchowski-Wald. Ihre Aufgabe war es, alle Beweise zu
vernichten – die Russen rückten an. Die Deutschen warteten vergeb-
lich auf Befehle. In der Nacht vom 17. auf den 18. Januar 1945 schos-
sen sie die noch übrigen Juden nieder und flohen. Zwei Tage später
erreichte die Sowjetarmee Chelmno und den Rzuchowski-Wald.

Zwei Juden überlebten die Schüsse. Einer davon war (Michal) Mordechai Zurawski, ein Metzger aus Wloclawek, der Anfang der 1950er-
Jahre nach Israel auswanderte und dort am 5. März 1989 starb.[194]
Der andere war Simon Srebnik (auch bekannt als Szymon Srebrnik),
dessen Schilderung später durch den Film *Shoah* unsterblich werden sollte.

Jüdische Zeugen des Genozids in Chelmno

Die Vergasung – Phase I 7./8. Dezember 1941 bis 7. April 1943	Die Vergasung – Phase II 23. Juni 1944 bis 14. Juli 1944
Drei jüdische Zwangsarbeiter befreiten sich und sagten aus. Es gab 1942 noch zwei weitere Flüchtlinge, Yitzhak Justmann und Yerachmiel Widawski, doch sie traten nicht als Zeugen bei irgendwelchen Prozessen auf.	47 jüdische Zwangsarbeiter waren bis zum 17./18. Januar 1945 im Wald eingesetzt und wurden dann niedergeschossen. Zwei überlebten.
Abram Roj floh am 16. Januar 1942. Seine Geschichte wurde durch einen veröffentlichten Artikel seiner Tochter Sara Roy bekannt.	*Mordechai Zurawski* überlebte und sagte aus: ■ Im Juni 1945 vor dem Zentralausschuss zur Untersuchung deutscher Verbrechen in Polen ■ Im Juni 1961 beim Prozess gegen Adolf Eichmann in Jerusalem
Szlamek Bajler (alias *Yakov Grojanowski*) befreite sich am 19. Januar 1942 und erstattete den Führern im Warschauer Getto Bericht. Im April 1942 in Belzec vergast.	*Simon Srebnik* überlebte und sagte aus: ■ Im Juni 1945 vor dem Zentralausschuss zur Untersuchung deutscher Verbrechen in Polen ■ Im Juni 1961 beim Prozess gegen Adolf Eichmann in Jerusalem ■ 1985 in Claude Lanzmanns Film *Shoah.*
Mordechai Podchlebnik floh im Jan./Februar 1942, überlebte und sagte aus: ■ Am 9. Juni 1945 vor dem Zentralausschuss zur Untersuchung deutscher Verbrechen in Polen ■ Am 5. Juni 1961 beim Prozess gegen Adolf Eichmann in Jerusalem ■ 1985 in Claude Lanzmanns Film *Shoah.*	

Quellen für diese Tabelle: Bezirksmuseum in Konin; Nizkor Project; Montague, *Chelmno and the Holocaust*; Sara Roys Schilderung ihrer Familiengeschichte; und der Film *Shoah.*[195]

Warum grabe ich so beharrlich in den Daten, die in Büchern und im Internet verborgen liegen? Warum will ich unbedingt die Fakten überprüfen – den schmerzlichen menschlichen Details nachspüren und sie aufzeichnen? Nur wenig ist bekannt. Viele Belege sind unterdrückt, vernichtet und verleugnet worden. Wühle ich auf einem Stoppelfeld nach jedem kleinen übrig gebliebenen Samenkorn, das mir den Zugang zum Ende meiner Eltern verschaffen könnte? Ist das eine Art Trauerarbeit? Ich möchte daran mitwirken, die Wahrheit über Chelmno zu sagen. Ich möchte jedem Juden Ehre erweisen, der noch dort im Wald liegt. Vielleicht will ich auch einfach nur das endgültige «Lebewohl» hinauszögern.

Ich sehe Simon

Ich bin wieder daheim in Phoenix. Vom Fernseher schauen mich die wunden Augen eines kleinen Mannes in mittleren Jahren mit lockigem Haar an. Ich sehe Claude Lanzmanns Film *Shoah*. Man hat Simon Srebnik aus Israel zurück nach Chelmno geholt. Er steht auf der Lichtung im Rzuchowski-Wald und sagt: «Es ist kaum wiederzuerkennen, aber es war hier. Hier haben sie Leute verbrannt. Eine Menge Leute wurden hier verbrannt. Ja, das ist die Stelle. Niemand kam hier je wieder weg.»

Als Simon Srebnik zum ersten Mal nach Chelmno gebracht wurde, kam er aus dem Getto Lodz. Er war dreizehn Jahre alt. An einem Sabbat im Sommer 1943 war er mit seinem Vater unterwegs. Plötzlich hörte er einen Schuss, und sein Vater stürzte zu Boden. Simon wurde ergriffen und auf einen Lastwagen geladen. Er flehte einen Polizisten an, ihn laufen zu lassen, damit er seiner Mutter Bescheid sagen könnte. Den Polizisten kannte er. Sein Vater war Hutmacher gewesen, und Simon hatte die Hüte für ihn ausgeliefert. Der Polizist war ein Kunde. Seine Bitte wurde verweigert. Seine Mutter? Die wurde im Sonderwagen vergast.

Der Junge wurde zum Arbeiten ausgewählt. Wie schaffte er es, länger zu überleben als die anderen Zwangsarbeiter? Sie waren alle mit Fußeisen gefesselt, und das Sonderkommando amüsierte sich gern damit, mit ihren angeketteten Gefangenen Rennen und Sprungwettbewerbe zu veranstalten. Simon gewann dabei immer, weil er so gelenkig war.

Außerdem hatte er eine melodische Stimme. Das Sonderkommando hielt sich Kaninchen, und mehrmals pro Woche wurde Simon in einem Prahm losgeschickt, um unter Bewachung den Ner hinauf zu den Luzernenfeldern am Rand des Dorfes zu rudern und Futter für die Kaninchen zu sammeln. Dabei sang er polnische Volkslieder, und sein Bewacher brachte ihm preußische Armeelieder bei. Noch 1985 konnten sich die älteren Dorfbewohner daran erinnern, seine schöne Stimme vom Fluss her gehört zu haben.

Als das Sonderkommando in seinem letzten mörderischen Akt jedem verbliebenen Juden eine Kugel in den Kopf jagte, fiel Simon um und lag verwundet zwischen den Toten. Irgendwie hatte die Kugel seine lebenswichtigen Hirnzentren verfehlt. Als er wieder zu sich kam, kroch er in einen Schweinestall. Dort fand ihn ein polnischer Bauer. Schließlich wurde er von einem sowjetischen Armeearzt behandelt.

Auf dem Bildschirm zieht Simon Srebnik in einem Prahm vorbei und singt:

> «Ein kleines weißes Haus
> bleibt mir in Erinnerung.
> Von diesem kleinen weißen Haus
> träume ich jede Nacht.»

«Eine Menge Leute wurden hier verbrannt»

Wir kommen an das Ende des Weges. Wir zehn haben die Stelle erreicht, wo Simon Srebnik stand, in die Kamera schaute und sagte:

«Hier haben sie Leute verbrannt … eine Menge Leute wurden hier verbrannt.» Fröstelnd vom Vakuum dieses verlassenen Ortes, zerstreuen
wir uns und suchen den Boden nach irgendwelchen Spuren von Gruben und Verbrennungsanlagen ab, die vom Tod meiner Eltern zeugen.

Der Wind peitscht auf uns ein und rührt die Todesschwere auf, die in
der Luft liegt. Es beginnt leicht zu regnen. Wir zittern in der Kälte:
Hans-Peter, Verena, David, Greetje, Julia, Jutta, Megan, Ryan, George
und ich. Unwillkürlich bewegen wir uns auf eine Mauer am Rand der
Lichtung zu.

Die dreißig Meter lange Gedenkwand aus Beton in der Nähe der Überreste der größten Verbrennungsanlage wurde 1990 nach dem Fall der
Berliner Mauer und dem Ende des Kommunismus in Polen errichtet.[196] Sie ist ein verwittertes, trostloses Bauwerk. Kann es je ein ange-
messenes Denkmal für so grauenhafte Taten geben? Polnische Worte
erstrecken sich in einer einzigen schwarzen Zeile über die Länge der
Wand: «Zum Gedächtnis an die in Chelmno 1941–1945 ermordeten Juden». Und im Bogen über einem offenen Durchgang in der Mitte der
Wand steht auf Hebräisch: «Das Tor, durch das die Gerechten einge-
hen».

Hier, dicht bei den Fundamenten der Verbrennungsanlage, haben wir
die heilige Stätte gefunden, wo wir unsere Erinnerungsfeier halten
werden.

21.
Friede eurer Asche

E s ist der 3. Mai 2010, und wir versammeln uns zu zehnt in der Nähe des Fundaments der Verbrennungsanlage in einem «verwüsteten Land»[197].

In den ersten Monaten des Mordens wurden die Toten in Gruben geworfen. Die Verbrennung der Leichen begann erst im Frühjahr 1942. Die beiden Überlebenden aus der ersten Phase der Tötungen schilderten vier Massengräber von über hundert Meter Länge. Jahre später wurden ihre Aussagen durch archäologische Ausgrabungen bestätigt.[198] Wurden auch meine Eltern hier begraben und dann noch mehr entweiht, als sie von jüdischen Zwangsarbeitern mit bloßen Händen aus den Gruben gezogen und schließlich aus Angst vor Typhus verbrannt wurden? Oder wurden sie direkt aus dem Sonderwagen den Flammen übergeben? Ich weiß es nicht.

Eine große Familiengruppe geht an der Wand entlang und studiert die zahlreichen Gedenktafeln, die an dem Beton angebracht sind. Wir befinden uns an einem öffentlichen Ort. Ob es möglich ist, hier einen privaten Gedenkgottesdienst abzuhalten?

Der Himmel öffnet seine Schleusen, und die Familie hastet davon, nicht ohne uns noch ein paar neugierige Blicke zuzuwerfen. Wind und Regen drohen die beiden Gedenkkerzen auszulöschen, die wir angezündet haben, eine für meine Mutter und die andere für meinen Vater. Hans-Peter und David holen drei Betonplatten von einem Stapel neben der Mauer und bauen daraus einen Schutz für die flackernden Kerzen.

Jutta zieht ein rundes Holztablett aus ihrer großen Tasche und legt es behutsam auf den Boden. Wir bewegen uns wie Musiker in einem Orchester, die den Anweisungen eines unsichtbaren Dirigenten folgen, und legen ein Brot, eine Flasche Wein, ein Glas und einen Strauß Vergissmeinnicht von den Bahngleisen am Bahnhof Kolo auf den rustikalen Altar. Meine Eltern schauen uns von zwei Schwarz-Weiß-Bildern an. Daneben lege ich einen Brief, den ich heute Morgen geschrieben habe, als ich im Ibis-Hotel erwachte – es scheint eine Ewigkeit her zu sein. Der Brief beginnt: «Meine liebe Mutti, mein lieber Vati, hier ist Hannelore, das kleine Mädchen, das ihr fortgeschickt habt, um ihm das Leben zu retten.» Vorsichtig lege ich noch ein kleines Kruzifix dazu, auf dem Jesus einen gelben Stern trägt. Wir krönen die Symbole mit einer Girlande aus rosa und weißen Blüten – Zweige von dem wilden Apfelbaum, der zwischen den vergessenen Schmalspurgleisen in Kolo wächst. Auch wir bilden einen Kreis mit unseren Körpern.

Das Wasser prasselt herab auf die Bilder meiner Eltern. «Der Himmel weint», sagt Jutta. Sie nimmt den weißen Seidenschal von ihrem Hals, um den Altar damit zu verhüllen. George setzt sich die blaue Kippa auf den Kopf. Wir beide legen uns den weißen Tallit um Kopf und Schultern. Das letzte Mal trugen wir den Tallit am Beginn unserer Reise, als wir vor dem Gedenkstein auf dem jüdischen Friedhof am Rand von Gemünd beteten.

Heute ist der Jahrestag des Todes meiner Eltern 1942. Vor einem Jahr habe ich im EL-DE-Haus in Köln zum ersten Mal den Namen «Chelmno» gehört. Von diesem Moment an gewann die Vision, ihren Fußspuren zu folgen, ganz allmählich Gestalt. In mir wuchs der Wunsch, Markus und Amalie Zack am Jahrestag ihres Todes mit einem Gedenkgottesdienst zu ehren, und zwar an dem Ort, wo sie starben. Ein *Yizkor* (hebräisch für «erinnern») zu rezitieren, ein besonderes Gebet für verstorbene Familienmitglieder aus der jüdischen Tradition.

Am Tag zuvor, als wir auf dem jüdischen Friedhof in Lodz waren und das Bet Tahara betraten, das Begräbnishaus, in dem Leichname für die Bestattung vorbereitet werden, war zu unserem Plan für diese Gedächtnisfeier im Rzuchowski-Wald die Idee hinzugekommen, ein symbolisches Begräbnis damit zu verbinden. Wir würden also einen Begräbnisgottesdienst mit einer Erinnerungsfeier verbinden.

Kadosch … Kadosch … Kadosch
(Heilig … heilig … heilig)

Wir stellen uns eng zusammen, ein *Minjan*, zehn Erwachsene, die Zahl, die nach der jüdischen Überlieferung erforderlich ist. In der Stille der Lichtung beginnt unser schlichter Gottesdienst.

> Ich schreie zum HERRN mit meiner Stimme,
> ich flehe zum HERRN mit meiner Stimme.
> Ich schütte meine Klage vor ihm aus
> und zeige an vor ihm meine Not.
>
> Wenn mein Geist in Ängsten ist,
> so nimmst du dich meiner an.
> Sie legen mir Schlingen
> auf dem Wege, den ich gehe.
>
> Schau zur Rechten und sieh:
> da will niemand mich kennen.
> Ich kann nicht entfliehen,
> niemand nimmt sich meiner an.[199]

Mein Vater war ein frommer Jude. Ob ihm auch solche Worte aus der Seele strömten, als er und meine Mutter dicht zusammengedrängt mit all den anderen Nackten dastanden und die Stahltüren hinter ihnen zugeschlagen und verriegelt wurden?

Wir schlagen die Gesangbücher auf, die Verena für unsere Reise vorbereitet hat, und zehn zittrige Stimmen durchbrechen die bedrückende Stille, als wir auf Hebräisch *Oseh Schalom* aus dem jüdischen Gebetbuch singen:

> Möge er, der Frieden im Himmel schafft,
> uns Frieden schenken
> und all unserem Volk,
> und uns sagen lassen: Amen.

George ist meinen Eltern nie begegnet. An dem Tag, als sie in Chelmno in Polen starben, war er ein unbekümmertes Kind in Richmond, Virginia, das seinen winzigen Holzhammer schwang und auf bunten Klötzen herumklopfte, bis sie in den Löchern seiner kleinen grünen Werkbank verschwanden. Ich betrachte ein Foto aus jener Zeit und sehe einen neunzehn Monate alten Jungen. Er hat sein Gesicht der Sonne zugekehrt, die Augen fest geschlossen, den Mund lachend weit geöffnet, und zerrt fröhlich an der Hand seiner Mutter, voller Ungeduld, die Wunder seiner Welt zu erforschen.

Er hat keine persönliche Kenntnis von den Charakteren oder Eigenheiten von Amalie und Markus Zack, und doch hört sich seine Trauerrede für sie echt und aufrichtig an. Er erzählt die Geschichten, die wir von Willi Kruff und Lisbet Ernst gehört haben. Und er dankt meinen Eltern für die Entscheidung, die mir das Leben rettete – für ihre opferbereite Liebe.

Dann nimmt er das Brot in die Hände und bricht es entzwei. Er bittet unseren Vater im Himmel, das Brot und den Wein zu segnen. In diesem finsteren Todesschlund reichen wir einander die einfachen Speisen, und unsere Seelen werden satt.

Hans-Peter zieht zwei Gabeln aus der Hemdtasche, die er sich heute Morgen mit Erlaubnis aus dem Restaurant des Ibis-Hotels ausgeliehen hat. Er steigt über die niedrige Backsteinmauer, die den rechteckigen Bereich des Krematoriums umgibt. An der Ecke, die sich am nächsten an der Gedenkwand befindet, beugt er sich herab und gräbt mit dem behelfsmäßigen Werkzeug mühelos ein Loch in den weichen Boden.

Dies ist der Ort, wo sich die Asche mischte. Hier wurden meine lieben Eltern auf die Haufen aus semitischem Staub und Scherben geschaufelt.

Megan liest die *Parascha Bereschit*[200], die Geschichte von Kain und Abel: «Und es begab sich, als sie auf dem Felde waren, erhob sich Kain wider seinen Bruder Abel und schlug ihn tot. Da sprach der HERR zu Kain: … Was hast du getan? Die Stimme des Blutes deines Bruders schreit zu mir von der Erde.»

Wir nehmen die beiden feuchten Tallitot von unseren Köpfen und Schultern und wickeln damit die Symbole ein, die blauen Vergissmeinnicht, die Bilder, den Brief, das Kruzifix mit dem gelben Stern und ein paar rosa-weiße Apfelblüten. Das Fehlen ihrer Leichname, die Leere, ist uns spürbar bewusst, als wir ihre verschlungenen Leichentücher in das Loch versenken. Behutsam schütten wir die Erde wieder auf und streichen ihr Grab glatt.

Jeder von uns hat ein Blatt Papier in den Händen. Als das Kind, das den Tod seiner Eltern betrauert, beginne ich mit dem Trauerkaddisch:

> Erhoben und geheiligt werde sein großer Name
> Trauernde und Gemeinde: *Amen.*

> auf der Welt, die nach seinem Willen von ihm erschaffen wurde.
> Sein Reich erstehe in eurem Leben, in euren Tagen
> und im Leben des ganzen Hauses Israel,
> schnell und in nächster Zeit, sprecht:
> Trauernde und Gemeinde: *Amen! Sein großer Name sei gepriesen in Ewigkeit und Ewigkeit der Ewigkeiten.*

Gepriesen und gerühmt, verherrlicht, erhoben, erhöht,
gefeiert, hocherhoben und gepriesen sei der Name des Heiligen.
Sprecht:
   Trauernde und Gemeinde: *Gelobt sei er.*

Hoch über jedem Lob und Gesang, jeder Verherrlichung und Trost-
verheißung, die je in der Welt gesprochen wurde, sprecht:
   Trauernde und Gemeinde: *Amen.*

Fülle des Friedens vom Himmel herab und Leben möge uns und
ganz Israel zuteilwerden. Sprecht:
   Trauernde und Gemeinde: *Amen.*

Der Frieden stiftet in seinen Himmelshöhen, er stifte Frieden unter
uns und ganz Israel. Sprecht:
   Trauernde und Gemeinde: *Amen.*[201]

Mein vom Regen aufgeweichtes Exemplar des Kaddischs habe ich behalten, und wenn ich es heute wieder in Händen halte, erinnert es
mich daran, dass ich mir unsere Zeremonie im Rzuchowski-Wald
nicht nur einbilde. Ich war gemeinsam mit einem Minjan dort, um
meine Eltern zu ehren.

Die restlichen Apfelblüten legen wir innerhalb des Rechtecks auf den
Boden. Ich besprenge die Ecken mit dem restlichen Wein, und jeder
von uns lässt einen Stein aus Gemünd auf dem symbolischen Grab.

Wir vertrauen darauf, dass die Flamme weiterbrennt

Wir nehmen den behelfsmäßigen Schutz für unsere Kerzen wieder
auseinander und bringen die Betonplatten zurück zu dem Stapel neben der Gedenkwand. Was sollen wir mit den Kerzen machen? Brauch
ist es, sie 24 Stunden lang brennen zu lassen. Bei unserem kurzen
Rundgang durch die Umgebung haben wir ein kurzes Stück eines

dicken, hohlen Metallrohrs entdeckt, das aus der niedrigen, rechteckigen Mauer in der Nähe unseres Grabes ragt. Ist das vielleicht ein Überrest aus der Zeit des Feuers und des Rauchs? Wir stellen die beiden brennenden Kerzen in die Öffnung und vertrauen darauf, dass ihre Flammen weiterbrennen.

Als letzten symbolischen Akt ziehe ich meine blaue Jeansjacke aus und schneide ein Loch hinein – das Zerreißen eines Kleidungsstücks ist ein Ausdruck der Trauer bei einem jüdischen Begräbnis. Einer spontanen Eingebung folgend, lasse ich die beschädigte Jacke ausgebreitet auf einem der freigelegten Massengräber liegen.

Wir wenden uns ab. Unter dem sanften Regen bahnen wir uns unseren Weg aus dem Wald heraus.

Eine verblüffende Entdeckung

Einige Wochen nach unserer Rückkehr nach Phoenix bin ich immer noch dabei, die reichen Eindrücke von der Zeit in Polen zu sortieren, in der Annahme, ich hätte alles herausgefunden, was ich über die Geschichte meiner Eltern je erfahren würde. Ich greife zu dem Buch, das den vollständigen Text des Films *Shoah* enthält, und lese noch einmal Simon Srebniks Zeugnis. Soweit ich es verstanden habe, war der Ort ihres Endes die Stelle im Rzuchowski-Wald, wo sich die Verbrennungsanlage befand und wo wir auch die Erinnerungszeremonie und das symbolische Begräbnis abgehalten haben. Srebnik steht an der Stelle im Wald, wo wir uns versammelt haben, und sagt Folgendes:

Da war eine Betonplattform etwas weiter weg, und die Knochen, die nicht verbrannt waren, die größeren Fußknochen zum Beispiel, brachten wir dorthin. Dazu gab es eine Kiste mit zwei Griffen. Wie trugen die Knochen dorthin, wo andere sie dann zermalmten. Das war sehr fein, diese pulverisierten Knochen. Das wurde dann in Säcke gefüllt, und wenn genug Säcke zusammen waren, gingen wir damit zu einer Brücke über den Ner und schütteten das Pulver hinein. Die Strömung trug es davon. Es trieb flussabwärts.[202]

Ich denke an Mordechai Zurawski, den anderen Zwangsarbeiter, der zur gleichen Zeit entkam wie Srebnik, am 17. Januar 1945, als die Rote Armee sich Chelmno näherte. Hat er in seinem Bericht etwas davon erwähnt, dass die Asche der Juden heimlich in den Fluss geschüttet wurde? Ich suche online nach «Chelmno» und finde seine detaillierte Zeugenaussage vom Juni 1945 vor einem polnischen Richter, Wladyslaw Bednarz, am Bezirksgericht Lodz:

Im Wald gab es zwei identische Krematorien. Die Decken der Krematorien waren ebenerdig (sie bildeten eine Grube). Die Öfen waren vier Meter tief, sechs Meter breit und zehn Meter lang. Die Seitenwände des Ofens verengten sich allmählich nach unten. [...]

Der Rost bestand aus den Schienen eines Schmalspur-Eisenbahngleises, die Seitenwände bestanden aus Schamottsteinen und Beton. Unter dem Rost war eine Aschegrube, die mit einer anderen Grube verbunden war, um für die richtige Luftzufuhr zum Ofen zu sorgen. Eine Holzschicht wurde in Brand gesetzt, auf die die Leichen gelegt wurden. Die Leichen mussten so angeordnet werden, dass sie sich nicht gegenseitig berührten. Auf der untersten Ebene waren zwölf Leute. Ihre Leichen wurden dann mit einer weiteren Schicht Holzspäne und einer weiteren Schicht Leichen bedeckt. Auf diese Weise passten bis zu hundert Leichen auf einmal in den Ofen. Wenn die Leichen niederbrannten, wurde der freie Raum, der oben entstand, mit einer weiteren Schicht Leichen und Holz gefüllt.

Die Leichen verbrannten schnell; sie wurden mehr oder weniger in fünfzehn Minuten zu Asche. Die Asche wurde mit speziellen Schüreisen aus der Aschegrube entfernt. Das waren lange Eisenstangen mit einer vierzig Zentimeter langen Eisenplatte am Ende.

Das Entfernen der Asche war eine schwierige und gefährliche Aufgabe. Niemand konnte das länger als zwei oder drei Tage machen, wonach der Arbeiter nicht mehr konnte und getötet wurde.

Die Knochen und die Asche wurden in Säcke gefüllt, die aus den Decken gemacht wurden, die die Juden auf den Transporten mitbrachten. Zuerst aber mussten die Knochen mit Holzstampfern auf einem speziellen Zementfundament zermalmt werden.

Die Säcke wurden nachts aus dem Wald zur Mühle von Zawadka gefahren und in die Warthe geworfen.[203]

Mein dringlicher Wunsch, den Standort der alten Mühle im Dorf Zawadka zu finden, die Art und Weise, wie wir die Ruinen am Schluss schließlich fanden, unser Gebet, als wir die blühenden Apfelzweige sich im Wasser drehen sahen, bevor sie davongetragen wurden – all das gewinnt für mich durch die Aussagen von Zurawski und Srebnik eine ganz neue Bedeutung. Als wir am Fluss standen, dachte ich, wir wären dort, um die letzte Nacht im Leben meiner Eltern zu betrauern. Jetzt weiß ich es besser. Es hatte mich gedrängt, an dem Ort Abschied zu nehmen, wo in der Dunkelheit ihre Asche und ihre zermalmten Knochen, vermischt mit denen unzähliger anderer verbrannter Menschen, aus einem Sack ins Wasser geschüttet worden waren, bevor sie mit der Strömung davontrieben.

Das Öffnen des Geschenks

Ist am Ende jener sechstägigen Reise ins Furcht einflößende Unbekannte im Rzuchowski-Wald irgendetwas geschehen, außer dass:

- ein wilder Apfelbaum, der am Bahnhof Kolo zwischen alten Schmalspurgleisen wächst, ein paar Äste verlor,

- zwei blühende Zweige vom Wasser des Ner davongetragen wurden, nachdem sie bei den Ruinen einer Mühle im Dorf Zawadka ein paar Kreise gedreht hatten,
- ein kräftiger junger Baum aus einem Spalt in einem toten Baumstumpf wuchs, der am Rand des Wassers wurzelt,
- ein paar Tropfen Wein, vermischt mit Regenwasser, den weichen Boden an einer Ausgrabungsstätte im Rzuchowski-Wald tränkten,
- zehn Freunde nach einem Abenteuer müde den Rückweg antraten?

Was hatten all diese Erlebnisse zu bedeuten?

Während ich vorsichtig diese äußeren Ereignisse auswickele, als wären sie ein kunstvoll bedrucktes Geschenkpapier, dessen wunderschönes Muster ich nicht zerstören will, entdecke ich ein verborgenes Geschenk. Viele Jahre lang hatte ich mein Herz abgeschottet, die Erinnerungen an meine Mutter und meinen Vater unterdrückt und aus Angst vor dem Schmerz den Verlust und die Trauer verborgen gehalten.

Meine innere Isolation begann am Abend des 24. Juli 1939, als meine Eltern mir halfen, die beängstigend steilen, offenen Stufen zu dem wartenden Zug hinaufzuklettern. Ich schaute hinab auf die Löcher in dem Metallgitter unter meinen Füßen und ließ ihre Hände los. Dann drehte ich mich um, um ihnen zum Abschied zuzuwinken, und sah die Traurigkeit in ihren Gesichtern. Ich kauerte mich in die Ecke des Waggons. Die Lokomotive zischte und schnaufte. Langsam setzte der Zug sich in Bewegung, und ich vernagelte, ohne es zu ahnen, das Fenster meiner Seele mit dicken Brettern.

Ein sanftes, beharrliches Klopfen an diese Verbarrikadierung hat während der vergangenen 71 Jahre nie aufgehört. Ganz allmählich habe ich angefangen, an dem Abbau meiner inneren Festung mitzuwirken, der mich zu diesem Moment geführt hat.

Meine Eltern treten aus dem Schatten.
Sie werden real.
Wir umarmen uns.
Ich lasse sie los.
Sie geben mir meine verlorene Identität zurück.
Ich bin Deutsche, Engländerin, Jüdin.

Ich höre die Worte des Propheten Jesaja:

> … zu trösten alle Trauernden,
> zu schaffen den Trauernden …
> Schmuck statt Asche.[204]

… und ich fühle mich seltsam getröstet.

Epilog

ls bunt gemischter Haufen aus Phoenix, Austin, Aachen, Oberpleis, Bouderath und Gemünd eilen wir die Dreiborner Straße entlang. Unser Atem erzeugt kleine weiße Wolken in der kalten Abendluft. Die Zeremonie «Der Weg der Erinnerung» wird gleich beginnen.

Hier und da erhasche ich in den Schaufenstern einen Blick auf das immer gleiche, auffällig angebrachte Plakat – eine Kopie des Bildes meiner Mutter. Sie steht im Garten neben einem kleinen Mädchen, das auf einer Schaukel sitzt. Meine Mutter und ich sind überall in der Dreiborner Straße zu sehen, an dem Ort, von dem wir nach der Kristallnacht vertrieben wurden.

Ich bin eingeladen worden, zu Beginn dieses Jahrestages der Kristallnacht am 9. November 2011 eine kurze Ansprache zu halten.

Im Eingang des kleinen Versammlungssaals drängen sich Menschen. Alle Stühle sind besetzt. Ich stehe am Mikrofon und sehe alle Blicke auf mich gerichtet. Ein paar vertraute, ermutigende Gesichter sind darunter, aber auch viele argwöhnische Mienen.

Was soll ich sagen? Ich erzähle davon, wie ich nach der Kristallnacht Gemünd, Köln und schließlich Deutschland verließ. Ich gebe die eine oder andere Geschichte zum Besten – die Freundschaft mit Willi und Lisbet seit meiner Rückkehr viele, viele Jahre später. Insgeheim überlege ich, wie meine Anwesenheit, eine greifbare Erinnerung an die böse Vergangenheit, wohl auf das Publikum wirken mag.

Zum Schluss sage ich:

Vielleicht stellen Sie sich die Frage: «Warum kommt sie zurück nach Gemünd?» Dieselbe Frage hat mir Maria Schmitz-Schumacher im Jahr 2000 gestellt, als wir zu viert, Maria, Dieter, George und ich, an ihrem Tisch bei Kaffee und Kuchen saßen.

Warum komme ich zurück nach Gemünd?

Die Frage schwebt einen stillen Moment lang im Raum.

Ich komme immer wieder hierhin zurück, weil der Gott Israels mich die Macht der Vergebung gelehrt hat. Ich bin immer noch eine Jüdin.

Ich bin eine Jüdin, die Jesus nachfolgt, unserem Messias.

Literaturverzeichnis

Arntz, Hans-Dieter: *Judenverfolgung und Fluchthilfe im deutsch-belgischen Grenzgebiet*, Euskirchen: Kümpel, Volksblatt-Druckerei + Verlag, 1990.

Arntz, Hans-Dieter: *Ordensburg Vogelsang … im Wandel der Zeiten*, Aachen: Helios Verlags- und Buchvertriebsgesellschaft, 2007.

Arntz, Hans-Dieter: *Reichskristallnacht*, Aachen: Helios-Verlag, 2008.

Becker-Jakli, Barbara: *Das jüdische Krankenhaus in Köln. Die Geschichte des Israelitischen Asyls für Kranke und Altersschwache 1869–1945*, Köln: Emons-Verlag, 2004.

Bullock, Alan: *Hitler. A Study in Tyranny*, New York: Harper Colophon Books, rev. Ausgabe 1962.

Corbach, Dieter: *Sechs Uhr ab Messe Köln-Deutz. Deportationen 1938–1945*, Köln: Scriba-Verlag, 1999.

Corbach, Dieter: *Die Jawne zu Köln*, Köln: Scriba-Verlag, 1990.

Davidson, Martin: *The Perfect Nazi: Uncovering My Grandfather's Secret Past*, New York: Penguin Group, 2010.

Dobroszycki, Lucjan (Hrsg.): *The Chronicles of the Lodz Ghetto 1941–1944*, Binghamton, NY: Vail-Ballou Press, 1984.

Friedman, Saul S.: *A History of the Holocaust*, London: Vallentine Mitchell, 2004.

Gilbert, Martin: *The Holocaust: A History of the Jews of Europe during the Second World War*, New York: Henry Holt, 1985.

Gilead, Isaac, Yoram Haimi und Wojciech Mazurek: «Excavating Nazi Extermination Centres», in: «Present Pasts; Journal of the Institute of Archeology Heritage Studies Section», 2009, http://dx.doi.org/10.5334/pp.12 (Zusammenfassung); http://www.presentpasts.info/article/view/pp.12/2.

Goldstein, Phyllis: *A Convenient Hatred. The History of Antisemitism*, Brookline, MA; «Facing History and Ourselves National Foundation», 2012.

Graham, Billy: *Just As I Am: The Autobiography of Billy Graham*, San Francisco: Harper Collins, 1997.

Grossman, Mendel: *With a Camera in the Ghetto*, New York: Schocken Books, 1977.

Hatchett, Marion J.: *Commentary on the American Prayer Book*, New York: Harper One, 1995.

Heinen, Franz Albert: *Gottlos, schamlos, gewissenlos. Zum Osteinsatz der Ordensburg-Mannschaften*, Düsseldorf: Gaasterland-Verlag, 2007.

Howard, R.T.: *Ruined and Rebuilt. The Story of Coventry Cathedral 1939–1962*, Coventry, UK: «The Council of Coventry Cathedral», 1962.

Kogon, Eugen, Hermann Langbein und Adalbert Rückerl (Hrsg.): *Nazi Mass Murder. A Documentary History of the Use of Poison Gas*, New Haven: Yale University Press, 1993. (Deutsch: *Nationalsozialistische Massentötungen durch Giftgas. Eine Dokumentation*, Frankfurt am Main: Fischer, 1983.

Krakowski, Shmuel: *Das Todeslager Chelmno/Kulmhof. Der Beginn der Endlösung*, Göttingen: Wallstein-Verlag, 2007.

Langer, Lawrence (Hrsg.): *Art from the Ashes. A Holocaust Anthology*, New York: Oxford University Press,1995.

Lanzmann, Claude: *Shoah. The Complete Text of the Acclaimed Holocaust Film*, New York: Da Capo Press, 1995.

Lissner, Cordula, und Ursula Reuter: *Andererseits komme ich anfangs nächster Woche – nicht ohne Hoffnungen auf Verlegung meiner Schule nach Cambridge zurück. Gewalt in der Region: Der Novemberpogrom 1938 in Rheinland und Westfalen*, Düsseldorf/Münster/Wuppertal: Arbeitskreis der NS-Gedenksstätten Nordrhein-Westfalen, 2008.

Montague, Patrick: *Chelmno and the Holocaust. A History of Hitler's First Death Camp*, London: I.B. Tauris & Co Ltd., 2012.

Nouwen, Henri J.M.: *A Restless Soul: Meditations from the Road*, hrsg. von Michael Ford, Notre Dame, IN: Ave Maria Press, 2008.

NS-Dokumentationszentrum der Stadt Köln (Hrsg.): *Cologne during National Socialism. A Short Guide through the EL-DE House*, Köln: Emons-Verlag, 2010.

Roodenburg, Hermann (Hrsg.): *Social Control in Europe*, Band 2, Columbus: Ohio State University Press, 2004.

Roy, Sara: «Living with the Holocaust: The Journey of a Child of Holocaust Survivors», in: «Institute for Palestine Studies; Journal of Palestine Studies», 32(1), 2002; http://www.palestine-studies.org/journals.aspx?id=4672&jid=1&href=abstract.

Schumann, Frederick L.: *Hitler and the Nazi Dictatorship*, London: Robert Hale and Company, 1935.

Sierakowiak, Dawid: *The Diary of Dawid Sierakowiak. Five Notebooks from the Lodz Ghetto*, hrsg. von Allen Adelson, New York: Oxford, 1996.

Sterling, Eric J. (Hrsg.): *Life in the Ghettos during the Holocaust*, Syracuse, NY: Syracuse University Press, 2005.

Struck, Manfred (Hrsg.): *Chelmo/Kulmhof. Ein vergessener Ort des Holocaust?*, Bonn/Berlin: Gegen Vergessen – Für Demokratie e.V., 2001.

Zyskind, Sara: *Stolen Years*, New York: Signet, 1983.

Anmerkungen

Vorwort

¹ Nach 1. Korinther 13,8.

Teil I

² Awad, Peter: «Käthe Kollwitz and The German Expressionists», 8. Mai 2011, http://perspectiveandstyle.blogspot.com/2011/05/kathe-kollwitz-and-german.html.

³ Ein Foto dieser Skulptur ist bei Wikipedia zu finden: http://de.wikipedia.org/wiki/K%C3%A4the_Kollwitz.

⁴ Walden, Geoff: «Third Reich in Ruins, Ordensburg Vogelsang», 20. Juli 2000, http://www.thirdreichruins.com/vogelsang.htm.

⁵ Heinen: *Gottlos, schamlos, gewissenlos.*

⁶ Crossland, David: «Hitler's Forgotten Castle: Finishing School for Nazis to Become Museum», 24. Juli 2007, Teil 2, http://www.spiegel.de/international/germany/hitler-s-forgotten-castle-finishing-school-for-nazis-to-become-museum-a-496026-2.html.

⁷ Crossland, David: «Hitler's Forgotten Castle: Finishing School for Nazis to Become Museum», 24. Juli 2007, http://www.spiegel.de/international/germany/hitler-s-forgotten-castle-finishing-school-for-nazis-to-become-museum-a-496026.html.

Kapitel 1

⁸ Warner Bros: «Into the Arms Of Strangers, Stories of the Kindertransport, Study Guide», 2001, http://www2.warnerbros.com/intothearmsofstrangers/.

Kapitel 2

⁹ Arntz: *Judenverfolgung*, Seite 323.

¹⁰ In einem Brief vom 21. Mai 1992 bestätigte Hans-Dieter Arntz 1933 als das Jahr des Ausschlusses. Er fügte eine Kopie eines offiziellen Schreibens des Gauschützenführers an alle Schützenvereine der Region vom 26. Mai 1937 bei. Nummer sechs auf der Liste der Anweisungen lautet: «Mitglieder dürfen keine Personen sein, die nicht deutschen, verwandten oder gleichen Blutes sind.»

[11] Arntz: *Judenverfolgung*, Seite 352.

[12] *Lebensborn* war ein Programm, das Ende 1935 initiiert wurde. Siehe: Jewish Virtual Library: «The Lebensborn Program», 2012, http://www.jewishvirtuallibrary.org/jsource/Holocaust/Lebensborn.html.

[13] Als Willi hörte, dass ich meine Geschichte aufschreibe, schickte er mir Kopien mehrerer Seiten seines Journals.

[14] Die Fieten wurden sparsam von den Feuerholzscheiten abgeschnitten bzw. abgespalten.

[15] Michiko Kakutani von der *New York Times* verwendet das Wort «memoryscape» (Erinnerungslandschaft) als Würdigung für W.G. Sebalds Buch *Austerlitz*. «Books of the Times; In a No Man's Land of Memories and Loss», 26. Oktober 2001, http://www.nytimes.com/2001/10/26/books/books-of-the-times-in-a-no-man-s-land-of-memories-and-loss.html.

Kapitel 3

[16] Arntz: *Judenverfolgung*, Seite 363.

[17] «History of Burg Vogelsang», undatiertes Informationsblatt, das in der Ordensburg Vogelsang erhältlich ist.

[18] Ebenda.

[19] Ebenda.

[20] NS Documentation Centre: *Cologne during National Socialism*, Seite 152.

[21] Heinen: *Gottlos, schamlos, gewissenlos*, Seite 101.

[22] Universität Hamburg: «The Jewish Community in Hamburg 1860–1943», http://www1.uni-hamburg.de/rz3a035//jew_history4.html.

[23] United States Holocaust Memorial Museum: «Holocaust Encyclopedia; Anti-Jewish Legislation in Prewar Germany», letztes Update 11. Mai 2012, http://www.ushmm.org/wlc/en/article.php?ModuleId=10005681.

[24] Arntz: *Judenverfolgung*, Seite 352.

[25] NS Documentation Centre, *Cologne during National Socialism*, Seite 134.

[26] Ein Buch von Martin Davidson: *The Perfect Nazi – Uncovering My SS Grandfather's Secret Past and How Hitler Seduced a Generation*, beschreibt die Braunhemden anschaulich und detailliert.

Arntz: *Ordensburg Vogelsang*, Seite 11.

The History Place: «World War II in Europe; The Nuremberg Race Laws», http://www.historyplace.com/worldwar2/timeline/nurem-laws.htm.

United States Holocaust Memorial Museum: «Holocaust Encyclopedia; Anti-Jewish Legislation in Prewar Germany», letztes Update 11. Mai 2012, http://www.ushmm.org/wlc/en/article.php?ModuleId=10005681.

United States Holocaust Memorial Museum: «Holocaust Encyclopedia; Examples of Antisemitic Legislation, 1933–1939», letztes Update 11. Mai 2012, http://www.ushmm.org/wlc/en/article.php?ModuleId=10007459.

Kapitel 4

[27] Arntz: *Reichskristallnacht,* Seite 7–11.

[28] NS-Archiv: «Dokumente zum Nationalsozialismus; Verfolgung und Vernichtung; 10.11.1938: Reinhard Heydrich, Fernschreiben zur ‹Reichskristallnacht› (Pogromnacht)», http://www.ns-archiv.de/verfolgung/pogrom/heydrich.php.

Weimarer Republik: «Das NS-Regime», www.dhm.de/lemo/html/nazi.

Paul, Siegfried: «Die ‹Reichskristallnacht› in Hamm», 2011, http://www.polizeihistorischesammlung-paul.de/Reichskristallnacht/reichskristallnacht.htm.

[29] Arntz: *Reichskristallnacht*, Seite 154–158.

[30] Ebenda, Seite 154.

[31] Ebenda, Seite 163.

[32] United States Holocaust Memorial Museum: «Holocaust Encyclopedia; Kristallnacht: A Nationwide Pogrom, November 9–10, 1938», letztes Update 11. Mai 2012, http://www.ushmm.org/wlc/en/article.php?ModuleId=10005201.

[33] Arntz: *Reichskristallnacht*, Seite 163.

Kapitel 5

[34] *Into the Arms of Strangers* ist ein mit einem Oscar ausgezeichneter Dokumentarfilm, der die Geschichten von Kindern erzählt, die durch den Kindertransport gerettet wurden. Harrison, Mark Jonathan (Autor und Regisseur), 2002, *Into the Arms of Strangers: Stories of the Kindertransport*, Warner Brothers.

[35] Jewish Virtual Library: «Horst Wessel», 2012,
http://www.jewishvirtuallibrary.org/jsource/biography/Wessel.html.

[36] Roodenburg: *Social Control in Europe*, Seite 249.

[37] Schumann: *Hitler and the Nazi Dictatorship*, Seite 368.

Hess, Rudolf: «German Propaganda Archive; The Launching of the Training Ship *Horst Wessel*», 1998, http://www.calvin.edu/academic/cas/gpa/hess3.htm.

Jewish Virtual Library: «Horst Wessel», 2012,
http://www.jewishvirtuallibrary.org/jsource/biography/Wessel.html.

Wikipedia: «Horst Wessel», letztes Update 13. August 2012,
http://en.wikipedia.org/wiki/Horst_Wessel.

[38] Seder: ein feierliches Mahl zu Beginn des jüdischen Passahfestes am 15. Nisan, entweder im März oder April.

[39] Die von Ludwig Sütterlin entworfene Sütterlinschrift wurde von 1915 bis 1941 in deutschen Schulen gelehrt. 1941 wurde sie verboten, weil die Menschen in den eroberten Gebieten die in Sütterlin geschriebenen Anweisungen des NS-Regimes nicht lesen konnten. Siehe: «read Suetterlin / read blackletters; Here you can learn Suetterlin –The ‹German Handwriting›»,
http://www.suetterlinschrift.de/Englisch/Sutterlin.htm.

Bocek, Jonathan: «What is Sütterlin Script»,
http://www.dererstezug.com/Suetterlin.htm.

[40] Becker-Jakli: *Das jüdische Krankenhaus in Köln*, Seite 163, 168.

[41] United States Holocaust Memorial Museum: «Holocaust Encyclopedia; Anti-Jewish Legislation in Prewar Germany», letztes Update 11. Mai 2012,
http://www.ushmm.org/wlc/en/article.php?ModuleId=10005681.

[42] Becker-Jakli: *Das jüdische Krankenhaus in Köln*, Seite 254–300.

[43] The History Place: «World War II in Europe; The Nuremberg Race Laws»,
http://www.historyplace.com/worldwar2/timeline/nurem-laws.htm.

[44] Corbach: *Die Jawne zu Köln*, Seite 282–286.

[45] Lissner und Reuter: *Andererseits komme ich anfangs nächster Woche*, Seite 90.

[46] Corbach: *Die Jawne zu Köln*.

[47] Ebenda, Seite 297.

United States Holocaust Memorial Museum: «Holocaust Encyclopedia;

Einsatzgruppen and other SS and Police Units in the Soviet Union», letztes
Update 11. Mai 2012,
http://www.ushmm.org/wlc/en/article.php?ModuleId=10005518.

Kapitel 6

[48] Hatchett: *Commentary on the American Prayer Book*, Seite 366.

[49] The Nizkor Project: «My first and foremost task ...»,
http://www.nizkor.org/hweb/people/h/hitler-adolf/hitler-1922.html.

[50] NS Documentation Centre: *Cologne during National Socialism*, Seite 88.

[51] Florida Center for Instructional Technology: «A Teacher's Guide to the
Holocaust; The Nazification of Germany», 2005,
http://fcit.usf.edu/holocaust/timeline/nazifica.htm.
United States Holocaust Memorial Museum: «Holocaust Encyclopedia;
Boycott of Jewish Businesses», letztes Update 11. Mai 2012,
http://www.ushmm.org/wlc/en/article.php?ModuleId=10005678.

[52] Florida Center for Instructional Technology: «A Teacher's Guide to the
Holocaust; The Nazification of Germany», 2005,
http://fcit.usf.edu/holocaust/timeline/nazifica.htm.

[53] United States Holocaust Memorial Museum: «Holocaust Encyclopedia;
Anti-Jewish Legislation in Prewar Germany», letztes Update 11. Mai 2012,
http://www.ushmm.org/wlc/en/article.php?ModuleId=10005681.

[54] Shaw, Annette: «The Évian Conference: Hitler's Green Light for Genocide»,
2001, https://groups.google.com/forum/#!topic/soc.culture.jewish/
vKFUM2mMhBQ; «Introduction».

[55] Es gibt etliche Quellen für diese Information. Eine detaillierte Darstellung
findet sich in Bullock: *Hitler, A Study in Tyranny*, Seite 425–435. Siehe auch
Wikipedia, «The Anschluss», http://en.wikipedia.org/wiki/Anschluss.

[56] Shaw, Annette: «The Évian Conference: Hitler's Green Light for Genocide», 2001,
https://groups.google.com/forum/#!topic/soc.culture.jewish/vKFUM2mMhBQ,
Kapitel 1–4, Schluss.

[57] Jewish Virtual Library: «The Virtual Jewish History Tour; Switzerland. The
Holocaust», 2012, http://www.jewishvirtuallibrary.org/jsource/vjw/swiss.html.

[58] United States Holocaust Memorial Museum: «Holocaust Encyclopedia;
German Jews during the Holocaust, 1939–1945», letztes Update 11. Mai 2012,
http://www.ushmm.org/wlc/en/article.php?ModuleId=10005357.

[59] Fiddlers Green, «The WWII Nazi DFS-230 Invasion Glider», http://www.fiddlersgreen.net/models/aircraft/DFS-230-glider.html.

United States Holocaust Memorial Museum: «German Invasion of Western Europe, May 1940», http://www.ushmm.org/wlc/en/article.php?ModuleId=10005181.

[60] Wikipedia: «Bombing of Cologne in World War II», letztes Update 6. September 2012, http://en.wikipedia.org/wiki/Bombing_of_Cologne_in_World_War_II. Deutsch: http://de.wikipedia.org/wiki/Operation_Millennium.

[61] Museum of Tolerance: «All Necessary Preparations: 1933–1941», 1997, http://motlc.wiesenthal.com/site/pp.asp?c=gvKVLcMVIuG&b=394917.

[62] United States Holocaust Memorial Museum, «Holocaust Encyclopedia: German Jews during the Holocaust, 1939–1945», letztes Update 11. Mai 2012, http://www.ushmm.org/wlc/en/article.php?ModuleId=10005357.

Kapitel 7

[63] Corbach: *6.00 Uhr ab Messe Köln-Deutz*, Seite 51.

[64] Ebenda, Seite 28, 610.

[65] Ebenda, Seite 666, Dokument 18.

[66] Ebenda, Seite 665.

[67] Ebenda, Seite 667.

[68] Sterling: *Life in the Ghettos during the Holocaust*, Seite 102.

[69] Kogon: *Nazi Mass Murder*, Seite 73.

[70] Langer: *Art from the Ashes*, Seite 154.

[71] Kogon: *Nazi Mass Murder*, Seite 145.

[72] Ebenda, Seite 76–77.

[73] Struck: *Chelmno/Kulmhof*, Seite 99–111.

[74] Kogon: *Nazi Mass Murder*, Seite 52.

[75] Ebenda, Seite 77.

[76] Holocaust Education and Archive Research Team, «Chelmno Death Camp», 2007, http://www.holocaustresearchproject.org/othercamps/chelmno.html.

[77] Krakowski: *Das Todeslager Chelmno/Kulmhof*, Seite 72–73.

[78] Dobroszycki: *The Chronicle of the Lodz Ghetto* 1941–1944, Seite IX.

[79] Krakowski: *Das Todeslager Chelmno/Kulmhof*, Seite 73.

[80] Kogon: *Nazi Mass Murder*, Seite 81–82.

[81] The Holocaust – Lest We Forget, «Chelmno – the perpetrators», http://www.holocaust-lestweforget.com/chelmno-perpetrators.html, und Kogon, *Nazi Mass Murder*, Seite 101.

[82] Kogon: *Nazi Mass Murder*, Seite 276.

[83] Ebenda, Seite 80.

[84] Erhard Michelsohn, ein deutscher Lehrer, der in Kulmhof lebte, und Kurt Möbius, ein Angehöriger des Sonderkommandos in Kulmhof, schilderten das Schicksal der Opfer vom Moment ihrer Ankunft am Schloss an. Siehe: Kogon: *Nazi Mass Murder*, Seite 80, 83.

[85] Montague: *Chelmno and the Holocaust*, Seite 77.

[86] Langer: *Art from the Ashes*, Seite 56.

[87] Kogon: *Nazi Mass Murder*, Seite 83.

[88] Ebenda, Seite 86.

[89] Ebenda, Seite 84.

[90] Ebenda.

[91] Ebenda, Seite 86–87.

[92] Ebenda, Seite 77.

[93] Ebenda, Seite 79.

[94] The History Place: «Biographies of Nazi Leaders; Karl Adolf Eichmann», 1997, http://www.historyplace.com/worldwar2/biographies/eichmann-biography.htm.

History: «This Day in History; Dec 15, 1961; Architect of the Holocaust sentenced to die», http://www.history.com/this-day-in-history/architect-of-the-holocaust-sentenced-to-die.

[95] Langer: *Art from the Ashes*, Seite 57–58.

Aktion Reinhard Camps: «Chelmno», letztes Update 26. August 2006, http://www.deathcamps.org/occupation/chelmno.html, und http://www.tenhumbergreinhard.de/1933-1945-lager-1/1933-1945-lager-c/chelmno-nad-nerem-kulmhof-am-ner.html.

[96] Jewish Virtual Library: «Adolf Eichmann», 2012, http://www.jewishvirtuallibrary.org/jsource/Holocaust/eichmann.html.

[97] Kogon: *Nazi Mass Murder*, Seite 89.

[98] Sterling: *Life in the Ghettos during the Holocaust*, Seite 233.

Kogon: *Nazi Mass Murder*, Seite 90.

[99] Gilead, Isaac, Yoram Haimi und Wojciech Mazurek: «Excavating Nazi Extermination Centres», 2009, http://www.presentpasts.info/article/view/pp.12/2.

[100] Habakuk 1,2 (Revidierte Elberfelder Übersetzung).

[101] Habakuk 3,17–19a (Revidierte Elberfelder Übersetzung).

Teil II
Kapitel 8

[102] Für eine knappe, objektive Zusammenfassung der Glaubensüberzeugungen der Christadelphians siehe: Zavada, Jack: «Christianity; Christadelphian Beliefs and Practices», 2012, http://christianity.about.com/od/christadelphians/a/christadelphianbeliefs.htm.

[103] Unter den Papieren aus meiner Vergangenheit ist eine Kopie eines alten britischen Formulars mit meinem Namen und persönlichen Details. Der Eintrag neben dem Wort «GUARANTOR» ist hastig mit der Hand geschrieben und ungleichmäßig in das enge Feld gezwängt. Er lautet: «CASE BEING DEALT WITH BY BIRMINGHAM JEWISH UNITED BENEVOLENT BOARD», woraus hervorgeht, dass meine Eltern mich ohne einen britischen Sponsor oder Bürgen losgeschickt hatten. Das alte Formular zeugt von der Überforderung der Helfer und der Angst und der Zuversicht meiner Eltern.

[104] Während ich dieses Manuskript durchsah, machte ich Roddys Telefonnummer ausfindig und rief ihn an. Seine ersten Worte nach 73 Jahren waren: «Das ist ja Hannelore!» Wir redeten lange, und ich erfuhr einiges über den tiefen Schmerz, den die Calcotts durch unseren Abschied erlitten hatten.

[105] Adams, Stephen: «Sir Nicholas Winton, the ‹British Schindler›, meets the Holocaust survivors he helped save», 4. September 2009, http://www.telegraph.co.uk/history/world-war-two/6138441/Sir-Nicholas-Winton-the-British-Schindler-meets-the-Holocaust-survivors-he-helped-save.html.

[106] Salzman, L.F. (Hrsg.): «Parishes: Exhall, A History of the County of Warwick: Volume 6: Knightlow hundred», http://www.british-history.ac.uk/report.aspx?compid=57102.

[107] The History Place: «Holocaust Timeline», 1997, http://www.historyplace.com/worldwar2/holocaust/timeline.html.

[108] United States Holocaust Memorial Museum: «Holocaust Encyclopedia; Blitzkrieg (Lightning War)», letztes Update 11. Mai 2012, http://www.ushmm.org/wlc/en/article.php?ModuleId=10005437.

[109] Howard: *Ruined and Rebuilt*, Seite 22.

[110] Von den Trümmern der Kathedrale von Coventry aus hat sich ein Versöhnungsdienst weit über Coventry hinaus ausgebreitet, sogar bis in die deutsche Stadt Dresden. Dresden wurde bei einer Serie alliierter Bombenangriffe vom 13. bis 14. Februar 1945 verwüstet. Zurück blieben Tod, Zerstörung und verwundete Seelen. Siehe BBC: «Coventry and Warwickshire, the blitz stories from Coventry's twin city of Dresden», http://news.bbc.co.uk/local/coventry/hi/people_and_places/history/ newsid_9155000/9155684.stm, und «Coventry and Dresden – A Friendship Spanning Fifty Years», 13. Februar 2009, http://www.coventry.anglican.org/ news/pressreleases/opt/0/download/532.

Kapitel 9

[111] «Ol' Man River» ist ein Sklavenlied aus dem Musical *Showboat* von 1927, geschrieben von Jerome Kern und Oscar Hammerstein II.

[112] Horatius Bonar, ein schottischer Geistlicher, verfasste seinen Choral 1846 nach dem Bibeltext in Matthäus 11,28–30.

Teil III

[113] The Feast of All Saints: «Ever Ancient, Ever New», www.feastofsaints.com/ancientnew.htm.

Kapitel 11

[114] Graham: *Just As I Am*, Seite 225.

[115] «In the dark time of the year. Between melting and freezing / The soul's sap quivers.» (In der dunklen Zeit des Jahres. Zwischen Schmelzen und Gefrieren / zittert der Seelensaft.) T.S. Eliot, «Four Quartets – 4; Little Gidding», http://allspirit.co.uk/four-quartets-4/.

[116] Apostelgeschichte 17,30–31 (Hoffnung für alle).

[117] Der Rubikon ist ein kleiner Fluss in Norditalien, den Julius Cäsar im Jahr 49 v. Chr. mit seiner Armee überschritt. «Ein altes römisches Gesetz verbot es jedem Feldherrn, den Rubikon zu überschreiten und das eigentliche Italien mit einem stehenden Heer zu betreten. Es dennoch zu tun galt als Verrat. So sollte dieser winzige Bach Cäsars Absichten offenbar machen und den Punkt markieren, an dem es kein Zurück mehr gab.» (Siehe: «Julius Caesar Crosses the Rubicon, 49 BC; http://www.eyewitnesstohistory.com/caesar.htm.) Heute bezeichnet der Ausdruck «den Rubikon überschreiten» das Treffen einer unumkehrbaren und sehr folgenschweren Entscheidung.

[118] Anspielung auf Offenbarung 7,17.

[119] Ein Choral von Samuel Crossman, 1664.

[120] Das Porträt von Kate in diesem Absatz setzt sich aus Shirleys und meinen Erinnerungen zusammen.

Kapitel 12

[121] Diese Zeilen stammen aus dem Song «On the Road Again» von Willie Nelson, der im Soundtrack zu dem Film *Honeysuckle Rose* von 1980 gesungen wird.

Kapitel 13

[122] British Library: «Bombay: History of a City», http://www.bl.uk/learning/histcitizen/trading/bombay/history.html.

Wikipedia: «History of Mumbai», http://en.wikipedia.org/wiki/History_of_Mumbai.

[123] Haub, Carl und O.P. Sharma: «India's Population Reality: Reconciling Change and Tradition, Table 1, Population Size and Growth, India, 1901–2001», http://www.prb.org/pdf06/61.3IndiaspopulationReality_Eng.pdf.

[124] Acharya, Arun Kumar und Parveen Nangia: «Population Growth and Changing Land-use Pattern in Mumbai Metropolitan Region of India», Dezember 2003, http://www.google.com/url?sa=t&rct=j&q=&esrc=s&frm=1&source=books&cd=1&cad=rja&ved=0CDQQFjAA&url=http%3A%2F%2Fwww.seer.ufu.br%2Findex.php%2Fcaminhosdegeografia%2Farticle%2Fdownload%2F15332%2F8631&ei=6XU2UO-_L6WO2QXdo4HQCg&usg=AFQjCNGteAVOEQACDjyafVVjBzWQuYiqOQ&sig2=b-WLd5aljsuidcoaDPhnNA.

Teil IV
Kapitel 14

[125] Arntz: *Judenverfolgung*, Seite 715.

[126] Wikipedia: «Toruń», http://en.wikipedia.org/wiki/Toru%C5%84#History. Deutsch: http://de.wikipedia.org/wiki/Toru%C5%84.

[127] Während unseres Aufenthalts in Brodnica fand ich ein bescheidenes einseitiges Faltblatt mit dem Titel «Brodnica», das auf Englisch und Deutsch einen knappen Überblick über die Heimatstadt meines Vaters bietet. Es liegt vor mir, während ich dies schreibe.

[128] International Jewish Cemetery Project: «Brodnica: Torinskie», http://www.iajgsjewishcemeteryproject.org/poland/brodnica-torinskie.html.

Die meisten dieser Daten und statistischen Angaben habe ich einige Jahre nach unserer Rückkehr von dieser ersten Reise nach Polen aus dem Internet bezogen. Siehe Virtual Shtetl: «Brodnica; History», http://www.sztetl.org.pl/en/article/brodnica/5,history/.

[129] Virtual Shtetl: «Brodnica: History» and «Brodnica; Demography», http://www.sztetl.org.pl/en/article/brodnica/5,history/, und http://www.sztetl.org.pl/en/article/brodnica/6,demography/.

[130] International Jewish Cemetery Project: «Brodnica; Torinskie», http://www.iajgsjewishcemeteryproject.org/poland/brodnica-torinskie.html.

[131] Innerhalb der Stadt durfte man sich frei bewegen, egal, wie groß sie war; außerhalb der Stadt durfte man 2000 Ellen (ca. 960 Meter) weit gehen. Siehe «Jewish Encyclopedia, Sabbath, Sabbath Journey Limited», http://www.jewishencyclopedia.com/articles/12962-sabbath.

Kapitel 15

[132] Nature Preserve Maasberg: «Nahe Valley and Hunsrück», http://www.maasberg.ch/English.html. Deutsch: Naturschutzgebiet Maasberg: «Nahetal und Hunsrück», http://www.maasberg.ch/index.html.

[133] «Fangt uns die Füchse, die kleinen Füchse, die die Weinberge verderben; denn unsere Weinberge haben Blüten bekommen» (Hoheslied 2,15; Luther).

[134] Arntz: *Judenverfolgung*, Seite 352.

[135] Alemannia Judaica: «Waldhilbersheim mit Heddesheim. Zur Geschichte der Synagoge», Januar 2012, http://www.alemannia-judaica.de/waldhilbersheim_synagoge.htm.

[136] Ebenda.

[137] Zentralarchiv zur Erforschung der Geschichte der Juden in Deutschland: «Jüdische Friedhöfe in Deutschland, Rheinland-Pfalz, Waldhilbersheim», 2006, http://www.zentralarchiv.uni-hd.de/FRIEDHOF/PFALZ/PROJEKTE/f-rlp-nz.htm#Waldhilbersheim.

[138] Ein gutes Foto des Friedhofs ist hier zu finden: Alemannia Judaica: «Die jüdischen Friedhöfe im Landkreis Bad Kreuznach (KH, Rheinland-Pfalz). Guldental-Waldhilbersheim (VG Langenlonsheim)», 2011, http://www.alemannia-judaica.de/bad_kreuznach_friedhoefe.htm#Guldental.

[139] Jakobus 4,14 (Luther).

[140] Foundation for the Preservation of Jewish Heritage in Poland, «News: 2006–11–16 Izbica», 16. November 2006, http://fodz.pl/?d=2&id=290&l=en.

Aktion Reinhard Camps: «The Lublin District Transit Ghettos Izbica, Piaski and Rejowiec», letztes Update 16. September 2006, http://www.deathcamps.org/occupation/transit%20ghettos.html.

[141] Mahnmal Koblenz: «Der Güterbahnhof in Koblenz-Lützel», http://mahnmal-koblenz.de/index.php/staetten-der-verfolgung-innerhalb-v-koblenz/21-der-gueterbahnhof-in-koblenz-luetzel.

[142] Holocaust Education Archive and Research Team: «Izbica Ghetto», 2007, http://www.holocaustresearchproject.org/ghettos/izbica/izbica.html, und K. Bielawski, «Izbica», http://www.kirkuty.xip.pl/izbicaang.htm.

[143] Corbach: *6.00 Uhr ab Messe Köln-Deutz*, Seite 383.

Teil V

[144] Nouwen: *A Restless Soul*, Seite 134.

Kapitel 16

[145] Ein Minjan ist die erforderliche Mindestzahl von Teilnehmern an einem Kaddisch, einem Gebet für Verstorbene nach jüdischer Sitte.

[146] Chewra Kadischa kommt aus dem Aramäischen und bedeutet «heilige Gesellschaft» oder «Begräbnisgesellschaft» – eine ehrenamtliche Organisation in jüdischen Gemeinden, die sich der rituellen Bestattung Verstorbener widmet. Siehe Tikvat Israel Congregation: «A Guide to Jewish Mourning Practices», 12. Juli 2010, http://tikvatisrael.org/about/committees/bereave5.pdf.

[147] Sierakowiak und Adelson: *The Diary of Dawid Sierakowiak*, Seite 8.

[148] Arntz: *Judenverfolgung*, Seite 328.

[149] Eine moderne Innovation für Mädchen, die der älteren Tradition der *Bar-Mizwa* folgt, bei der ein Junge im Alter von dreizehn Jahren die Verantwortung übernimmt, dem jüdischen Gesetz zu folgen.

[150] http://www.gbg-koeln.de/denkmal/fortv/index.htm.

[151] Becker-Jakli: *Das jüdische Krankenhaus in Köln*, Seite 325.

[152] Lebensgeschichten: «Sammellager in Köln», 2009, http://www.lebensgeschichten.net/index1small.asp?typ=L.

Kapitel 17

[153] Martin Luthers Sympathie für die Juden verflüchtigte sich, als sie seiner Einladung, sich zu bekehren, nicht folgten. 1543, drei Jahre vor seinem Tod, veröffentlichte er eine Schrift mit dem Titel «Von den Juden und ihren Lügen». Darin schrieb er: «Erstlich, dass man ihre Synagogen … mit Feuer anstecke und, was nicht verbrennen will, mit Erde überhäufe und beschütte …» Siehe Goldstein: *A Convenient Hatred*, Seite 124.

[154] Es gibt viele Quellen für diese Information. Siehe The History Place: «Holocaust Timeline, The Death of Hitler», 1997, http://www.historyplace.com/worldwar2/holocaust/h-death.htm, und http://www.ns-archiv.de/personen/hitler/testament/politisches-testament.php.

[155] Es gibt viele Quellen für diese Information. Siehe: Jewish Virtual Library: «Maximilian Kolbe», 2012, http://www.jewishvirtuallibrary.org/jsource/biography/Kolbe.html.

Kapitel 18

[156] Lodz wurde im Zweiten Weltkrieg Litzmannstadt genannt.

[157] Corbach: *6.00 Uhr ab Messe Köln-Deutz*, Seite 383.

[158] Sierakowiak und Adelson: *The Diary of Dawid Sierakowiak*.

[159] Urzad Miasta: «Litzmannstadt Ghetto», Karte und Informationsbroschüre.

[160] Grossman: *With a Camera in the Ghetto*.

[161] Sierakowiak und Adelson: *The Diary of Dawid Sierakowiak*.

[162] Zyskind: *Stolen Years*, Seite 59.

[163] Dobroszycki: *The Chronicle of the Lodz Ghetto*.

[164] Holocaust Education and Archive Research Team: «The Lodz Ghetto, The Beginning of the ‹Closed District›», 2007, http://www.holocaustresearchproject.org/ghettos/Lodz/lodzghetto.html.

[165] Fundacja Monumentum Iudaicum Lodzense: «Radegast», http://www.lodzjews.org/root/form/en/radegast/index.asp.

«Litzmannstadt Getto, The Radogoszcz (Radegast) Station, or the loading platform at Marysin Verladebahnhof Getto-Radegast Stalowa Street», http://www.lodz-ghetto.com/the_radegast_station.html,38.

[166] Zyskind: *Stolen Years*, Seite 10.

Kapitel 19

[167] Warthegau war der Name, den die NS-Besatzer der Zentralregion Polens gaben, zu der Lodz und Umgebung gehörten.

[168] Fotos von dem Transfer am Bahnhof Kolo siehe Aktion Reinhard Camps: «From Kolo to Chelmno», letztes Update 28. Mai 2006, http://www.deathcamps.org/occupation/kolo.html.

[169] Schir ha-Schirim (Hoheslied) 2,11–13 (Luther).

[170] Aktion Reinhard Camps: «Chelmno», letztes Update 26. August 2006, http://www.deathcamps.org/occupation/chelmno.html.

«Chelmno nad Ner Route to Zawadka», YouTube-Video, 0:25, hochgeladen von «alanheath», 16. September 2007, http://www.youtube.com/watch?v=dZtoKxcsvsI.

[171] Hiob 14,7–9 (Luther).

[172] Gilbert: *The Holocaust*, Seite 240.

[173] The Nizkor Project: «Central Commission for Investigation of German Crimes in Poland, German Crimes in Poland (Warsaw, 1946, 1947): Extermination Camp Chelmno (Kulmhof)», http://www.nizkor.org/hweb/camps/chelmno/report.html. (Anm.: Das Wort Nizkor steht im Hebräischen für «Wir werden uns erinnern».)

Holocaust Education and Archive Research Team: «Chelmno Death Camp», 2007, http://www.holocaustresearchproject.org/othercamps/chelmno.html.

[174] Jesaja 53,4–6 (Luther).

Kapitel 20

[175] United States Holocaust Memorial Museum: «Holocaust Encyclopedia, SS and the Camp System», letztes Update 11. Mai 2012, http:www.ushmm.org/wlc/en/article.php?ModuleId=10007399.

Aktion Reinhard Camps: «Chelmno», letztes Update 26. August 2006, http://www.deathcamps.org/occupation/chelmno.html.

[176] Lanzmann: *Shoah*.

[177] The Nizkor Project: «Central Commission for Investigation of German Crimes in Poland, German Crimes in Poland (Warsaw, 1946, 1947): Extermination Camp Chelmno (Kulmhof)», http://www.nizkor.org/hweb/camps/chelmno/report.html.

[178] Aktion Reinhard Camps: «Chelmno», 2006, http://deathcamps.org/occupation/chelmno.html.

[179] Seine detaillierte Aussage unter dem Namen Yakov Grojanowski befindet sich im Jüdischen Geschichtsinstitut in Warschau (Kopie in YVA, JM/2713).

Aktion Reinhard Camps: «Szlamek Bajler, also known as Yakov Grojanowski», letztes Update 24. August 2006, http://www.deathcamps.org/occupation/bajler.html.

Holocaust Education and Archive Research Team: «Belzec, Belzec Death Camp ‹Remember Me›», 2007, http://www.holocaustresearchproject.org/ar/belzec/belzecrememberme.html.

[180] Friedman: *A History of the Holocaust*, Seite 1.

[181] Ashliman, D.L.: «The Grimm Brothers' Children's and Household Tales (Grimms' Fairy Tales)», letztes Update 20. September 2011, http://www.pitt.edu/~dash/grimmtales.html.

[182] Psalm 74,20 (Revidierte Elberfelder Übersetzung).

[183] 1961 widmete sich nach Jahren der Vernachlässigung eine polnische Behörde, der «Rat zur Bewahrung des Gedenkens an Kampf und Martyrium in Warschau», dem Rzuchowski-Wald. Der Bildhauer Józef Stasiński entwarf den Monolithen, und der Architekt Jerzy Buszkiewicz leitete die Errichtung. Siehe Bezirksmuseum Konin: «Chelmno, The History of Chelmno Commemoration», http://www.muzeum.com.pl/en/chelmno.htm.

[184] Thaler, Michael: «H-Holocaust Discussion Logs, Travel in Poland», 18. Juni

2000, http://h-net.msu.edu/cgi-bin/logbrowse.pl?trx=vx&list=H-Holocaust&
month=0006&week=c&msg=km9s8id%2bJjVpcViLVFqagA&user=&pw=.

[185] Seiffe, J.: «The History of Turek», letztes Update 20. Dezember 2005,
http://www.jewishgen.org/yizkor/turek/tur459.html.

Pentlin, Susan: «We Remember Jewish Turek!», letztes Update 22. November
2007, http://www.zchor.org/turek/turek.

[186] Aktion Reinhard Camps: «Szlamek Bajler, also known as Yakov Grojanowski»,
letztes Update 24. August 2006,
http://www.deathcamps.org/occupation/bajler.html.

Montague: *Chelmno and the Holocaust*, Seite 128, 148, 196, 219–220, 242.

[187] Holocaust Education and Archive Research Team: «Michal Podchlebnik,
Chelmno Survivor Testimony», 2008,
http://www.holocaustresearchproject.org/survivor/podchlebnik.html.

[188] Lanzmann: *Shoah*, Seite 7.

[189] Echoes and Reflections: «FAQ about the Holocaust, How did the Nazis try to
hide their atrocities?»,
http://www.echoesandreflections.org/additional_resources/faq.

[190] Zum Interview mit Franz Schalling, einem deutschen Polizisten in Chelmno
1941–1942, siehe Claude Lanzmanns Buch *Shoah*, Seite 63.

[191] In verschiedenen Dokumenten aus einem Zeitraum von vierzig Jahren wird
sein Vorname als «Mordechai», «Michael» oder «Michal» und sein Nachname
als «Podchlebnik» oder «Podklebnik» angegeben.

The Nizkor Project: «Central Commission for Investigation of German Crimes
in Poland, German Crimes in Poland (Warsaw, 1946, 1947): Extermination
Camp Chelmno (Kulmhof)»,
http://www.nizkor.org/hweb/camps/chelmno/report.html.

[192] Alle drei Überlebenden – Podchlebnik aus der ersten Tötungsphase, Zurawski
und Srebnik aus der zweiten – sagten 1945 vor dem Bezirksgericht Lodz und
während des Eichmann-Prozesses vom 11. April 1961 bis zum 29. Mai 1962 in
Jerusalem aus. Siehe Montague: *Chelmno and the Holocaust*, Seite 219, und
http://www.nizkor.org/ftp.cgi/people/e/eichmann.adolf/transcripts/Sessions,
sessions 066–02 (Srebnik), 065.05 (Podchlebnik) und 065–06 (Zurawski).

Holocaust Education and Archive Research Team: «Michal Podchlebnik», 2008,
http://www.holocaustresearchproject.org/survivor/podchlebnik.html.

Holocaust Education and Archive Research Team: «The Trial of Adolf Eichmann», 2007,
http://www.holocaustresearchproject.org/trials/eichmanntrial.html.

[193] Bezirksmuseum Konin: «Chelmno»,
http://www.muzeum.com.pl/en/chelmno.htm.

[194] Montague: *Chelmno and the Holocaust*, Seite 221.

[195] Bezirksmuseum Konin, «Chelmno»,
http://www.muzeum.com.pl/en/chelmno.htm.

The Nizkor Project, «The Trial of Adolf Eichmann, The District Court Sessions, Session-066–03», 1999, http://nizkor.org/ftp.cgi/people/e/eichmann.adolf/transcripts/ftp.py?people/e/eichmann.adolf/transcripts/Sessions/Session-066-03.

Lanzmann: *Shoah*.

Montague: *Chelmno and the Holocaust*, Seite 110, 218–221.

Roy: «The Journey of a Child of Holocaust Survivors»,
http://www.palestine-studies.org/journals.aspx?id=4672&jid=1&href=abstract.

[196] In den 1980ern begann das Bezirksmuseum im benachbarten Konin Luftfotografien auszuwerten und in dem Gebiet Ausgrabungen vorzunehmen, bei denen die Überreste des Fundamentes der Verbrennungsanlage entdeckt wurden. Siehe Bezirksmuseum Konin: «Chelmno»,
http://www.muzeum.com.pl/en/chelmno.htm.

Thaler, Michael, «H-Holocaust, Discussion Logs, Travel in Poland», 18. Juni 2000, http://h-net.msu.edu/cgi-bin/logbrowse.pl?trx=vx&list=H-Holocaust&month=0006&week=c&msg=km9s8id%2bJjVpcViLVFqagA&user=&pw=.

Gilead, Isaac, Yoram Haimi und Wojciech Mazurek: «Excavating Nazi Extermination Centres», 2009,
http://www.presentpasts.info/article/view/pp.12/2.

Kapitel 21

[197] Anspielung auf Jesaja 1,7.

[198] Aktion Reinhard Camps: «Chelmno», letztes Update 26. August 2006,
http://www.deathcamps.org/occupation/chelmno.html.

Bezirksmuseum Konin: «Chelmno, The History of Chelmno Commemoration»,
http://www.muzeum.com.pl/en/chelmno.htm.

Gilead, Isaac, Yoram Haimi und Wojciech Mazurek: «Excavating Nazi Extermination Centres», 2009, http://www.presentpasts.info/article/view/pp.12/2.

[199] Psalm 142,2–5 (Luther).

[200] Hebräisch für «Abschnitt aus dem Buch Genesis»; 1. Mose 4,8–10 (Luther).

[201] Wikipedia: «Kaddisch», http://de.wikipedia.org/wiki/Kaddisch.

[202] Lanzmann: *Shoah*, Seite 10–11.

Die deutsche Wehrmacht kapitulierte am 7. Mai 1945. Danach richtete die polnische Übergangsregierung zur Vorbereitung auf die Nürnberger Prozesse, deren Beginn auf den 20. November 1945 angesetzt war, den Zentralausschuss zur Untersuchung deutscher Verbrechen in Polen ein. Siehe Scrapbookpages.com: «Chelmno Death Camp», 6. Juli 2009, http://www.scrapbookpages.com/Poland/Chelmno/history.html.

Der Ner ist ein Zufluss der Warthe.

[203] Der Text des *Testament of the Last Prisoners of the Chelmno Death Camp* wurde von den Mitarbeitern des Yad-Vashem-Instituts nach dem Niedergang des Kommunismus in einem russischen Archiv gefunden und dem Bezirksmuseum Konin zur Verfügung gestellt. Siehe Bezirksmuseum Konin: «Chelmno», http://www.muzeum.com.pl/en/chelmno.htm.

Holocaust Education and Archive Research Team: «Szymon Srebrnik, Chelmno Survivor Testimony», 29. Juni 1945, http://www.holocaustresearchproject.org/survivor/srebrnik.html.

Ein Foto der Überreste der Mühle in Zawadka, auf dem zu sehen ist, wo die Holzbrücke sich befand, von der Asche und Knochenmehl in die Warthe geschüttet wurden, siehe Aktion Reinhard Camps: «Zawadka, Remnants of the Mill», 2006, www.deathcamps.org/occupation/pic/bigchelmno01.jpg.

[204] Jesaja 61,2b–3 (Luther).